外国小学教育史

WAIGUO XIAOXUE JIAOYU SHI

郭法奇 吴婵 ◉ 主编

北京师范大学出版集团
BEIJING NORMAL UNIVERSITY PUBLISHING GROUP
北京师范大学出版社

图书在版编目(CIP)数据

外国小学教育史 / 郭法奇，吴婵主编. -- 北京 ：
北京师范大学出版社，2025.2. -- (全国高等院校小学
教育专业精品教材). -- ISBN 978-7-303-30685-5

Ⅰ. G629.1

中国国家版本馆 CIP 数据核字第 2025PP8926 号

出版发行：北京师范大学出版社 https://www.bnupg.com
　　　　　北京市西城区新街口外大街 12-3 号
　　　　　邮政编码：100088
印　　刷：天津旭非印刷有限公司
经　　销：全国新华书店
开　　本：787 mm×1092 mm　1/16
印　　张：14.75
字　　数：304 千字
版　　次：2025 年 2 月第 1 版
印　　次：2025 年 2 月第 1 次印刷
定　　价：46.00 元

策划编辑：王建虹　　　　　　责任编辑：安　健
美术编辑：李向昕　　　　　　装帧设计：李向昕
责任校对：郑淑莉　　　　　　责任印制：马　洁

前 言
FOREWORD

　　研究外国小学教育史，首先需要对"小学教育"概念有一个基本的分析和认识。这里主要从两个方面进行。

　　从小学教育与学校教育的关系看，小学教育的出现与学校教育的产生是密切联系的。这可以从两个方面来理解：一是学校教育是人类教育发展到一定阶段的产物，小学教育的出现是与学校教育的形成联系在一起的。从这个意义上说，学校产生以后，带有小学性质和特点的小学教育就出现了。二是小学教育的出现又是与儿童发展的一定阶段相对应的。在古代社会，"小学教育"这个称谓是没有的，但是关于小学教育的实践及认识是存在的。也就是说，古代社会虽然没有"小学教育"的称谓，但是在学校教育出现之前或者以后，儿童一直是在接受一定的教育的过程中成长的。这种教育可能是社会中的生活教育，也可能是社会中的家庭教育。而且人们总会对这个阶段的儿童及教育形成一定的认识，提出一定的要求，并且设置和提供一定的内容，以促进属于这个阶段的儿童的发展。因此，在人类教育发展的早期，虽然小学教育的概念或者称谓还没有出现，但是儿童所接受的家庭教育、生活教育以及社会教育，往往在一定程度上包含了小学阶段和性质的教育。以后随着学校的产生，特别是近代以后学校教育的发展，尽管出现了与小学教育相关的初等教育，即不是看教育对象在哪里接受教育，而是看其接受教育的内容和程度，儿童接受属于特定阶段的小学教育的情况是一直存在的。

　　从小学教育与初等教育的关系看，小学教育是与初等教育相对应的，二者有联系，又有不同。这也可以从两个方面来理解：一是初等教育的出现是教育发展到一定阶段，教育系统形成过程中教育分级的产物。小学教育从一定意义上说就是初等教育的具体实施。从近代社会开始，接受小学教育往往是与儿童发展到一定的年龄相适应的。在现代社会，小学教育主要是指从 6～7 岁开始到 12～13 岁的教育，这个阶段正是属于教育系统中初、中、高三级教育的初级阶段，也就是一般的初等教育。二是与小学教育相比，初等教育的含义要宽泛一些（一些教育家也比较多地使用"初等教育"①一词)。它的教育对象可以是与一定年龄相对应的儿童,如6~7岁开始接受小学教育的人,也可以是超出这个年龄阶段且缺少文化而需要接受相应教育的人。因此,这部分接受初等教育的人,可能不限于在一定的小学教育机构,或者没有在小学教育机构,但是接受了同等的、具有初等教育性质的教育。例如,现代许多国家开展的对青壮年扫除文盲的教育等。当然,本书主要关注的是6~13岁的儿童接受的小学教育。

从教育史的角度看,外国小学教育的发展历史大体可以划分为三个时期。

一是小学教育的家庭化和社会化时期。这个时期主要是在古代小学教育阶段,包括古代东方、古希腊、古罗马,以及中世纪的儿童教育。这一时期的基本特征是儿童的成长和发展主要是通过家庭教育完成的,但是也出现了离开家庭到独立于家庭的学校机构接受教育的情况。例如,古代东方、古希腊、古罗马的小学教育等。这个时期的小学教育与家庭教育就有了一定的界限,儿童到了一定阶段接受学校教育成为划分这一界限的标志,儿童的学校教育开始出现与家庭教育不同的特征。

二是小学教育的社会化和法治化时期。这个时期主要是近代小学教育阶段。在这个时期,小学阶段的儿童教育虽然仍然在家庭中进行,但小学教育的社会化成为许多教育家思考的问题。让那些达到一定年龄阶段的孩子离开家庭进入学校接受专门的教育,成为社会关注的话题。同时,在近代社会中后期,随着工业革命的开始和社会问题的复杂,童工教育问题等成为社会关注的焦点。这一时期,小学教育机构成为解决贫困家庭孩子接受早期教育问题的一种设计和选择,并成为社会福利和宗教慈善教育的重要组成部分。近代的小学教育机构包括读写学校、星期日学校,以及后来出现的国民小学等。这些机构的出现在一定程度上提供了符合儿童身心特点的环境,也为儿童的发展提供了相应的教育内容。同时,与这个时期小学教育社会化问题相呼应,为了提高国民的整体素质,加强国家主义和爱国主义教育,一些国家重视小学的初等教育性质,提出了初等教育义务、免费、世俗化原则。通过教育立法来解决初等教育的普及问题,成为近代许多国家教育改革的主要政策和教育实践。

三是小学教育的体制化和体系化时期。这个时期主要指现代小学教育时期。在这一时期,小学教育,或者更多地称为初等教育,开始成为国家教育制度的组成部分,被纳入国家教育制度、结构和计划的编制中。这一时期主要涉及的问题是,儿童发展与家庭、小学教育与幼儿教育,以及小学教育机构与国家教育管理体制的关系问题,教育的法治化成为小学教育体制化的保证。这个时期也是小学教育体系化的形成时期。随着现代国家教育管理体制的形成,小学教育(更多地称为初等教育)

---

① 例如,美国教育家约翰·S. 布鲁巴克在其所著的《教育问题史》第十三章中专门讨论了初等教育问题。

加强了与中等教育、高等教育的联系，得到了快速发展和普及。初等教育发展和扩大了小学教育的内涵，使得小学教育更具有现代教育体系的含义。它与中等教育、高等教育、师范教育和职业教育等，被看作现代教育体系的重要组成部分。进入20世纪中后期，随着现代各国教育的发展，中等教育和高等教育成为各个国家关注的主要内容，小学教育的概念多为初等教育所取代。在现代社会，接受初等教育不仅成为儿童接受教育的责任和义务，也成为法律要求和规范的事情。它使得现代小学教育的目的、课程内容、教育方法等更多地从初等教育的性质来理解，且有了国家明确的制度性规定和保障。

总之，从外国小学教育历史发展的三个时期来看，虽然小学教育的发展是与儿童的家庭教育和社会教育有关，最后逐步成为国家教育体制一部分的演进过程，但儿童一出生就与家庭、社会和国家的需要密切联系。可以说，小学教育发展的历史一直是伴随着儿童地位的变化和提升，家庭、社会和国家这三个因素对儿童的影响和制约的。在这方面，各国的教育实践以及众多学者的不懈努力和长期研究，为我们提供了认识外国小学教育发展的基本线索，也为我们提供了编写《外国小学教育史》的基础。

基于现有资料，我们认为外国小学教育史的编写可以从四个方面来进行思考和把握：第一，小学教育的特性，包括对小学教育的含义、性质及与其他教育区别的认识；第二，小学教育的对象，包括什么样的儿童可以入学以及儿童入学的年龄、年限、地位等；第三，不同时期小学教育的内容和方法，包括小学教育的教学、过程、课程内容、方法等；第四，不同时期小学教育的管理及制度，包括相应的教育管理机构、法律及制度等。

全书共分十章，每章都包括本章要点、本章小结和复习与思考，以便学习者更好地理解和把握。

本书由郭法奇、吴婵主编。其中郭法奇负责编写前言、第一章、第二章、第三章。吴婵负责编写第四章、第五章、第六章、第七章、第八章、第九章、第十章。最后由郭法奇负责全书统稿。

编 者
2024 年 1 月

目 录
CONTENTS

第一章　外国古代小学教育

【本章要点】▶────────────────────────────

　　学校教育是人类社会和教育发展的产物。作为一种教育类型和教育机构，小学教育的出现与教育的发展、学校的产生有密切联系。本章主要从人类教育的最初形态开始，通过梳理社会、文化及教育的演进来分析人类教育发展过程中早期教育及古代东西方国家小学教育的基本情况和特点。本章主要包括四节内容，分别是人类社会早期的教育及其特点、古代东方国家的小学教育、古代希腊和罗马的小学教育、西欧中世纪和文艺复兴时期的小学教育。

第一节　人类社会早期的教育及其特点

在人类社会的早期，即原始社会时期，种族的繁衍、社会物质生产和教育活动，是人类社会得以保存和延续的重要条件。认识原始社会时期的教育，主要依靠考古发掘和对目前处于原始采集和狩猎阶段的一些民族生活的考察。

在原始社会时期，种族的繁衍主要是为了满足种族自然延续的需要，而随着原始人本身的进化和社会物质生产方式的变革，也出现了许多新的变化。比如说：原始人的族内通婚逐步为族外通婚所取代；种族的文化延续也逐渐成为与种族的血缘延续并存，甚至更为重要的延续。在这个过程中，原始人对后代的教育活动成为种族的血缘延续，特别是文化延续的重要手段。从这个意义上说，人类教育的产生是与人类的生产和生活的需要密切相关的，原始社会的教育是人类社会生产、生活共同作用的产物。同时，原始社会早期的重血亲、无定居、靠采集和狩猎生存的特点，也使得原始社会的教育具有平等性、无阶级性的特征。进入农耕社会后，特别是部落社会后，弱血亲、重定居、有等级的特征，使得原始社会及其教育的各个方面都发生了较大变化。

原始社会生产和组织结构的变化为人类早期教育活动提供了一定的物质基础和丰富的教育资源。在原始社会里，教育活动多是与原始人的生产活动、家庭活动、宗教活动，包括禁忌活动等融合在一起的。原始社会的教育既受这些活动的影响，也反过来影响着这些活动，使得原始社会的教育逐步在促进群体发展和个体发展中占有重要的地位。

这里举两个原始社会的教育与生产、生活联系在一起的例子。第一个例子是处于采集和狩猎阶段的非洲卡拉哈里沙漠的多比·昆人的生产、生活和抚养儿童的情况。其主要特点是：①成人有较多的时间照看孩子。多比·昆人的生产活动是成人每周只劳动三到四天。一般时节，大多数成人待在家里，儿童有机会与成人自由接触。②成人对孩子的监管不十分严格。成人很少斥责或管束孩子的行为，但是一直注意孩子的行踪，一旦孩子间，特别是年龄差异较大的孩子间出现打架斗殴，他们就会立即制止。③不让儿童过早从事生产劳动。由于多比·昆人的食物供应基本能够满足需求，同时采集和打猎往往需要成人的技巧和耐力，因此成人不让孩子很早就从事生产活动。多比·昆人的女孩在大约 14 岁时才开始采集食物或拣拾木材、找水，男孩要到 16 岁左右才正式打猎。总之，多比·昆人的儿童享受无拘无束的生活，他们与成人的关系和谐、自然，各种年龄的儿童是一种伙伴关系。①

---

① F. 普洛格、D. G. 贝茨：《文化演进与人类行为》，吴爱明、邓勇译，164～165 页，沈阳，辽宁人民出版社，1988。

第二个例子是美国人类学者玛格丽特·米德提供的关于新几内亚岛的阿拉佩什人家庭孩子养育和训练的情况。阿拉佩什人在孩子教育上的基本理念是，不主张让孩子尽快成长起来，也不强求孩子掌握一些特殊的技能。其主要特点是：①训练孩子做一些符合自己性别的事情。例如，让男孩爬梯子或玩刀子等，女孩则从小训练用头部搬运东西，并把能够搬运东西当作长大成人的标志。②在孩子的成长过程中会给予较多的安全保护。当孩子遇到危险时，往往有成人前来保护；当孩子跌跤时，马上有人扶起并安抚。在阿拉佩什人看来，孩子应当在成人保护的安全感中长大，而不是学着由自己去控制环境。③在儿童游戏方面，不鼓励孩子玩进攻性和竞争性的游戏。孩子的游戏没有赛跑，没有可与对手抗衡的游戏。在游戏中，孩子往往装扮成袋鼠或火鸡，由另一个孩子去吓唬他。另外，还有一些唱歌和跳舞的游戏。④重视对孩子进行财产方面的教育。包括鼓励孩子尊重他人的财产，培养他们对自己家庭财产的安全感，而不是占有欲。孩子如果侵害了他人的财产，就会受到严厉的谴责，但是对于自己家庭的财产，则完全不同。孩子哭的时候，成人可以给予他要的任何东西。父母如果有不愿意让孩子损坏的东西，他们就把这些东西拿走，不让孩子占有它们。当孩子长大些时，父母就会告诉孩子一些东西将来是属于他们的，不过父母现在还可以继续使用它们。玛格丽特·米德指出，在这种制度下，没有一个人会贪得无厌地占有财产，没有人会成为贼，没有人锁门（锁的雏形是放在财物上的、谁也不知道的镇邪巫物）。①

当然，在原始社会，为了整个部落的生存，成人的地位是高于儿童的。一些部落存在的"杀婴"现象可以说明这个问题。例如，处于"食物生产"阶段的南美洲部落制的杨马人，为了缓解人口的压力，采用的唯一方式就是杀死婴儿。如果一个妇女怀孕的同时仍在哺育她的上一个孩子，她就会杀死这个即将出生的孩子而不会给上一个孩子断奶。如果出生的第一个婴儿是女孩，杨马妇女也常常将她杀死。杨马人重视男孩的一个重要的原因是，男孩长大后可以帮助成人在冲突中作战。② 从中可以看出：在原始社会里，成人的地位是高于儿童的；男孩的地位是高于女孩的。这种观念和习俗对后来人类文化和教育的发展产生了重要影响。

总体来看，原始社会早期的教育是没有文字的，最初的教育思想也没有文字记载下来。原始社会的教育没有专职教师，教育者往往是父母、部落长者或者一些有生产和生活经验的人，他们负有对年青一代的教育责任。原始社会的教育没有学校，没有分级。家庭、部落就是最初的学校，儿童是在与家庭、部落的整个环境的相互作用中接受非正式教育的。原始社会时期的教育活动处于初级阶段，教育思想也处于萌芽状态。

---

① 夏之莲：《外国教育发展史料选粹》上册，56 页，北京，北京师范大学出版社，1999。

② F. 普洛格、D. G. 贝茨：《文化演进与人类行为》，吴爱明、邓勇译，181～182 页，沈阳，辽宁人民出版社，1988。

不过，原始社会后期的教育出现了一个值得注意的现象——已经有了根据儿童不同发育阶段所实施的不同教育，它可能已经具有了现代意义的"小学"阶段的教育特征。在儿童发育的早期阶段，家庭中的母亲主要承担对儿童的教育；在儿童发育的特定阶段，部落中的长者与具有专业技能和知识的人以一定方式，按照儿童的性别进行相应的教育。在儿童发育的一定阶段，部落将举行某些"仪式"，包括"青年礼"或"成年礼"。儿童被要求与家庭和部落隔离开，通过这种仪式考查各个方面的表现，准备承担一个成年人的职责。原始社会教育的这一现象或者模式，不仅为学校的产生奠定了基础，也为后来人们认识儿童并为儿童发展设置阶段性的教育（包括小学教育）和不同性别的教育提供了依据。

原始社会教育的特点可以概括为以下几个方面。

一是原始社会的教育是与生产和生活紧密联系的，是一种适应生活和在生活中进行的教育。在这种教育中，人们通过生产和生活中的言传身教，向儿童传授各种经验和习俗，儿童是在生产和生活以及各种相关环境中学习的。当然，在这一过程中，儿童与成人的地位是不同的，男孩与女孩的地位也是不同的，男孩与女孩的教育也是有差异的。

二是原始社会的学习多是在生产活动和社会活动过程中通过模仿完成的，原始社会的教育方法主要是通过失败越来越少的重复动作来获得对事物的认识的。由于这种方法的模仿性质，原始教育也是一种重视儿童模仿和继承的教育，是一种强调文化传统保存的教育。

三是原始社会教育的内容是多方面的。除了通过生产劳动传递生产知识和经验外，还通过各种活动让儿童学习社会生活中的行为规范、氏族的禁忌、部落的习俗和传统等。同时，还有一些与宗教有关的音乐教育和舞蹈教育等。

四是原始社会后期的教育发展是不平衡的，受不同因素影响，会形成不同的特点。例如：受部落社会、组织发展阶段和条件的限制，有的家庭教育的影响大于部落组织的教育的影响，儿童的成长主要是家庭教育的结果，有的部落组织的教育的影响大于家庭的影响，部落的仪式教育占有重要地位。

五是在原始社会后期，随着原始教育分化的出现，出于对儿童将来准备承担成人职责的期望，通过一定的"成年礼"仪式来考查处于青春期的儿童，也成为原始社会后期教育的重要内容。同时，"成年礼"教育制度的逐步形成，奠定了学校产生的基础，为学校教育机构的出现提供了重要的条件。

总之，原始社会的教育是人类社会初级阶段的教育。原始社会教育的目的就是通过各种固定的仪式或活动，教育儿童去适应周围物质的或非物质的环境，服从神灵，保存和继承传统的文化和习俗，成为原始文化和传统的继承者。原始社会的教育内容、方法等都是为了适应生活。

第二节 古代东方国家的小学教育

文字的产生是人类社会早期发展最重要的事件之一,它标志着人类社会开始进入文明时期。世界上最早的文字产生于古代东方的两河流域、埃及等国,是与国家的出现密切联系的。随着文字的产生和古代东方各国教育活动的展开,古代东方国家也出现了不同层次的学校,出现了有文字记载的对教育问题的思考及关于从事教育活动的经验性总结,形成了关于教育目的、学校管理、儿童发展阶段、教育内容、教育方法和手段的最早认识,以及一些初步的教育思想。当然,这些认识和思想在古代东方小学教育的发展中还是比较初步的。

一、古代苏美尔和巴比伦的小学教育

从人类历史上看,古代苏美尔和巴比伦人最早使用"楔形文字"和"泥板书"来记录生产和生活。苏美尔人主要是利用文字来记录仓库存货数量和种类,巴比伦人则把文字用在记录账目和商业交易上。文字的产生为最早的学校的出现奠定了基础。

(一)古代苏美尔的小学教育

考古资料表明,最早的学校是由苏美尔人建立的,出现在公元前 3500 年左右。20 世纪 30 年代,法国考古学家安德烈·帕罗特在马里发现了被认为是现今发掘出的世界上最早的学校。这所学校建有两间房屋,其中一间房屋里有几排用烧制过的砖做成的长凳,这些长凳可同时容纳几个学生坐。此外,还发现了一些大的土制贮藏室,很可能是用来贮存学生制作泥板的湿性黏土的。[①] 除了学校以外,一些考古学家还在大量的泥板书中发现了关于学校日常生活的文字简介、教科书、学生的家庭作业和课堂练习,其范围涉及初学者到六年级的学生。据史料记载,当时苏美尔的学校主要有三种类型:第一类是临近王宫的学校,可能为宫廷或政府机构所设立;第二类是位于神庙附近的学校,可能为神庙所设立;第三类是临近书吏居住区的学校,可能为私立学校。

苏美尔的学校管理,每月安排 24 天的学习活动,另外有 3 天的假期和 3 天的宗教活动。一块泥板书上记载了一个学生在学校里的生活:

> 这是我每月在学校的出勤计划:我每月的自由时间是 3 天;我每月的宗教假日是 3 天;每月剩下的 24 天,我都必须在学校。[②]

---

① 伯特曼:《探寻美索不达米亚文明》,秋叶译,458 页,北京,商务印书馆,2009。
② 彼得·沃森:《思想史:从火到弗洛伊德》上,胡翠娥译,121 页,南京,译林出版社,2018。

苏美尔的学校有各类管理人员。校长一般被称为"专家"，他们因学识渊博受到学生的尊敬和崇拜。教师被称为"泥板书的书写者"，负责写出新的泥板供学生学习。学生的主要任务是学习泥板书。学校还有一些教辅人员，叫"泥板书的管理者"，负责图书馆和其他后勤工作。教职人员还有绘画老师、苏美尔语老师，还有记录学生出勤情况、维持学生课堂秩序、管理学生出入校园的人员等。在学生管理上，教师主要用木棍敲打不守规矩的学生。对于那些随意说话、起立、离开，着装不得体，以及不说标准苏美尔语的学生，都要进行惩罚。从教育对象和儿童的入学年龄看，苏美尔学校学生的年龄范围为十岁以下到十几岁，都是男孩，大部分来自富裕家庭和显赫家庭。穷人的孩子能够上学的很少，因为上学要交昂贵的学费，学习的周期也很长。

（二）古代巴比伦的小学教育

在古代巴比伦，儿童被看作社会的成员之一，并得到一定的法律保护。《汉谟拉比法典》中就有关于保障孩子养育的内容。例如：女子置办嫁妆的一个目的是为生育孩子做准备；对于离婚的妇女，可以退回她的嫁妆，并给予一半的土地、果园和物品，使她能够养育自己的孩子。[①]同样，对于失去母亲的孩子，法律也要提供一定的保护。例如，一个妇女嫁给了一个男子，并且为这个男子生育了孩子。如果这个妇女死了，这个男子不能拥有她的嫁妆，而要留给她生的孩子，因为这些东西是属于她的孩子的。

同苏美尔一样，古巴比伦的学校最初也称作"泥板书舍"，后来出现了寺庙学校。寺庙学校分为初级和高级两级，初级学校相当于小学。与苏美尔不同，古巴比伦的男孩、女孩都要去学校上学。学习的内容主要是谚语、对话、诗歌和其他文学作品等。数学也是学习的内容之一，主要是学习日常所需的数学知识。由于古巴比伦人把文字仅仅看作一种实用工具，因此在学校教学上，教师的职责就是让学生把这些文字记住和背下来，即使对一些新知识的学习，也是采用传统的记忆方法。例如，数学的教学要求学生记住答案即可。古巴比伦学校的教学方法比较重视师徒传授式，学校管理严格，学生经常受到教师的处罚。

二、古代埃及的小学教育

古埃及位于非洲东北部，分为两个区域：接近尼罗河三角洲的区域被称为下埃及，自开罗至南部的狭长谷地被称为上埃及。古埃及是世界上著名的文明古国之一。

古埃及学校的产生也与文字的出现有一定关系。古埃及文字出现得也很早。古埃及人认为，文字是由鹭头人身的主管知识与魔法的图特神创造的，图特创造的文字用图画表示神的启示，是神的文字，只有神庙的祭司才能理解和有权使用。以后，埃及人又创造出了比较系统和应用更为广泛的象形文字等。

---

① Richard Q. Bell, Lawrence V. Harper, *Child Effects on Adults*, Hillsdale, N. J., Erlbaum, 1977, p. 7.

古埃及的儿童教育主要是家庭教育。在埃及的词汇中,"教育"一词就是"使之成为"的意思,即父亲通过教育使儿子成为某一类人,如使儿子成为木匠、铁匠等。这一含义在一定程度上反映了古埃及人对教育的朴素认识。从家庭教育看,古埃及儿童一般在 14 岁以前由母亲负责进行教育,以玩具、游戏为主,并从日常活动中受到教导。14 岁以后,男孩则由父亲负责,接受较多的有关生产、生活的实际知识和技能的教育。

在古埃及的教育体系中,法老是教育的最高决策者,祭司、官吏则是学校的创办者和具体管理者。古埃及早在中王国时期就出现了多种类型的学校,主要包括培养王公贵族的宫廷学校,与文字书写相关的文士学校,与宗教祭祀有关的寺庙学校,与培养专门人员相关的职官学校,等等。这些不同层次、多样性的教育机构的出现,为受教育者提供了多方面的教育内容。下面主要以宫廷学校和文士学校为例,来考察古埃及小学教育的情况。

古埃及的宫廷学校一般设在国王的宫殿中,一些贵族、大臣的孩子长到五六岁就可以进入宫廷学校,与法老的子孙共同学习、活动,接受教育。儿童学习的内容主要是有关宫廷的生活习惯、行为规范,以及各种神奇的传说、故事等,目的是让儿童了解国家社会、政治、道德、法律等方面的准则。学校还要讲述法老及其他名人的英勇事迹,学习名人言行等。

古埃及的文士学校也称书吏学校,是古埃及数量最多的学校,以培养各级各类文士为目的。文士学校招收学生的年龄并不统一,有 5 岁左右入学的,也有 10 岁左右入学的。学校教授时间也有长有短,并无严格规定。文士学校学习内容的深度因学生年龄和家庭地位不同而不同。一般来说,分基础教育阶段和高级教育阶段。基础教育阶段的学习主要包括书写、阅读、简易计算等,以书写为主。高级教育阶段的学习内容主要包括较为专门的知识,如建筑、天文、医学等。文士学校基础教育阶段的学习相当于小学阶段的教育。写字、抄写手稿是儿童最主要的学习内容。学校十分注重文字的书写,对于书写的要求极为严格。学生学习文字,不但要会念,而且要书写熟练、美观,许多学生因达不到教师的要求而受到严厉的处罚。

三、古代波斯的小学教育

波斯也是历史悠久的东方文明古国之一,古代波斯人通常把他们的国家称为伊朗,即"雅利安人的国家"。1935 年,波斯政府正式把国家的名称改为伊朗。一般来说,关于古代波斯的教育实践与教育思想主要反映在琐罗亚斯德教的经典《阿维斯塔》和菲尔多西的史诗《列王纪》中,这些文献涉及人性论、儿童教育、军事体育教育、教师教育,以及人才培养等问题。另外,古希腊历史学家色诺芬所著的《居鲁士的教育》一书有许多对波斯教育实践与思想的记载。

古代波斯人也比较重视儿童的家庭教育。希罗多德在《历史》一书中描述了波斯人的家庭教育。书中说,波斯人的儿子从 5 岁开始就要接受精心的教育,他们主要学习三件事——骑马、射箭和说实话。在波斯人看来，"说实话"的反面就是"说谎"。说谎就是违法的事情，世上最不光彩的事莫过于说谎了。在波斯人的家庭教育中，男孩是比较受到重视的。一般来说，男孩在 5 岁以前不允许见到自己的父亲，他们要和妇女一起生活。这样做的原因是，假如这个孩子夭折，父亲可以避免遭受亡子痛苦的折磨。

关于古代波斯的小学教育，古希腊历史学家色诺芬在《居鲁士的教育》中进行了一些描述。古代波斯的小学教育主要是指 15 岁以前的儿童教育。色诺芬指出，波斯儿童是需要接受学校教育的，学校教育的内容是与城邦的社会公正联系在一起的，目的是让孩子了解和捍卫公平和公正。在学校里，教师主要是通过给学生讲社会的各种讼案，包括偷盗、斗殴、欺诈、毁谤等，让学生明白，如果一个人被证明有罪，就要受到惩罚。对于诬告自己同伴的人，一旦被发现，也要受到惩罚。另外，波斯人还主张对一种不道德的情况进行严惩，那就是涉及忘恩负义的讼案。如果嫌疑人被证明确实没有在自己能力允许的情况下回报人家的恩惠，那么将面临重罚。理由是，这种忘恩负义之人将会把对神明、对父母、对祖国以及对朋友的责任忘得一干二净。在这种情况下，接踵而来的就是失去廉耻之心，它是一切不光彩行为的元凶和罪魁祸首。[①]

在小学教育阶段，波斯人非常重视教育儿童学会克制自己。长者也会不断地通过自己的言谈举止在儿童面前做到自尊自重，为他们做出好的学习榜样。儿童小的时候，主要向年长者学习，以后要听命于管理者。通过学习，他们要服从于随处可见的长者权威。在饮食方面，强调对儿童欲望的自我约束也是教育的重要内容。具体做法包括两个方面：一是树立和依据长者的权威和榜样行动，使儿童即使在监督者没有注意的情况下也不会放弃对自己肉体欲望的约束；二是在吃饭时孩子不能与母亲在一起，而必须和自己的师傅在一起，而且需要管理者下达命令才能开始吃饭。此外，这一时期的孩子还要学习射箭、掷标枪等一些军事技能。这样的学习一直持续到十六七岁，之后才能够进入波斯年轻人的行列。[②] 可见，古代波斯低龄阶段的教育比较注重儿童行为习惯的养成，注重对长者和管理者权威的服从，培养儿童学会克制自己的能力。

四、古代印度的小学教育

古印度也是世界文明古国和世界文明的主要发祥地之一。古印度与古埃及、古巴比伦、中国并称为"四大文明古国"。距今 200 万年前，人类就已经生活在南亚次大陆，并逐步孕育出了古印度的文明。在古印度文明发展中，宗教文化占有重要的地位，其中婆罗门教的地位和影响最大。婆罗门教认为梵天是万物的根源，是宇宙

---

① 色诺芬：《居鲁士的教育》，沈默译，11~12 页，北京，华夏出版社，2007。
② 色诺芬：《居鲁士的教育》，沈默译，12~13 页，北京，华夏出版社，2007。

的永恒存在，一切事物都是它的虚幻。能够接近梵天的是婆罗门教僧侣祭司，为最高种姓；其次为刹帝利，是军事贵族；再次是吠舍，从事农工商业者；最低种姓是首陀罗，为奴隶。古印度的社会和教育带有明显的等级性。这里主要以婆罗门的教育为例加以说明。

婆罗门家庭实行家长制。为保持种姓的世袭，婆罗门教教义规定父亲必须承担教育子女的责任。家庭教育的主要任务就是教孩子背诵吠陀。因为吠陀是圣书，所以只许口授，不许抄写。父亲每日带领孩子诵记，使之达到纯熟程度。除了学习经典之外，婆罗门的儿童还要接受日常生活规范的教育，包括早起的习惯、清洁眼睛和牙齿的习惯。

学校教育出现以后，婆罗门的儿童教育分成了三个阶段，即 7 岁以前的家庭教育，8~16 岁的学校教育，以后便在高深的学府进行深造学习。婆罗门的学校教育机构主要是"古儒学校"，是由一些笃信婆罗门教的有文化的人在家中设校办学而建立的教育机构。古儒学校儿童的入学年龄一般在 7~8 岁，但也有 5 岁入学的，学习年限不定。其特点是寄宿在教师家里，通过教师的言传身教，培养学生的道德品质和意志。

古儒学校的课程除吠陀经典以外，还有历史、文法学、祭礼规则、数学、伦理学、字源学、发音学、韵律学、礼仪学、诗学、天文学、美术等。其中以发音学、韵律学、文法学、字源学、天文学和祭礼规则所组成的"六科"最受重视。此外，古儒学校还非常重视对儿童进行思想品德和人生的教育，目的是培养学生熟知经典、明辨是非，肩负起对家庭、社会和祖先的责任，成为合格的神职人员。

从以上几个东方古国的教育中可以看出，古代东方的小学教育并不是完全独立出来的一个教育系统，家庭教育在很大程度上承担了小学教育的职责和功能。同时，在古代东方的学校教育中，能够接受小学教育的只是社会上层贵族家庭的儿童，社会下层贫困家庭的儿童是不能进入学校的。古代东方国家的小学教育是具有严格的等级性和阶级性的。

第三节　古代希腊和罗马的小学教育

古希腊和罗马教育往往被看作西方教育的源头。特别是古希腊的教育，无论是在学校教育实践还是在教育思想方面都在西方教育的发展中占有重要的地位，对西方教育，包括学校教育的发展产生了重要的影响。

一、古代希腊小学教育实践与思想

古希腊社会的发展大体可以划分为四个阶段：荷马时代（前 1100—前 800 年），

古风时代(前800—前500年),古典时代(前500—前330年),希腊化时代(前330—前30年)。其教育也可以分为四个时期。古希腊教育一般被认为是西方教育的源头,西方教育后来发展所思考的问题几乎在这一时期都可以找到依据。因此,研究古希腊小学教育可以帮助我们更好地认识西方学校教育形成的源头和特征。

(一)古代希腊小学教育实践

1. 荷马时代的实际生活的教育

古希腊的荷马时代尚未出现作为学校的专门教育机构,儿童教育主要是在实际生活中进行。他们通过参与成年人的各种活动,逐渐获得社会所需要的知识和技能。教育内容以军事和与军事有关的知识、技能为主,同时也注重演说能力的培养。道德教育也是荷马时代儿童教育的重要内容之一。荷马史诗中所歌颂的一些英雄都是品行高尚、人格健全的道德典范。他们身上集中了各种为社会所肯定和倡导的美德:勇敢、正义、忠诚、大公无私、热爱集体、智慧等。

荷马时代的希腊教育虽然还处于较为低级的发展阶段,但它对希腊教育的发展具有重要的影响。荷马史诗成为希腊人教育年轻一代的重要教材,特别是学校产生后成为希腊学校的主要教学内容;荷马时代教育中所强调的勇敢、正义、智慧等道德品质,构成了后来希腊学校道德教育的基本内容;荷马时代教育中所具有的既注重个性发展又重视行为规范的特点,也为后来希腊教育的发展奠定了基础。

2. 斯巴达的小学教育

斯巴达是古希腊古风时代的一个城邦。所谓城邦,是指以一个城市为中心建立的国家。公元前8世纪到公元前6世纪,古希腊先后出现了大大小小的几十个城邦,其中斯巴达和雅典是最具代表性的。

在教育方面,与古代东方国家相同的是,斯巴达儿童的早期教育也是家庭教育。不同的是,斯巴达儿童出生后必须经过严格的体检,合格者方可存活下来并接受家庭教育。与古代东方小学教育最大的不同是,斯巴达儿童7岁以后,要离开家庭进入国家教育机构,开始军营生活的训练。这种情况与后来出现的专门的小学教育很类似,甚至更为严格。在国家教育机构中,儿童按年龄分成若干小队,一些勇敢、机智的儿童被挑选出来担任队长,由20岁左右的青年担任教官。在教官之上,那些被视为最高尚、最优秀的公民出任儿童的监督者,负责对儿童的教育。同时,斯巴达的老人们也经常来监督儿童的教育,并对犯错误的儿童进行惩罚。这个阶段,教育的主要任务是通过严格的军事体育训练和道德教育,使儿童养成健康的体魄、顽强的意志以及勇敢、坚忍、顺从、爱国等品质。教育的主要内容是"五项竞技"(赛跑、跳远、摔跤、掷铁饼、投标枪),神话,传说。此外,儿童也参加祭神和各种仪式等。

3. 雅典的小学教育

与斯巴达一样,雅典城邦也高度重视教育。早在公元前6世纪,梭伦立法时就有明确规定：父亲有责任让其子女接受适当的教育，否则子女成年后有权不赡养父亲。与斯巴达不同的是，雅典的教育目的重视把统治阶级的子弟培养成为身心和谐发展、能履行公民职责的人。受此影响，雅典教育形成了公立教育和私人办学并存的局面。与培养公民有关的内容和形式由国家举办的公立教育来安排，与个人发展有关的内容和形式由私人办学来承担。

雅典公民的孩子出生后，也要进行体格检查，所不同的是，雅典儿童的体检是由父亲负责进行的。7 岁前，儿童在家中由父母养育，教以游戏和寓言。女孩 7 岁以后留在家中由母亲负责教育，学习纺织、缝纫等技能。男孩 7 岁后进入弦琴学校学习。弦琴学校主要教授音乐、唱歌、朗诵等。以后又出现了文法学校，教授读、写、算等知识。弦琴学校和文法学校是由私人创办的、收费的、属于小学教育阶段的、与基础教育相关的教育机构。与斯巴达教育不同的是，雅典儿童上学和放学均有"教仆"陪同，以避免儿童受到街头的不良影响。教仆多为有一定知识的奴隶。弦琴学校和文法学校的教师一般是有政治权利的公民，也有一些是赎身的奴隶。到了12～13 岁，雅典公民子弟中的一些人继续在弦琴学校和文法学校学习，另一些人则进入体操学校（又称角力学校），接受各种体育训练，包括游泳、舞蹈、赛跑、跳跃、摔跤、掷铁饼、投标枪，目的是具有健全的体魄和顽强、坚韧的品质。

从斯巴达和雅典的教育实践可以看出，学校教育已经成为古希腊教育的重要组成部分，小学教育也成为古希腊儿童接受教育的一个阶段和重要形式。虽然家庭仍然是儿童成长和接受教育的场所，但是学校教育的地位日益凸显，也使得接受小学教育成为儿童接受教育的一个重要通道，这对于促进小学教育的发展、认识古代小学教育的特点和内容等具有重要的意义。

(二)古代希腊小学教育思想

关于古希腊小学教育思想，古希腊学者的最大贡献就是对儿童的发展特点和教育制度有比较细致和深入的认识，一些学者还对儿童的发展过程和教育阶段进行了划分。

1. 柏拉图的教育思想

柏拉图是古希腊著名的哲学家，出生于雅典贵族家庭，青少年时期曾学习文学、音乐和绘画，20 岁后跟随苏格拉底学习了 8 年。苏格拉底去世后，离开雅典。公元前 387 年，柏拉图在雅典创办学园，收徒讲学，培养了包括亚里士多德等在内的一大批学生。其《理想国》《法律篇》等都有关于教育的论述。

(1)重视早期教育在儿童发展中的作用

柏拉图指出："教育是从童年起所接受的一种美德教育，这种训练使人们产生一种强烈的、对成为一个完善的公民的渴望，这个完善的公民懂得怎样依照正义的要求去进行统治和被统治。"[①]他还说："人是一种'驯养'的动物，像我们所说的，当

---

① 柏拉图：《法律篇》，张智仁、何勤华译，27 页，上海，上海人民出版社，2001。

然，如果他受到一种良好的教育并碰到合适的自然环境，他易于成为一种最神圣和有礼貌的生物。但对他的养育只要是不适当的或者作了误导，那么他将成为世界上最野蛮的动物。……不应该草率地对待儿童的教育，或把它看作次要的事情。"[1]在他看来，好的教育可以引导儿童向善，坏的教育会引导儿童向恶。当然，他也看到了人与人的不同。他认为对一切人的不加区别的平等就等于不平等。[2]

（2）男女儿童6岁以后应该有不同的教育

柏拉图认为："当男孩和女孩到了6岁时，男女就应分开；男孩同男孩一起过日子，女孩同女孩一起过日子。每个人都得上课。男孩子到骑术、射箭、掷标枪和投石器的教师那里去。女孩子如果同意，也可以去。"[3]

（3）关于教学内容和教学方法

柏拉图非常重视儿童的理性培养。为此设置了广泛和多方面的内容，包括德育、知识教育，以及哲学教育等。其中德育方面主要包括关于智慧、勇敢、节制、正义的教育，目的是形成智慧的美德，即理性的美德。知识教育包括阅读、书写、体育、军事、哲学、算术、几何学、天文学、音乐等，目的是训练思维、发展理性。也正是在这个基础上，古希腊形成了"七艺"中的"四艺"，即算术、几何、天文、音乐。在教学方法方面，柏拉图强调"回忆说"。这一提法主要受他的理念论的影响。柏拉图认为，人一出生就已经获得了关于一切事物的知识，这些知识存在于理念世界和灵魂中。当灵魂依附于人的肉体后，这些已有的知识被暂时遗忘了，通过接触感性事物，人才能回忆起被遗忘的知识。在柏拉图看来，认识的过程并不是从外部获得什么东西，而是回忆已有的知识。教学不是向学生传授知识，而是与学生对话，启发学生思考，帮助学生回忆和获取知识的过程。

（4）重视法律和纪律在儿童教育中的作用

在柏拉图看来，儿童的成长不应是完全任性和自由的，而应该加强法律和纪律的作用。柏拉图指出，法律"是整个社会框架的粘合剂，把一切成文的和制定了的法律同还未通过的法律联系起来……是'法律'、'习惯'还是'政制'，因为它们都是把国家粘结在一起所需要的，并且每种规范都永远是相互依存的。……如果这些制度受到小心谨慎和有条不紊的遵守，到了3岁的时候，一个男孩或女孩的早期训练就会得到这一制度的巨大帮助"[4]。纪律在儿童的成长中也具有重要的作用。"一个孩子在4岁、5岁、6岁，甚至7岁时，他的性格应该在玩耍的时候形成起来。我们不该去损害他，而应求助于纪律，但要有分寸，不得羞辱他。"[5]

---

① 柏拉图：《法律篇》，张智仁、何勤华译，178页，上海，上海人民出版社，2001。
② 柏拉图：《法律篇》，张智仁、何勤华译，168页，上海，上海人民出版社，2001。
③ 柏拉图：《法律篇》，张智仁、何勤华译，211页，上海，上海人民出版社，2001。
④ 柏拉图：《法律篇》，张智仁、何勤华译，210～211页，上海，上海人民出版社，2001。
⑤ 柏拉图：《法律篇》，张智仁、何勤华译，211页，上海，上海人民出版社，2001。

（5）重视教育制度的设计

柏拉图提出了三个阶段教育制度的设想。按照柏拉图的观点，公民的子女为国家所有，由国家负责其抚养和教育。其中第一阶段为情感教育阶段，内容是公民子女从出生到 3 岁，在经过挑选的女仆的照顾下，由国家最优秀的公民进行教育。3～6 岁的儿童，被送到附设在神庙的儿童游戏场所，由国家委派的女公民进行教育。6 岁以后，男女儿童分别进入国立初级学校，学习初步的读、写、算和音乐知识，同时接受军事体育训练，进行情感和身体的教育。

2. 亚里士多德的教育思想

亚里士多德是古希腊著名的哲学家、思想家和教育家。他曾经师从柏拉图，在柏拉图的学园学习和从事教学工作长达 20 年。虽然亚里士多德与柏拉图有师承的关系，但他们的思想并不完全一致。据传，亚里士多德有"我爱我师，我更爱真理"的观点。公元前 343 年，亚里士多德担任马其顿王子亚历山大的家庭教师。公元前 335 年，他在雅典创办吕克昂学园。亚里士多德一生著述丰富，涉及诸多学科，被誉为古代百科全书式的思想家。他的儿童教育思想主要反映在《政治学》和《伦理学》等著作中。

（1）依从于理性的教育观

亚里士多德认为，人之所以为善，主要依靠三端，即出生所禀的天赋、日后养成的习惯以及其内在的理性。[①] 人的天赋是一种自然品性，最初对社会不起作用。后天的习惯可以改变天赋使人向善或从恶。除了天赋和习惯外，人类还具有所独有的理性。亚里士多德认为，人的天赋、习惯和理性要相互和谐才能有利于人的发展。三者的关系中，理性的地位最重要，是三者的根本；如果三者不和谐，"宁可违背天赋和习惯，而依从理性，把理性作为行为的准则"[②]。

（2）发展理性是教育的最高目的

亚里士多德指出，就人的发展程序而言，身体的发育先于灵魂，灵魂的非理性部分先于理性。因此，"首先要注意儿童的身体，挨次而留心他们的情欲境界，然后才及于他们的灵魂"[③]。人的灵魂中最重要的是理性灵魂，非理性灵魂只有在理性的领导下才能和谐并存。人的理性灵魂可以通过思维活动，认识事物的普遍性和一般性。

（3）依据儿童年龄分期的和谐教育

基于对儿童发展的认识，亚里士多德提出了和谐教育的思想，强调教育应当遵循儿童发展的自然顺序和阶段特征，不同阶段安排不同的内容，促进儿童的和谐发展。他把儿童的成长分为三个阶段，每一阶段为 7 年，并提出了不同的教育内容。其中，0～7 岁为第一个阶段。教育以体育为主，要及时引导儿童做适宜于肢体发育

---

① 亚里士多德：《政治学》，吴寿彭译，390 页，北京，商务印书馆，2017。
② 亚里士多德：《政治学》，吴寿彭译，391 页，北京，商务印书馆，2017。
③ 亚里士多德：《政治学》，吴寿彭译，401 页，北京，商务印书馆，2017。

的各种活动。7～14岁为第二个阶段。儿童教育以道德发展和初步的理性发展为重点，主要任务是对儿童进行道德教育、审美教育和初步的读、写、算等知识和技能的教育。14～21岁为第三个阶段，为理性教育阶段。教育的主要任务是通过哲学等学科的教育，发展儿童的理性。

（4）关于求知的方法

在求知的方法方面，亚里士多德提出了许多重要的主张。

第一是关于"类"的系统的知识。鉴于古希腊社会出现的种种问题和道德价值的纷乱，亚里士多德主张，要有统一和不变的知识，才有是非、真伪和善恶的统一。从寻求统一和不变的知识出发，亚里士多德提出了"类"的概念。他认为，"类"代表"统一"。比如"树"，无论什么样的、不同的树，都可以用一个"树"来概括它。"类"还代表"永久存在"，树死了，但"树"的概念还存在。在亚里士多德看来，尽管一切知识最初都是要通过感觉的，但感觉所获得的只是个别的、零碎的知识，只有把这些知识放到"类"里去，才能理解和获得更多的知识。例如，向上推，从"类"可以推到"种"，推到"属"。例如，牛都叫作牛，马都叫作马，牛和马又都属于兽类，兽类又都属于动物。总之，要获得真正的知识，必须把个别的事物归纳到类中，找出它的系统，才能把握它的性质。

第二是"下定义"的方法。即把种种个别的事物归纳到它的类里，然后找出它们的"差"来认识这个事物。比如，关于人，只说人是动物还不够，还必须说出人与动物的"差"。在亚里士多德看来，人与动物的"差"在于，人是政治的动物，是会制造器具的动物。

第三是"三段论"的方法。这种方法的主要特点是强调个别与整体的关系，并以此建立个别与整体的系统。其中整体是大前提，个别是小前提。大前提："凡人都要死的"；小前提："苏格拉底是人"；结论："所以，苏格拉底要死的"。在亚里士多德看来，凡是合理的思想都能够表达出一种理性的、系统的和合乎逻辑的形式，否则就是假的或错误的。

在西方教育史上，亚里士多德是第一个明确提出儿童年龄分期，并强调教育应遵循儿童自然发展顺序的教育家。他关于儿童发展及教育三个阶段划分的思想对于认识儿童的发展和教育具有重要价值。特别是他强调的在7～14岁儿童发展阶段，进行道德教育、审美教育和初步的读、写、算等知识和技能的教育的观点，对于认识现代小学教育是具有意义的。亚里士多德关于求知方法的论述，在西方教育史上也产生了重要的影响，形成了长时期人们对知识的一种看法：变化的、与实际生活相联系的知识是低级的，不变的、与理性生活相联系的知识是高级的。这种看法直到近代经验论出现以后才得以改变。

二、古代罗马小学教育实践与思想

古罗马原是意大利半岛上的一个城邦，从公元前6世纪开始，它通过多次战争，征服了马其顿、希腊等许多国家。古罗马的历史一般可分为三个时期：罗马王政时代，公元前 8 世纪至公元前 6 世纪末；罗马共和时代，公元前 6 世纪末至公元前 27 年；罗马帝国时代，自公元前 27 年至公元 476 年西罗马帝国灭亡。

(一)古代罗马小学教育实践

古罗马早期的教育主要是家庭教育。在家庭中，父母是主要的教育者。男孩跟随父亲在实际的生产劳动和社会生活中学习农业生产知识、技能以及各项军事技能，同时接受敬畏神明、服从父母、热爱国家、勤劳、勇敢等道德品质的教育。女孩则由母亲教以家政。除农业生产知识和技能、军事技能、道德品质和宗教等方面的教育外，法律也成为这一时期教育的重要内容。法律的基本教材是"十二铜表法"。在古罗马，父亲在家庭中具有绝对权力和地位，完全控制家庭和孩子。"十二铜表法"就规定，子女为父母的私有财产，父亲对子女有生杀予夺之权。[1]

公元前 234 年，古罗马出现了第一所小学。古罗马的男孩和女孩一般在 7 岁进入小学。由于天分各异，他们的小学阶段需要 4 年或者 5 年不等。[2] 下面来看一个出身名门贵族的古罗马儿童早晨上学的情景。

> 我在天亮之前就醒来了，我唤来奴仆，让他把窗户打开，他立刻照办。我起身坐在床边，因为天冷，所以要穿来便鞋或靴子。穿上鞋后，我接到一条非常干净的毛巾。有人用壶给我盛来洗漱用的水。我把水倒在手上、脸上和嘴里。我刷牙和牙龈。我像一个很有教养的孩子那样吐痰，擤鼻涕，擦脸。我脱下睡衣，穿上内长衣，系上腰带。我给头上洒香水并梳理整齐。我围上围巾，披上白色披风。在乳母和教师的陪伴下，我走出房间去给父母请安。我向他们二人行礼并亲吻他们。我找出文具盒和作业本交给奴仆。一切准备就绪，在教师的跟随下，穿过通往学校的牌坊，我就上路了。[3]

关于进入学校以后教学情况的记录如下。"奴仆把书板、文具盒和尺子递给我。'你好，同学，请给我让些地方，请你往边上靠一点儿，这是我的位子。'我开始学习了。我按照范例写字，写好后，就拿给教师看。他纠正错误，然后，他让我朗诵……我记住了讲解……在教师的命令下，来了一群小孩子。一个高年级的学生帮他们学习字母和音节……他们写词，写诗句……"[4]

古罗马共和后期逐步形成了具有初级、中级和高级三级系统的学校教育制度。古罗马初级学校的具体情况是，学校主要招收 7～12 岁的男女儿童，学习的主要内

---

① 克伯雷:《外国教育史料》,华中师范大学教育系、西南师范大学教育系、西北师范大学教育系等译, 29 页,武汉,华中师范大学出版社,1991。
② 内罗杜:《古罗马的儿童》,张鸿、向征译,270~272 页,桂林,广西师范大学出版社,2005。
③ 内罗杜:《古罗马的儿童》,张鸿、向征译,273~274 页,桂林,广西师范大学出版社,2005。
④ 内罗杜:《古罗马的儿童》,张鸿、向征译,282 页,桂林,广西师范大学出版社,2005。

容是拉丁语。这类学校通常为私立、收费。由于教师大多由有一定文化的奴隶担任，因而教师的地位非常低下。在学校管理上，教师对学生实行严厉的控制和体罚。在小学教育阶段，基础运算也是重要的教学内容。在这方面，教师主要借助于算盘教学，教学方法和教授内容不需要特殊的技能。学生可以使用筹码学习计算，还可以使用手指。在帝国时代，儿童还要学习加法表。① 儿童学会了读、写、算，就意味着可以离开小学了。

罗马帝国时代，教育发生了较大变化。教育权主要局限于贵族阶级和骑士阶级，普通公民及其子女的教育机会被限制在较小的范围，学校教育内容的范围逐步缩小，教学内容与方法侧重于形式。

(二)古代罗马小学教育思想

在古罗马学校教育实践发展的同时，其教育思想也得到了一定的发展。这里主要介绍影响较大的昆体良的教育思想。昆体良是罗马帝国时代重要的教育家，著有《雄辩术原理》一书。他不仅重视家庭教育，而且重视学校教育。

1. 每个孩子都有接受教育的潜能，是可培养和教育的

昆体良指出，那种认为只有极少数人生来具有接受教育的能力，而多数人由于悟性鲁钝，对他们的教育徒然浪费劳力与时间的观点，是没有根据的。恰恰相反，大多数人既能敏捷地思考，又能灵敏地学习，因为这种灵敏是与生俱来的。只有那些天生畸形和有缺陷的人，才是不可教的人。在昆体良看来，这样的人很少，绝大多数儿童是可以培养的。如果在以后的岁月中这种希望没有实现，那不是人的天赋能力的问题，而是教育的培养的问题。②

2. 重视学校教育的作用

昆体良比较重视雄辩家的培养，结合当时罗马教育的情况，他指出，雄辩家的培养要经过三个阶段：初级学校、文法学校、修辞学校。在属于小学阶段的初级学校，儿童主要学习读和写，是一种启蒙的教育。在古罗马，贵族儿童上学需要奴仆护送。这些奴仆也是受过足够教育的，可以在家里充当辅导老师。昆体良建议，在选择这一类人时要非常谨慎。因为他们必须在道德和理智上具有强大的责任心。如果他们道德败坏，儿童会面临很大的危险，或是自身原因或一时疏忽而使小主人在路上遇到危险。③

3. 学校教学可以采取集体教学的形式

针对当时采用的个别教学形式，昆体良提出了集体教学的思想。他主张在同一时间里可以由教师对学生集体，而不是对个别学生进行教学。他认为实行集体教学

---

① 内罗杜：《古罗马的儿童》，张鸿、向征译，283 页，桂林，广西师范大学出版社，2005。

② 昆体良：《昆体良教育论著选》，任钟印选译，10 页，北京，人民教育出版社，1989。

③ 内罗杜：《古罗马的儿童》，张鸿、向征译，274～275 页，桂林，广西师范大学出版社，2005。

的形式，教师不但一次可以教许多学生、节省时间与精力，而且学生可以在与同学的共同学习与交往中，接受良好榜样的影响，并且从教师对别人的批评和表扬中，得到警示和鼓励。当然，在强调集体教学的同时，昆体良也注意到了教学的因材施教问题。他认为，教师在面向集体进行教学的时候，要了解学生的能力、个性特点和倾向，根据学生的具体情况施教。

4. 教育教学的原则

其教育教学原则主要包括以下几个方面。

(1)反对体罚的原则

昆体良认为，体罚是对儿童的凌辱，会使儿童心情压抑、沮丧和消沉，对儿童的成长产生非常消极的后果。他主张，在教学上可以运用奖励的方法，对儿童，尤其是那些缺乏自信心的儿童加以赞扬、给予荣誉，促进他们发展。

(2)教学适度的原则

昆体良认为，优秀的教师要在深入观察、了解学生的个性及能力的基础上，节制自己的力量，发展学生的能力。既要避免学生做力不能及的事，又不要让学生放弃力所能及的课业。教师所传授知识的量应当与学生的能力相适应，以防止学生的负担过重。

(3)学习与休息相间的原则

为防止学生因为负担过重而造成疲劳，昆体良主张学习与休息应相间进行，这样可以使学生得以恢复精力，更愉快地学习。他主张在学习间隙，让学生进行有节制的游戏活动。他还提出，防止学生身体疲劳的方法是更换课业，使不同课程的学习交替进行。

(4)教学明白易懂的原则

在教学过程中，教师不能故弄玄虚、装腔作势，而应当简洁、明了地讲授知识。只有这样，学生才易于接受。

(5)教师提问与学生独立解决问题的原则

在教学过程中，昆体良还主张，教师应当经常向学生提出问题，促使学生积极思考，从而增强教学的效果。另外，在必要的时候，应当让学生自己动脑想办法，独立解决学习中的问题，防止养成事事依赖别人的坏习惯。只有这样，才能逐步培养学生独立的判断力、创造性以及其他各种能力。

总之，古希腊和古罗马对儿童发展及学校教育关系的认识较为深入和具体。在古希腊社会，儿童的家庭虽然仍是主要教育场所，但学校教育已经成为儿童发展的重要阶段。教仆，以及教育监督或监导身份的出现，可以看作古希腊学校教育发展的新特点，也是家庭教育的延伸和替代。需要注意的是，古希腊还产生了"去家庭化"的教育思想，即设立单独的学校教育机构养育儿童的主张。既然儿童的教育可以允许外人参与，那么儿童的教育就不一定完全由父母承担；既然儿童的教育可以由单独的教育机构去实施，那么儿童的教育也不一定完全由家庭完成。这种设立单独的学校教育机构来对儿童进行教育的做法，反映出古希腊关于儿童养育需要由国家和社会承担的思想和主张，是对儿童教育"社会化"形式的思考和尝试。为了使儿童教育更为有序和有效，古希腊还提出了教育立法的主张。当然，古希腊的儿童保护和教育不是通过国家的一般法律，而是直接通过教育立法进行的。

与古希腊教育进行比较，古罗马的教育实践和教育思想的一个突出特点就是务实性。虽然亚里士多德明确提出了儿童年龄分期、教育应遵循儿童自然发展顺序、教育三个阶段划分的思想，但是在对学校教育，特别是学校教学的认识上，古罗马教育家更加反映了对学校教育和教学规律性的认识，对于认识儿童的发展与学校教学的关系具有重要价值。与古希腊强调通过法律规范人的行为不同，为了使学校教育更加有序和有效管理，古罗马提出了学校教学规则的主张。在古罗马人看来，儿童教育和学习必须有一定的准则。学校教育和学习的准则对于儿童的成长是非常必要的。例如，在学校里，儿童先学习什么，后学习什么，同时又学习什么，先学习的为后学习的打下基础，后学习的要与先学习的有联系，等等，都有明确的规定。学校教学规则的提出实际上是对儿童发展和教育活动进一步规范的体现，表明古罗马人对学校教育活动和教学秩序已经有了更为清晰的认识。古罗马教育家提出的班级集体教学的思想也为近代学校教育班级授课制的形成奠定了基础。

第四节　西欧中世纪和文艺复兴时期的小学教育

395 年，罗马帝国分裂为东、西罗马两个部分。476 年西罗马帝国灭亡。一般来说，从西罗马帝国灭亡到 14 世纪意大利文艺复兴前的近 1000 年，被称为"中世纪"。这是西欧封建制度从发生、发展到衰落的时期。

在西欧中世纪社会的早期，初等教育和小学教育的发展是不被重视的。有研究者指出，由于当时的社会是以口语文化为主的，儿童 7 岁就能够驾驭语言了。按照教会的观点，儿童 7 岁为理性的年龄，因为他们会说话也能够理解成人所说的内容。教会以及社会对口语文化的重视限制了初等教育的发展。当时人们形成的基本观念是，开设学校，特别是开设小学是没有必要的。即使有教会或私人办学的存在，但是作为为进一步学习打基础的初级学校的概念是不存在的。例如，中世纪的学校没有出现按课程难易程度来编排课程的分级制度，没有按不同内容和年龄分班的制度，儿童是混杂在一起学习的。[1] 西欧中世纪的教育主要包括基督教的学校教育和世俗封建主的学校教育。

---

[1]　波兹曼：《童年的消逝》，吴燕莚译，19～20 页，桂林，广西师范大学出版社，2004。

一、西欧中世纪的基督教学校

在西欧中世纪，基督教的发展也促进了基督教学校的形成。西欧中世纪的基督教学校主要有三种类型：修道院学校、大教堂学校和堂区学校。其中，修道院学校因其教育内容丰富、管理严格等特点而成为最有影响的教会学校。

修道院学校分"内学"与"外学"。最初只负责对那些终生从事神职的人进行教育。但由于进入修道院的人数不断增多，到10世纪，修道院学校遂分为两部分。一为"内学"，主要负责对准备充当神职人员的学生的教育。二为"外学"，负责对不准备担任神职的学生的教育。在"内学"中，儿童10岁左右入学，学习期限为8～10年，18岁毕业时可成为神职人员。"内学"的教学内容主要包括基督教教义、宗教音乐、宗教仪式等，此外还包括读、写、算的基本知识以及文法、修辞学、天文学等古典学科。"外学"的教学内容与"内学"相差无几，但程度要低一些。随着时间的推移，"七艺"成为修道院学校的重要教学组成部分。

修道院学校的课程安排主要包括四个方面：①学生学习读、写、算等基础知识，主要是为诵读《圣经》、抄写圣书和计算宗教节日服务，然后学习文法，主要是为了阅读《圣经》；②学习逻辑学、修辞学、诗歌，主要是掌握圣书的文体，培养宣传教义的能力；③学习音乐、几何、天文学、道德学、辩证法，用来进行论战，攻击异端，维护宗教权威；④学习神学。修道院学校不设体育课，也不进行课外体育活动。按照基督教教义的说法，肉体是"灵魂的监狱"，身体越受摧残，灵魂越能得救。

修道院学校的教学与管理较为严格。修道院学校的教师多由修道士和其他神职人员担任，教师通常具有一定的文化修养，对各学科有一定的兴趣。教学主要由教师口授，说明意义，学生记录讲述的内容，诵读牢记。教学用书采用手抄本。教学多采用问答法，实行个别教学。教学用语为拉丁语。教会认为，拉丁语最能表达上帝的意旨。修道院学校的管理极为严格，棍棒和鞭子是学校的必备之物。学校实行禁欲主义，采取的措施多为祈祷、悔罪和斋戒等。学生常常在深夜熟睡时被叫起来，进行夜间祈祷；还有的学校要对学生实施监禁等惩罚。

二、西欧中世纪的世俗学校

在西欧中世纪，随着封建国家的建立，除了基督教学校之外，也出现了适应中世纪社会和生活的世俗学校，主要有宫廷学校、城市学校和方言学校（地方语言学校）。

(一)宫廷学校

西罗马帝国灭亡以后，在西欧先后出现了一些由日耳曼人建立的封建国家，其中以法兰克王国最为强大。768年，查理曼即位，之后经过不断的扩张战争，法兰克王国的疆域空前扩展。西起大西洋，东到易北河、多瑙河，北起北海、波罗的海，南至意大利，都在其管辖之下。在查理曼统治时期，法兰克人的文化水准普遍比较低下。出于治理国家和教化臣民的政治需要，查理曼开始注重发展教育。

这一时期，影响较大的是查理曼的宫廷学校。查理曼邀请英格兰教士、著名学者阿尔琴到法兰克王国，协助建立宫廷学校，发展教育事业。阿尔琴曾就学于约克主教学校，后担任该校校长。782年，他应约带领三名助手，来到法兰克王国，在原有宫廷学校的基础上，对教学内容和方法等进行了一系列重要的改革。宫廷学校的学生包括皇后、皇子、公主以及皇室其他成员，此外还有查理曼指定担任国家和教会高级职务的青年贵族。查理曼本人也时常亲临受教。

在教学内容上，宫廷学校主要开设文法、修辞学、辩证法、算术、天文学、神学等课程，此外还包括学习古典诗人的作品。在教学方法上，宫廷学校注重根据学生的年龄特点，因人而异。对成年学生，教学以讨论为主；对于年幼学生，则采用当时修道院学校盛行的问答法。这种方法的特点在于，由教师根据教学的目的，把教学内容以问答的形式加以编制，使学生通过记忆问题的答案而掌握知识。例如，在阿尔琴为王子丕平准备的教学课本上，可以看到下面的内容：

丕：写是什么？

阿：历史的守护人。

丕：说是什么？

阿：灵魂的解释者。

丕：什么会说话？

阿：舌。

丕：舌是什么？

阿：空气的鞭子。

丕：空气是什么？

阿：生命的保护人。

丕：生命是什么？

阿：善的欢乐，恶的悲哀，死的期望。①

从上面的师生问答中可以看到宫廷学校的教材主要是关于一般生活知识的内容，一定程度上反映了当时宫廷学校教学世俗化的特征。在阿尔琴的管理下，法兰克王国的宫廷学校成为当时世俗教育的中心，吸引了来自国内各地的学者和教师，从而对中世纪早期世俗教育的发展产生了积极影响。

(二)城市学校

10—11世纪，由于西欧经济的发展、手工业和农业的分化，以及商业的发达，

---

① 郭法奇：《中外教育简史》，304页，沈阳，辽宁大学出版社，2020。

城市重新形成,出现了市民阶层。市民阶层主要由手工业者和商人组成。为了保护自己的利益和生产经营的需要,他们组织起生产者的行会和商人的基尔特组织。为了教育自己的子弟,行会和基尔特都办起了自己的学校。这些学校统称为城市学校,被认为是欧洲最早的初等学校。

城市学校包括读写学校、文法学校,以及与行会和基尔特性质相关的学校。中世纪城市学校的特点是:大多由城市当局或行会负责开办和进行管理,具有世俗教育的性质;城市学校注重读、写、算,以及其他实用知识和技能的教学,同时强调对儿童进行一定职业和技术的培训;虽然宗教教育仍然是所有城市学校的教学内容,但其地位明显削弱;与中世纪修道院学校和贵族拉丁文法学校相比,城市学校的设备通常较为简陋,教学水平较低,属于初等教育性质的学校。

(三)方言学校

方言学校也被称为地方语言学校。中世纪受教会用语的影响,社会比较重视拉丁语和拉丁文学校。广大民众没有进入拉丁语和拉丁文学校的机会,只能接受地方语言学校的教育。这种学校多为私立的,设施简陋,教育对象主要是社会底层的儿童,学习一些基础知识和阅读技能。[1]

三、西欧文艺复兴时期的小学教育

文艺复兴运动发生于14—16世纪,是欧洲新兴资产阶级利用古典文化对抗基督教统治和封建制度的文化和思想革命。文艺复兴运动是以复兴古希腊、罗马文化的形式出现的。它首先在意大利产生,以后逐渐扩展到德国、法国、英国等地,促进了西欧对古典文化的了解。

文艺复兴运动的指导思想是人文主义思想。人文主义思想的基本特征是:歌颂世俗以蔑视天堂,标榜理性以取代神性;反对中世纪教会所宣扬的来世观念、禁欲主义和蒙昧主义,强调人是现世生活的创造者和享受者;要求文学艺术表现人的思想感情、科学为人生谋福利、教育发展人的个性,要求把人的思想、感情、智慧从神学的束缚中解放出来。人文主义者提倡个性自由,倡导以人性的解放为中心的"人性论"的世界观。这种世界观构成了文艺复兴时期学校教育的思想基础。

(一)文艺复兴时期的学校教育实践

在文艺复兴时期,一些教育家创办的学校体现了人文主义教育的精神。其中最有代表性的是意大利的人文主义教师维多里诺,他被称为"意大利新教学中最有能力的教师"。他曾在孟都亚城邦一位公爵家任家庭教师,后来在此基础上创办了孟都亚宫廷学校。维多里诺在该校任教二十多年,努力以人文主义的理念办学和教育儿童,形成了丰富的办学经验和特点,他所创办的学校被誉为"快乐之家"。这所学校的特点如下。

①注重自然环境对儿童的影响。这所学校设在离开城市的乡村,环境优美,有

---

[1] 约翰·S. 布鲁巴克:《教育问题史》,单中惠、王强译,388页,济南,山东教育出版社,2012。

山有水，有林荫道，师生可以在户外自由地对话。学校校舍宽敞明亮，设备简朴自然，被称为"自然的学校"。

②在课程设置上，学校注重儿童身体和精神的发展。维多里诺认为，健康的身体是有效学习的基础。他反对把学生培养成虚弱的早熟的儿童。在课程内容的安排上，学校恢复了中世纪消失了近千年的体育和美育。骑马、击剑、角力、游泳、赛跑、跳舞等都是重要的教育内容，注重儿童的多方面发展。

③注重学生道德和知识教育。在学校里，除了体育和美育外，道德教育、宗教教育、知识教育等都得到了应有的重视。

④运用多样的教育教学方法。在学校里，儿童的天性、个别差异、兴趣都得到了重视，并具体反映在教育教学过程中：学校实行学生自治，采用游戏的教学方法，教学内容的安排考虑到儿童的接受能力，等等。

由于上述特点，维多里诺创办的孟都亚宫廷学校被誉为"第一所新式学校""快乐之家"，在意大利产生了广泛的影响。许多人前来参观、学习，许多国家办起了类似的学校。

(二)文艺复兴时期的学校教育思想

文艺复兴时期，学校教育思想也得到了一定的发展。其中主要有意大利的韦杰里乌斯、荷兰的伊拉斯谟、法国的拉伯雷和蒙田等教育家的思想。这些教育家在吸收古典教育理论的基础上，集中阐述了人文主义的教育主张。

①韦杰里乌斯在《论绅士风度和自由教育》一文中，从多方面阐述了人文主义教育的核心、内容和方法等。主要包括以下几个方面。一是教育的核心是全面教育和自由教育。全面教育是一种让学生得以全面发展的教育：它不是让学生对每一门学科都进行深入的研究，成为专家，而以发展人的理智和情趣为宗旨；不是训练学生特殊的技能，而是发掘人之所以为人的本质特征。自由教育是一种重视人的自由的教育，是一种能够唤起、训练和发展那些使人趋于高贵的身心最高才能的教育。二是全面教育和自由教育的内容包括德育、智育、体育、军事教育等。关于德育，他认为道德品质是一个自由人所具备的最高才能，自由人会把道德价值作为生命的唯一目的。在自由教育中，德行的培养重于知识的传授。关于智育，他主张加强自由学科的教学，尤其是历史、道德哲学、文学和自然科学的教学。关于体育和军事教育，韦杰里乌斯非常重视对儿童身体的训练，认为身体健康是人一生事业的基础。体育训练的目的是发展人的体质，有效训练人的身体和心灵，以便更好地服从理性的命令。韦杰里乌斯的全面教育和自由教育思想反映了文艺复兴时期意大利人对教育活动认识的水平，也反映了人文主义教育思想的基本特点。

②伊拉斯谟比较注重在批评经院主义教育的基础上强调教育在人的发展和社会进步中的作用。一是批判经院主义教育。在《愚人颂》中，伊拉斯谟从多方面对当时的教育进行了尖锐的抨击，认为经院主义的学校成了禁锢学生心灵的监狱。二是强

调教育中政府和父母的责任。伊拉斯谟曾引用柏拉图的话来论证教育的作用：一个受过正当教育的人，会发展成为一种神圣的动物；一个受过错误训练的人，会堕落成一种畸形的野兽。无论是政府，还是父母，都应高度重视儿童的教育。对于政府来说，教育的重要性不亚于国防，建设一支合格的教师队伍的意义不次于整顿一支军队。对于父母来说，教育子女是对社会的责任和义务。三是重视正确的教育教学方法的运用。伊拉斯谟认为，正确的教育教学方法可以使天赋平常的学生取得非常优异的成就，反之，则会埋没学生的才能。教师应深入了解学生，尊重儿童的个性，并在此基础上因材施教。伊拉斯谟反对对学生实施体罚，反对教育教学上的强制和灌输，主张运用直观的教学方法激发学生的学习兴趣。

③拉伯雷比较注重对经院主义教育的批判，倡导人文主义教育方法。一是反对经院主义教育机械记忆的方法。强调理解在知识教育中的作用，认为没有经过理解的学问等于废物。二是反对单纯从书本上学习知识。主张学习与实践相结合，使学生在亲身实践中掌握知识。三是注重直观的教学方法。主张通过观察自然学习植物学，通过观察天体学习天文学，通过观察人体学习解剖学。四是重视激发学生兴趣的教学。要求教师通过游戏、旅游、参观等多种方式组织教学，使教学过程成为轻松、愉快和富有吸引力的活动，使学生在快乐中学习。

④蒙田提出了关于培养儿童的建议。一是让儿童打下知识的基础，要把古典学科作为教育教学的核心，强调儿童学习广博的知识，把整个世界作为"书房"。二是强调理解在学习中的重要性，反对儿童的不求甚解。他强调，学习的目的不是"博学"，而是明理，要利用所学的知识做出自己的判断。三是通过行动运用知识。知识的功能不仅在于教人思考、做出正确的判断，还在于教人正确地行动。四是培养儿童独立思考和活动的能力。反对儿童对教师权威和对知识的盲目崇拜。蒙田指出，如果儿童对一个事物辨不清真伪，那么宁肯让他怀疑，切勿让他盲从。教师的作用就是因材施教，使学生的能力表现出来，指出学生发展的可能路径，让学生独立地做出选择。

(三)宗教改革时期的学校教育思想

布鲁巴克指出，使方言学校成为初期存在的教育机构并在教育史上占有稳定地位的动力主要来自两个方面：一是大约 1450 年时印刷术的发明，二是 16 世纪的宗教改革运动。[①] 在他看来，近代初等学校的建立应该自宗教改革运动开始。宗教改革运动中比较有影响的事件，就是马丁·路德把《圣经》译成德文，并且通过印刷术和方言学校传播，推动了初等学校在办学形式、内容以及教科书等多方面的发展。

也正是在这个基础上，宗教改革运动的一些教育家提出了国家应该推行义务教育的主张。例如，路德就指出，父母和国家都应担负起对孩子的教育责任。对于父母来说，使自己的子女受到良好的教育是一种神圣的义务，而忽视子女的教育就是

[①] 约翰·S. 布鲁巴克：《教育问题史》，单中惠、王强译，389 页，济南，山东教育出版社，2012。

犯罪；对于国家来说，让儿童接受教育是重要的责任。同时，国家要对父母进行监督，对于不送子女接受教育的父母，要有必要的惩罚。路德在《送孩子上学义务之训谕》中强调，国家有权强迫儿童入学，一切儿童不论贫富、男女，都应入学接受教育。在《致德国公民的市长和市政官员的呼吁书》中，路德要求国家设立学校，兴办教育，为学校提供费用，为国家培养可靠的民众。在《致基督教贵族》的信中，路德强烈要求地方当局建立小学，使儿童不仅能学习读、写、算、宗教四科，还能学习体育、音乐、语言、历史等学科。在路德教育思想的影响下，德国的一些城市先后颁布了普及义务教育的法令，推进了小学教育的发展。

总之，文艺复兴时期和宗教改革时期是欧洲社会和教育发生重大转型、变化的时期。文艺复兴时期的人文主义重视人的尊严和人的价值，强调人的多方面能力的和谐发展，为人文主义教育提供了精神支柱。文艺复兴时期的人文主义教育不仅在内容上，而且在方法上，都进行了创新。它不仅注重古典主义内容，还增加了许多新的学科，如文学、历史、地理、机械学等。一些国家还提倡使用本国语言教学，打破了完全用拉丁语教学的局面。当然，从教育的性质上看，人文主义教育具有贵族性的特征，教育的对象主要是社会上层子弟，而非大众。宗教改革教育家在阐述新的教义的同时，提出了较为丰富的教育思想。其中关于强迫义务教育、国家负责办学等思想，对这个时期的教育实践以及整个近代西方教育的发展产生了重要的影响。

本章小结

人类早期的教育是与社会生产和生活结合在一起的，后期随着教育的发展，出现了考查儿童成长的"成年礼"仪式，奠定了学校产生的基础，为学校教育机构的出现提供了重要的条件。古代东方国家的教育产生了人类历史上最早的学校，也形成了具有初等教育性质的小学教育。

在古代东方国家，可以看到学校已经具有多种类型，服务于不同的阶层。不过，小学教育还不是独立的教育系统，家庭教育在很大程度上承担了小学教育的职责和功能。同时，在古代东方的学校教育中，能够接受小学教育的只是社会上层贵族家庭的儿童，社会下层贫困家庭的儿童是不能进入学校的，小学教育具有严格的等级性和阶级性。

古希腊学校教育是西方学校教育的源头。古希腊人在对学校国立和私立的性质的认识上，在学校多样性的创设上，在对学校教育内容的认识上都有许多重要的贡献。其中古希腊教育家亚里士多德关于儿童发展的体德智和三个教育阶段的认识，关于培养儿童理性和教育的认识，为认识儿童的发展及教育，以及学校的设立奠定了理论基础。

进入中世纪后，受基督教的影响，世俗学校的发展受到一定的限制，只是在城市学校和方言学校中才出现了具有小学教育性质的教育机构。

　　文艺复兴和宗教改革是西欧社会和教育过渡的时期，无论是世俗的教育，还是宗教的教育，都具有人文主义的特点，并具有重要的意义。一方面，它促进了学校世俗化的进程。学校教育开始与社会实际生活发生联系，学校教育内容和教学方法发生了较大变化。另一方面，它使得宗教教育改革家关心社会民众的教育，提出并实践了人类社会中最早的社会下层的义务教育。这一切都为近代教育的发展，特别是小学教育的发展奠定了思想和实践的基础。从近代开始，小学教育开始从家庭教育中分离出来，逐步成为学校教育系统的重要组成部分，并成为国家教育立法首先关注的对象。

复习与思考

　　1. 如何认识古代东方国家的小学教育？

　　2. 如何认识古代希腊的小学教育实践和思想？

　　3. 如何认识古代罗马的小学教育实践和思想？

　　4. 如何认识西欧中世纪和文艺复兴时期的小学教育？

第二章　外国近代小学教育制度

【本章要点】▶

　　近代是各国教育，特别是小学教育得到较快发展的时期。这一章主要介绍近代六个国家——英国、法国、德国、俄国、美国和日本的小学教育发展的一般情况，以了解这些国家小学教育机构的发展历史，理解其小学教育的发展特点，认识和思考小学教育发展过程中实施强迫义务教育思想的提出，以及教育立法的作用。

第一节　近代英国的小学教育

1640—1688 年，英国进行了资产阶级革命，建立了君主立宪政体，形成了资产阶级和贵族阶级联合专政的制度，奠定了英国资产阶级教育发展的基础。同时，英国国教和其他教派的矛盾，也使得英国近代初等教育的发展带有明显的宗教性质。

一、英国资产阶级革命前后的小学教育

英国资产阶级革命以前，初等教育发展是有限的。最初，初等教育的发展主要是与解决贫困问题联系在一起的。在中世纪，由于社会生产发展有限，"安于贫穷"是社会需要的美德。16 世纪末，英国社会贫富差距扩大，贫困者剧增，对英国社会稳定构成威胁，"安于贫穷"被视为一种危险。因此，给贫困者一定的教育，成为稳定社会和保护资产阶级利益的当务之急。人们开始重新认识贫困现象。1601 年，英国颁布了《济贫法》和《学徒法》，开始关注社会的贫困问题。1601 年的《济贫法》规定，各教区要为贫民安排工作，要为残疾人和不能维持生计的人、老人、盲人以及其他贫穷而无法工作的人提供必要的救济。同时强调，要通过征税来支持解决贫困问题，要为贫苦儿童提供学徒的机会，富裕的教区要援助贫穷的教区。

英国资产阶级革命以后，在普及初等教育的过程中，英国宗教团体发挥了重要的作用。1698 年，英国国教派成立了"基督教知识促进会"，1701 年，又成立了"国外福音宣传会"。这两个宗教团体在各地创办招收贫苦儿童的具有慈善性质的教义问答学校。在不到 30 年的时间内，英格兰和威尔士有近 3 万名儿童入校学习读、写、算常识和宗教知识。

这一时期，非国教派和天主教等也大力创办慈善学校，进行普及初等教育的工作。同时，在贫困儿童与初等教育的关系上，也引发了一场关于贫困儿童接受教育和就业关系问题的争论。争论出现了三种不同的意见：第一种意见主张儿童先接受教育，后就业。认为就业前让儿童接受一定的教育，可以灌输服从精神，以让他们适应将来的就业需要。第二种意见主张儿童先就业，后接受教育。认为应尽早让儿童参加劳动，如果长时间受教育，将来会不适应就业的需要。第三种意见是洛克的观点，他主张建立劳动学校，让儿童边工作，边学习。认为这样可以使儿童有一定的收入和接受一定的教育，减轻家庭和社区的负担。为此，他提出了"贫苦儿童劳动学校计划"，对英国初等教育的发展产生了较大的影响。

二、英国工业革命时期及以后的小学教育

18 世纪 60 年代，英国首先开始了工业革命。工业革命引起了英国社会的巨大

变化：生产力得到迅速发展；大工业城市相继出现；人口增长迅速；工厂制度兴起，英国一跃成为近代社会高度工业化的国家。在工业革命时期，英国的初等教育也有了新的发展和变化。

(一)工业革命的产生使得普及初等教育成为现实需要

由于工业革命要求劳动者掌握相应的文化技术知识，不仅需要对成人，而且需要对童工进行必要的教育训练。同时，资产阶级为了保护自身的利益和竞选、参政、维护社会秩序的需要，也主张给工人阶级及其子女以一定的文化知识教育。当时英国著名的经济学家亚当·斯密就指出，在一个文明与商业化的社会里，要求公众更为注意的是一般普通老百姓的教育，而不是有钱、有地位的人的教育。因为，国家从这一部分人的教育中也可以得到好处。他认为，"一个有修养的民族总是远比一个愚昧无知的民族更正派更讲秩序"①。

(二)星期日学校和"导生制"学校

这一时期，影响比较大的是星期日学校和"导生制"学校，它们在推动初等教育方面发挥了重要的作用。

1. 星期日学校

1780 年，英国格洛斯特郡报馆经理、慈善家 R. 雷克斯出资为工人子女兴办了一所学校，即"星期日学校"，也称"主日学校"。该学校主要是利用星期日的时间为工人阶级的子女传授读、写、算知识和宗教知识。由于学校把工人子女在星期日组织起来，既可以给儿童一定的知识教育，又可以减少社会秩序的混乱，防止社会的"骚乱现象"，因而星期日学校在英国各地得到较快发展。1785 年，英国建立了"星期日学校协会"。18 世纪末，英国有 25 万儿童在星期日学校学习。到 19 世纪初，就学人数已达 100 多万。②

2. "导生制"学校

伴随星期日学校的发展，18 世纪末至 19 世纪初，另一种学校制度——"导生制"学校的出现，极大地促进了初等教育的发展。"导生制"也叫"相互教学制"，由英国国教会教师 A. 贝尔和公谊会的教师 J. 兰卡斯特创立。在"导生制"学校里，一个大教室中安置一排排长桌，每排有十多个学生，由其中一个年长的、学习好的学生做"导生"。教师先教这些导生，然后由导生把刚学到的教学内容教给其他学生。这样，一个教师可以通过导生教几百个，甚至上千个学生。"导生制"的出现，在一定程度上缓解了当时学生多、教师少的矛盾，使得社会下层的许多儿童能够接受初等教育，引起了社会的重视。19 世纪初，"导生制"得到较快发展。

(三)工厂法的制定与初等教育的发展

英国工业革命时期，工厂大量使用廉价的童工，成为社会突出的问题。工人阶

---

① 克伯雷：《外国教育史料》，华中师范大学教育系、西南师范大学教育系、西北师范大学教育系等译，581 页，武汉，华中师范大学出版社，1991。
② 郭法奇：《中外教育简史》，326 页，沈阳，辽宁大学出版社，2020。

级为缩短童工的劳动时间，保护童工的利益，与资产阶级进行了长期的斗争，促进了英国初等教育的发展。当时，英国工厂童工的劳动时间每天为 10～14 小时。在工人阶级的斗争下，1802 年，英国议会通过了第一部工厂法，规定限制童工的劳动时间，并提出对童工进行一定的读、写、算的知识教育，但该法没能执行。1833 年通过的工厂法规定，禁止雇用 9 岁以下儿童做童工，9～13 岁的童工每天的劳动时间限制为 8 小时。同时规定，在纺织厂劳动的 13 岁以下的童工每天接受 2 小时的义务教育，厂主如雇用没有医生的年龄证明和教师的入学证明的儿童，要受到处罚。从 1867 年起，英国的工厂法由纺织厂扩大到其他工厂普遍实施。工厂法制定的关于儿童教育的条款，客观上使得教育由原来的慈善性质，转变为法律的规定和保护，有利于儿童的身心发展，也有利于初等教育法治化的进程。

(四)《教育补助金法案》通过与初等教育的发展

工业革命的发展引起了英国政府对初等教育的重视。长期以来，英国初等教育的管理权一直由教会的国教派和非国教派控制，双方斗争愈演愈烈，国家很少过问。工业革命的迅速发展，使得教育的经济意义显著，它要求广大工人及其子女必须接受一定的初等教育。只有具有一定文化知识的人，才能适应社会和职业的变化。这一客观需要，促使英国政府在 19 世纪初开始实施国家管理初等教育的政策。

1833 年，英国议会表决通过了一项由财政部部长阿尔索普提出的《教育补助金法案》，要求国王批准每年拨 4 万英镑①的款项，以弥补私人捐款的不足和补充建立贫苦儿童的学校。这笔款项的 70% 拨给了国教派所属的全国教育促进会，30% 拨给了非国教派所属的全英及海外教育协会。1833 年以后，英国政府每年增加拨款，并开始加强对初等教育工作的监督和管理。1833 年英国教育发生的变化表明，初等教育由原来的宗教行为和民间行为开始向国家行为方面转变，国家在一定程度上控制初等教育成为英国教育发展的一项重要内容。1833 年《教育补助金法案》的通过，标志着英国建立国民教育制度的开始，初等教育成为国家教育体系的重要组成部分。

三、英国 1870 年《初等教育法》

(一)1870 年《初等教育法》的产生

1833 年，英国政府决定通过拨款补助宗教团体兴办初等教育以后，初等教育有了一定的发展，但是初等教育还受教会及宗教团体的影响，尚未建立起真正的国民初等教育制度。1867 年，英国议会通过改革法以后，近百万的工人获得了选举权，普及初等教育成为政治上的迫切需要。同时，英国的统治阶级也认识到，它完全由教会控制，但它应当完全是非宗教性的。另外，英国工人阶级力量的壮大，对自身意识的觉醒以及对民主的迫切追求，使得给工人阶级子女一定的文化知识教育成为全社会关注的问题。当时，《议会改革法》提出了"我们必须教育我们的主人"的口号。

---

① 英国的货币单位。

1870 年，英国教育署署长福斯特提出的《初等教育法》获得了议会通过。因此，该法也称为《福斯特法案》。法案旨在完善现有的宗教和慈善团体在兴办初等教育的基础上，建立公立的初等教育制度，以满足社会发展的需要。

(二)1870 年《初等教育法》的主要内容

法案的主要内容如下。

①在教会学校设置不足的地区，应设置由纳税人选举的地方教育委员会来兴办学校，并由地方税收举办公立初等学校。

②各教派设立的学校地位得以保持，但不能从地方税收中得到补助。

③公立初等学校可以进行不属于任何宗教团体的宗教教学，也允许教师不参与初等学校的宗教教学。学生家长可要求其子女不参加学校的宗教仪式或宗教教学。

④规定对 5～12 岁的儿童实施强迫教育。

1870 年《初等教育法》的颁布，奠定了英国教育制度的基础。

(三)1870 年《初等教育法》的影响

1870 年《初等教育法》的颁布，是英国首次创立国民初等义务教育制度的尝试。虽然它没有消除宗教在教育上的影响，形成了英国历史上公立学校和教会学校并存的制度，但英国的教育制度从此得到了较快的发展。1880 年，英国实行了 5～10 岁儿童的初等义务教育，1891 年，英国完全实行了免费的初等教育。

第二节　近代法国的小学教育

1789 年，法国进行了资产阶级革命。经过各派的较量和博弈，拿破仑上台后建立了中央集权的体制，也奠定了法国教育发展的基础。同时，法国启蒙运动的发展使得法国社会和思想界发生了重大变化，教会遭到沉重打击，法国近代教育的发展带有明显的去宗教化的特点。

一、法国资产阶级革命前的小学教育

法国是在 9 世纪中叶，由查理曼帝国一分为三(法、意、德)以后形成的封建制国家。不过，在 9—12 世纪，法兰西王国的王权十分弱小，仅限于巴黎一带。从 13 世纪起，法兰西王国的领地逐步扩大，至路易十一世统治时实现了全国的政治统一。

17 世纪，法国的各级教育仍在天主教会的控制下。小学教育的主要内容是识字、教义问答和祈祷。不过，一些新教教派也通过开办学校传播本派的教义。在创办教育的过程中，新教教派与天主教派有很大的不同。例如，詹森派反对小学教育中对儿童横加指责和滥用惩罚的做法，要求教师以温和的态度对待学生。同时，在教育中重视数学以及地理和历史知识的教学，反对单纯注重拉丁语教学，强调学

习本民族语言和用民族语言进行教学。一些新教教派还采用实物教学，注重发展学生的智力等，推动了小学教育的发展。

18世纪中期，一些进步的思想家和教育家向法国封建制度和教育制度发起了挑战，提出了许多新的教育主张。例如，教育家拉夏洛泰在1763年出版了《论国民教育》，书中极力倡导教育事业是国家的事业，国家应积极兴办学校，让更多的儿童接受教育。拉夏洛泰在书中批判了耶稣会派的教育，主张国家要培养善于从事实际事务、使国家强盛的人才。这一时期，法国反对天主教耶稣会派的斗争也掀起了高潮，到1764年年底，耶稣会派被逐出法国，结束了其垄断法国教育的局面。

18世纪中后期，在法国启蒙运动的影响下，法国思想界出现了伏尔泰、孟德斯鸠、爱尔维修、狄德罗、卢梭等资产阶级启蒙思想家。他们反对天主教的蒙昧主义，倡导理性，反对封建专制制度，倡导民主与自由，奠定了法国资产阶级大革命和教育改革的思想基础。其中爱尔维修反对"天赋观念论"，强调环境决定论，重视教育在儿童发展中的作用。狄德罗则反对"环境决定论"，强调人的遗传素质与环境、教育的相互关系。许多思想家在批判法国封建制度的同时，还抨击了教会控制的学校教育制度。卢梭在《爱弥儿：论教育》中提出了培养资产阶级新人的主张。狄德罗也拟订了一份新的教育计划。他们的思想对法国教育的改革和发展产生了重要的影响。

二、法国资产阶级革命时期的小学教育

18世纪末，法国社会的阶级矛盾日益尖锐。资产阶级与封建统治阶级的冲突不断加剧，工人暴动、农民抗缴捐税和袭击贵族庄园的斗争连绵不断，整个法国社会处于动荡之中。1789年7月14日，法国爆发了资产阶级革命，资产阶级联合多方力量，一举推翻了象征封建统治的波旁王朝，宣告法国一千多年封建统治的结束。

1789年8月26日，法国制宪会议通过《人权与公民权宣言》，宣告人的自由权、财产权、人身安全权和反压迫权是不可剥夺的权力，同时提出了在法律面前一切公民都平等的主张。宣言内容成为1791年法国第一部宪法的组成部分。1792年，法国成立了共和国。

法国资产阶级革命从1789年发动到1799年拿破仑上台结束，经历了三个发展阶段。在每一个阶段，执政的各个派别都十分重视教育问题，提出了各种不同的教育改革方案，反映了资产阶级对国民教育的要求。其中孔多塞、雷佩尔提的教育改革计划，以及《公共教育法》的提出具有代表性。

(一)孔多塞的教育改革计划

哲学家和数学家孔多塞是当时法国吉伦特派的领导人之一。1792年4月，他提出了一项关于由国家举办国民学校的教育计划，主张实施世俗性的、普及的、男女平等和免费的教育。按他的计划，在学制上，应建立包括四年小学、七年高等小学、五年制中学和专门学校等多级并统一的学校制度。在管理体制上，设立的大学院不

是一级教育机构，而是学术活动中心，负有领导和监督全国各级学校教育的责任。在教育内容上，重视自然学科的教学，建议用资产阶级的道德教育课代替宗教课。

(二)雷佩尔提的教育改革计划

这一时期，雷佩尔提也提出了一项教育计划。在计划中，他强调教育的重点应当放在普及初等教育上。他建议，应通过向富人征收所得税，开办寄宿学校，向儿童免费提供衣食，以保证普及初等教育的实施。

(三)《公共教育法》的提出

法国大革命期间，激进的民主派执政时，于1793年12月19日通过了《公共教育法》。法令确定了普通教育公立、免费的原则，要求教师的工作不得违背国家的法律，要求学生掌握一种对社会有用的职业技能。

不过，在这个时期，由于各派斗争激烈，各种教育计划和教育法令难以实施，初等教育发展较为缓慢，小学教育并没有得到普遍重视。

三、19世纪法国的小学教育

1799年，拿破仑发动政变。1804年，拿破仑称帝，建立法兰西第一帝国，组成了中央集权的政府。在教育改革上，拿破仑参考了法国资产阶级革命时期一些派别的教育建议，建立起了具有法国特色的中央集权的教育管理体制。

(一)中央集权的教育管理体制的建立

1806年，拿破仑在巴黎设立了帝国大学。所谓帝国大学不是实施高等教育的机构，而是掌管全国教育行政最高权力的部门。帝国大学设总监、审议会和总督学署。帝国大学的总监为主管教育的最高首脑，由拿破仑直接任命。1808年，法国全国被划分为27个大学区，每个大学区分管几个省的教育行政领导工作。大学区设总长、学区审议会和区督学。学区内的教师都要由帝国大学的总监任命，公立、私立学校的开办也要经帝国大学的总监认可。各类学校的学年安排、课程设置、考试和升级规定等也都是全国统一管理。这种中央集权的教育管理体制成为法国近现代教育发展的主要特点。

(二)初等教育的发展

1815年，被推翻的波旁王朝第二次复辟(1815—1830年)，法国又进入了一个各派政治力量反复较量、政权不断更替的时期。1830年，法国的七月王朝(1830—1848年)成立。1848年，法国又建立了第二共和国(1848—1852年)。1852年，法国又建立了第二帝国(1852—1870年)。1871年，法兰西第三共和国(1870—1940年)镇压了巴黎公社的起义之后，共和派与帝制派几经较量，国民议会于1875年通过宪法，肯定了共和制。经过长期的发展，法国终于确立了近代资本主义制度。在这个过程中，法国的初等教育也得到了一定的发展。

19世纪初，法国的初等教育发展仍然比较缓慢。拿破仑改革以后，初等学校主要由教会管理，国家负责监督，并给予一定的津贴。教育内容主要是读、写、算和帝国教义问答等。1830 年，法国第二次资产阶级革命以后，工业革命的推动，使得初等教育成为国家发展的重要任务之一。1831 年，法国索邦大学教授库新在考察德国的教育以后，提出了一份报告，建议学习德国的初等和中等教育，制定初等教育法令，发挥地方管理教育的积极性，并提出了"教师创造学校的思想"。1833 年，法国教育部部长基佐接受了这一思想，颁布了大力发展初等教育和师范教育的法案，即《基佐法案》，规定在每个乡镇设立一所初等小学，在 5000 人以上的市镇设立一所高等小学，在每个省设立一所师范学校，为小学培养师资。同时规定教师必须经过培训，持有能力证书，才能到校任教，国家保证教师获得最低限度的工资。法案还决定由中央教育部门在地方设立小学教育检定委员会，取代过去教会的此项权力，负责检定教师资格的标准。《基佐法案》颁布后，法国初等教育和师范教育得到较快的发展。据统计，到 1848 年，法国初等学校数增加了一倍多。1838 年，师范学校发展到 76 所。1848 年，法卢任教育部部长时，通过法案又加强了教会管理教育的权力，教会学校也得到了一定的发展。

(三)《费里教育法》的颁布与法国小学教育的发展

19 世纪 70 年代，法国基本完成了工业革命，国民教育引起了人们的重视，普及初等教育成为教育发展的重点。1881 年和 1882 年，法国教育部部长费里两次颁布有关初等义务教育的法令，史称《费里教育法》。

《费里教育法》规定：儿童 6～13 岁为义务教育阶段，初等教育和师范教育实行免费；重申教师任教须获得国家颁发的证书；要求学校不得饰有宗教标识，不得开设宗教课，但允许学生假日在校外接受家长所希望的宗教教育。

《费里教育法》的颁布，体现了法国教育"义务、免费和世俗性"的三原则，为法国国民教育，特别是小学教育的普及和发展提供了有利的条件。

第三节　近代德国的小学教育

德国是中世纪的查理曼帝国一分为三以后形成的封建制国家。长期以来，德国内部城邦林立，处于封建割据的状态。16 世纪以前，德国已有大大小小的城邦 300 多个。德国有组织的教育是从 9 世纪开始的。随着基督教的产生和发展，学校基本上为天主教所控制。宗教改革运动后，德国的新教和旧教都加强了对学校教育的争夺，形成了德国历史上重视教育的特点。德国人在教育方面进行了许多有益的尝试，从世界教育的发展来看，近代西方的公立教育、义务教育、实科教育、师范教育以及职业教育等，大多起源于德国。

一、17—18 世纪德国的小学教育

德国是欧洲最早重视小学教育的国家。16 世纪末，受宗教改革运动兴办学校的影响，以及为了恢复"邦国"的经济实力，德国各封建邦国十分重视初等教育的普及工作。从 16 世纪末到 18 世纪初，各邦国陆续颁布强迫义务教育法令，把学校由教会管理改为由国家管理，开始了初等教育世俗化的过程。1559 年和 1580 年，德国的威登堡和萨克森先后颁布了强迫义务教育的法令。

从 17 世纪开始，德国的大多数城邦先后颁布了义务教育法令，促进了小学教育的发展。1619 年和 1654 年，德国的魏玛和法兰克福先后颁布了普及义务教育的法令。其中魏玛的法令规定，8～12 岁的儿童都要到学校读书。18 世纪，德国最大的邦国普鲁士两次颁布实施强迫义务教育的法令。在 1717 年的法令中，要求为人父母者，须送 4～12 岁的子女入学，学习宗教、阅读、书写、计算等，违者受到严厉的惩罚。在 1763 年的法令中，要求强迫义务教育从 5 岁到 14 岁，违者予以罚款。法令还规定，普鲁士的小学由国家举办。

这一时期德国小学教育的发展表明，德国是世界上最早提出并实施义务教育的国家，也是最早从教会手中夺得教育权的国家。当然，这一时期德国小学教育的办学条件是十分简陋的，一般设在乡村的教堂或寺院附近，少数教师由牧师担任，大多数由地方教堂的看守或仆役充当。到 17 世纪中后期，这种学校改称为德意志学校。18 世纪，德国的初等学校主要由初等小学（德意志学校）和高等小学组成。

二、19 世纪德国的小学教育

（一）泛爱主义教育与巴泽多的"泛爱学校"

18 世纪末，受法国启蒙思想运动和国内政治、文化发展的影响，德国兴起了泛爱主义的思潮。泛爱主义思潮是一种强调人类的博爱和人道主义的社会教育思潮。泛爱主义者接受了法国教育家卢梭的思想，反对压抑儿童身心发展的经院主义和古典主义的教育，强调教育的目的在于增进人类的现实幸福，培养掌握实际知识和健康乐观的人。泛爱主义教育者重视小学的教育。他们认为，儿童的天性是善良的，儿童的发展应该是自由的，应当重视儿童身体和心智的发展。在小学教育中，应当重视儿童的户外活动和游戏。教学中应当注重发展儿童的理性，重视现代语言和科学知识的学习。泛爱主义教育中影响较大的是德国教育家巴泽多（1724—1790）创办的"泛爱学校"。

受法国教育家卢梭《爱弥儿：论教育》一书思想的影响，巴泽多呼吁按照卢梭的思想创办"泛爱学校"。1774 年，他在德国的德绍开办了一所泛爱学校。该学校招收6～18 岁的学生，教授农业知识、手工知识和自然科学知识。学校重视学生的体育和劳动教育，采用实物教学法，注重发展儿童本性的教育，并按儿童的程度分四个

班进行教学。这所学校存在了 19 年，在它的影响下，一些泛爱主义者相继开办了此类学校。1770—1774 年，巴泽多还结合自己的办学实践，出版了《初等读物》的小册子，对促进小学教育的发展产生了很大影响。

(二)洪堡的初等教育改革

18 世纪末，德国政治、经济都相当落后，国家还没有统一。1806 年，普鲁士与法国交战并败于法国。割地加赔款，使普鲁士人受到极大屈辱，社会上下掀起了爱国主义运动。18 世纪末至 19 世纪初出现的新人文主义思潮，进一步推动了这一运动，开始了德国历史上一次重要的改革。新人文主义强调学习和发扬古代希腊文化的一切珍贵、有用的东西，并通过发展德国古典哲学、文学和历史等文化来振兴德意志精神。新人文主义的代表人物有作家歌德、席勒，历史学家尼布尔，政治家洪堡，哲学家康德、费希特、黑格尔等。他们在各个领域的探索，推动了德国政治、经济、文化和教育的改革。在教育领域里最有影响的是洪堡的教育改革。

洪堡的教育改革首先调整和加强了教育领导机构。1808 年，撤销了 1787 年成立的管理中等和高等教育的高级学校教育委员会，建立了领导和管理全普鲁士各级学校的公共教育部，洪堡担任部长。然后，对各类教育和各级学校进行整顿和重建。洪堡的教育改革使德国教育焕发了新的生机，各级教育得到了较快的发展。

在初等教育方面，洪堡的改革主要表现在如下方面。

与初等教育改革相关，洪堡非常重视教师的数量和质量问题，主张改进师资培养工作。他一方面邀请瑞士教育家科尔·席勒到普鲁士办师范学校，另一方面派教师到瑞士向教育家裴斯泰洛齐学习。1808 年，有 17 名教师被派往瑞士学习。在这期间，去瑞士求教学习的还有赫尔巴特、第斯多惠、福禄培尔等人。这些人回国后，或对德国教育进行改革，或开办师范学校，推动了德国师范教育的发展。当时德国师范教育的学习科目范围较广，主要有德语及文学、数学、地理、自然、历史、物理、教育学、心理学、教学法等，还有神学课。洪堡还对学校制度进行了改革，改革后的德国教育形成了双轨制。其中为资产阶级子女办的初等教育主要由预备学校和家庭教育组成，为穷人子女办的初等教育主要由国民学校和职业教育组成。

1815 年，代表封建贵族和教会利益的欧洲"神圣同盟"成立后，德国政治又开始走向反动，德国的教育也出现了倒退。1817 年，德国的公共教育部改为"宗教事务与国民教育部"，加强了宗教、教会对教育的影响。初等教育和师范教育受到严格控制，初等学校和师范学校新设立的学科被取消，神学科得到加强，新人文主义运动中提出的各项改革措施被否定。

1848 年，德国革命失败后，普鲁士政府于 1854 年 10 月连续颁发了三个反动条例，强调国民学校和师范学校要以宗教、忠于君主和德国沙文主义教育为基础，要求学校为宗教生活、职业生活和国家生活服务。国民学校中所有有利于发展学生创造精神的方法都被取消了，包括不允许进行启发式教育。师范教育中不仅取消了文学教学，而且用相当于法令汇编的"学校管理"代替了教育学和心理学课程。

1871 年普法战争后，德国基本结束了封建割据的局面，实现了以普鲁士邦为首的统一，建立了资产阶级和容克地主相联合的政权，为资本主义的发展创造了有利的条件。到了 19 世纪末，德国由于强化沙文主义和军国主义教育，各级各类学校逐步成为德国政府鼓吹侵略扩张和抵制民主进步运动的工具。

第四节　近代俄国的小学教育

俄国是从 9 世纪开始过渡为封建制国家的，9 世纪末建立了基辅罗斯。988 年接受东正教。14—15 世纪，俄国的经济发展仍比较缓慢。1480 年，刚摆脱蒙古人统治的俄国，教育非常落后。到 16 世纪，俄国才成为一个中央集权的封建帝国。

一、17—19 世纪初俄国的小学教育

俄国近代教育制度的建立是从彼得一世开始的。在彼得一世改革以前，俄国的教育一直由东正教教会管理。当时，创办教育的主要目的是培养有文化的神职人员和传播东正教及扩大其影响。当时的世俗教育相当落后，贵族及其子弟大多没有学习文化的习惯。

（一）彼得一世的教育改革与小学教育

17 世纪中期以后，俄国在莫斯科大公国的名义下实现了统一，政治、经济得到了一定的发展。但从整个欧洲的发展来看，俄国的政治、经济远远落后于同时期的西欧国家。为了改变俄国的落后状况，彼得一世在统治期间，进行了一系列的改革。彼得一世的改革范围很广，涉及政治、经济、军事、文化、教育等许多方面。在文化教育和小学教育改革方面，主要内容如下。

①实行新的文化教育发展政策。其中包括简化俄文字母、出版定期刊物、奖励翻译西欧著作和出版科学书籍等。

②开办小学教育。1714 年，国家发布法令，要求各社区开办进行普通教育的小学，教学生学习识字、书写等内容，并强制命令贵族子弟学习文化等。

（二）《国民学校章程》和《国民教育章程》的颁布

18 世纪后期，由于工场手工业和国内贸易的发展，俄国的资本主义因素不断增长，农奴制开始解体。同时，随着城市的不断形成，市民阶层强烈需求获得一定的文化知识教育。为了适应社会的发展变化和满足市民的需求，1786 年，俄国颁布了第一个《国民学校章程》，规定各省要设立五年制的中心国民学校，在每个县城设立两年制的初级国民学校。章程规定，中心国民学校和初级国民学校一律免费。

1802 年，俄国成立了教育部。1804 年，颁布了具有自由主义色彩的《国民教育

章程》。章程规定，一年制的教区学校、两年制的县立学校，均不得收取学费，招收学生也不受信仰、身份和社会地位的限制。在课程设置上，各级学校的课程内容比较广泛，除神学、古典学科外，还有自然学科和社会学科。章程还将全国划分为莫斯科、圣彼得堡等6个学区，每个学区设立一所大学，负责管理本学区内各级各类学校的行政与教学工作。同时，将原有的初级国民学校改为县立学校。

19世纪初的俄国教育改革虽然在小学教育方面有一定改变，但改革措施并没有得到很好的落实。例如，章程公布不久，一些学区就改变规定，割断了小学和中学的联系，中学课程也古典化了。

(三)19世纪初俄国教育的宗教性和等级性加强

1815年以后，俄国沙皇政府在欧洲"神圣同盟"的支持下，对教育的控制更为严密，各级学校的等级性加强，宗教教育突出。1815年，俄国公开宣布"国民教育必须以敬神为基础"。1817年，将原来的国民教育部改为"宗教事务与国民教育部"。同时，各级学校增加了神学课程，普通课程被削减。1819年，教区学校和县立学校改收学费，各级学校也取消了相互之间的衔接。

1828年和1835年，沙俄政府又先后颁布新的《大学所属各级学校规程》，废除了1804年的《国民教育章程》的内容，取消了各级学校之间的衔接，突出了教育的等级性。它规定每一类型的学校都必须为某一等级服务，把原有的统一的学制改为等级性明显的双轨制。同时，加强学校的宗教教学，并允许对小学生进行体罚。

总之，这一时期俄国教育的发展受到沙俄政府反动教育政策的严重阻挠，与前一阶段相比，俄国的教育倒退和落后了。

二、19世纪俄国的初等教育

19世纪中叶，随着俄国资本主义生产力的不断发展，俄国腐朽的农奴制与新兴的资本主义生产关系之间的矛盾和冲突更为激烈。俄国社会各个阶层纷纷批评沙皇政府的现行政策，要求进行政治、经济和文化教育上的改革，形成了强大的社会改革运动的洪流。

19世纪60年代是俄国历史上的一个重要的转折点，也是俄国教育思想和教育实践发展的一个重要时期。在这一时期，社会各界对教育改革给予了极大的重视，许多政治家、思想家、文学家和教育家等参与讨论，发表自己的见解，对封建农奴教育制度进行了揭露和批判。车尔尼雪夫斯基、杜勃罗留波夫等人提出了普及教育、教育民主化，以及培养反对专制政体和农奴制残余的革命者等主张。他们将国民教育制度的改革问题与农民革命联系起来，强调没有良好的教养就不能发展自己的智力，就没有自己的权力，就只能处于愚昧无知和贫困之中。教育家乌申斯基就俄国教育理论的探索方向以及初等教育、女子教育和师范教育等问题提出了自己的观点。在教育理论上，他认为俄国教育学发展缓慢，主要是由于俄国的国民教育落后和关于人的科学没有得到发展。他提出教育理论应与教育实践相结合，并依靠人类科学的成果。在初等教育上，他详细论述了普及初等教育的必要性。他指出，合理组织的国民学校是国民在日常生活中获得可靠进步的基础，应按俄国民族特点和国情建立本国的学校。尽管这些思想家和教育家讨论问题的侧重点不同，但他们一致主张废除俄国的农奴制，改革俄国的农奴制教育体系。迫于各方面的压力，沙皇政府不得不采取措施废除了农奴制。

农奴制废除以后，1860—1864 年，俄国在进行政治、经济改革的同时，也先后颁布了一系列教育法规，开始了教育上的改革。在初等教育方面，主要的法规是 1864 年的《初等国民学校章程》。

（一）19 世纪 60 年代俄国的初等教育

1864 年，俄国颁布的《初等国民学校章程》规定：在县和省分别建立领导学校工作的县教育委员会和省教育委员会，负责各级学校的管理；人民有权接受各级教育，并授权地方政府、社会团体和私人举办国民学校，各阶层的儿童都可以进入国民学校。国民学校修业 3 年，可以男女同校，并准许妇女担任教学工作。但章程仍保留了不受国民教育部管辖的教区学校，并强调神学课程的首要地位。

（二）19 世纪 70—80 年代俄国的初等教育

19 世纪 70—80 年代，俄国工人阶级运动开始高涨，俄国社会进入了一个新的发展阶段。为了限制和镇压革命，俄国沙皇政府又实施了一系列教育法令，力图维护贵族子弟的受教育权，如保留贵族的等级学校，提高教会学校的地位，加强学校的宗教教育，坚持教学内容的古典主义方向，削弱实科学校的内容，加强对各类学校的控制，等等。这些措施严重地阻碍了俄国教育的发展，使俄国的学校教育在十月革命前仍然处于十分落后的地步。

十月革命前，俄国的初等教育包括三至四年制的一级小学、五年制的两级小学，以及与初等小学衔接的四年制的高等小学。此外，还有与初等学校相联系的初等农业学校、技术学校、商业学校和师范学校。总之，十月革命前的俄国小学教育与欧美相比是十分落后的。1914 年，俄国仅有 10 万多所小学，学龄儿童入学率仅有 20%，文盲占全国成年居民的 75%。

第五节　近代美国的小学教育

美国是北美洲主要的资本主义国家之一，也是一个历史相对较短、新兴的资本主义国家。美国本土原是印第安人的家乡，1492 年哥伦布发现美洲大陆后，西班牙、荷兰、法国、英国等国开始向北美洲进行殖民侵略和移民，导致北美洲形成了"除了印第安人，其余都是移民"的人口特征。18 世纪中期以后，英国在北美洲大西洋沿岸建立了 13 个殖民地，逐步形成了北部以工业生产为主、中部以小农生产为主、南部以种植园生产为主的经济特征。1775 年，北美殖民地人民开始了反对英国宗主国统治，要求民族和国家独立的战争。1776 年，通过了《独立宣言》，宣告美国独立。1787 年，美国制定宪法，建立了联邦制国家。19 世纪初，美国开始了工业革命，到 19 世纪后期，经过内战，美国扫清了资本主义发展的最大障碍，成了一个资本主义的工业强国。

一、殖民地时期的小学教育

美国独立以前，受不同地区政治、经济、文化和宗教信仰的影响，13 个殖民地的教育形成了各自的特点。

(一) 北部殖民地的小学教育

北部殖民地的工业发达，居民大多是来自英国的清教徒，十分重视民众的教育。他们认为，每个基督徒必须能够阅读《圣经》，懂得教义，了解上帝的旨意，因而比较注重开办小学教育。1634—1638 年，马萨诸塞州通过法律规定，一切财产须纳税，以税收兴办公共事业，包括办学校等。1642 年，马萨诸塞州又通过法律规定，一切儿童都必须受教育，家长有义务送子女到学校学习宗教知识和一些重要的法律。1647 年，该州又通过法律规定，满 50 户的市镇要设立一所小学，满 100 户的市镇要设立一所拉丁文法中学。这些法律的制定对美国独立后公立小学教育的发展产生了重要的影响。

(二) 中部殖民地的小学教育

中部殖民地以畜牧业和谷物生产为主，移民主要来自欧洲大陆各国。由于所信仰的教派不一，当局没有统一的设立学校的要求，各教派分别设立学校。除有教会管理的学校外，还有私人创办的学校。

(三) 南部殖民地的小学教育

南部殖民地以种植园奴隶制经济为主，统治者注重上层社会青年的教育，多请家庭教师到家庭中教育子女，完成小学教育后送子女去英国接受中、高等教育。下层社会的子弟只能接受具有慈善性质的小学教育和进行学徒制训练。

(四) 殖民地时期小学的主要类型

殖民地时期的小学主要是主妇学校和市镇学校。

① 主妇学校在大多数殖民地都有，主要由稍懂读写的家庭妇女主持。学校一般通过向其他家长收费，收留少数年幼的儿童在主妇的家里（通常在厨房）进行教学，因而也称"厨学"。主妇学校的教学内容有字母、计算、祈祷和教义问答，并选择《圣经》上的一些句子阅读。

② 市镇学校以北部殖民地最为普遍，课程主要是阅读、书写、宗教教义。还有一些地区设有读写学校和贫民初级小学，课程主要有读、写、算和宗教。

美国独立前的小学教育基本上是原宗主国教育的移植，还没有形成自己的教育体系。但在这一时期，美国的教育也在结合北美实际进行探索和改革，寻找适合自己特点的道路，为下一阶段美国教育的发展提供了条件。

二、独立战争后至内战前的小学教育

1775 年，北美殖民地人民掀起了反抗英国殖民统治的斗争。1776 年，13 个殖民地宣布独立，成立了美利坚合众国。1787 年，美国通过了《美利坚合众国宪法》，建立起了资产阶级联邦制的国家。建国初期，美国面对战争所带来的初等学校停办、各类学校日益减少、缺少办学经费等问题。为解决这些问题，美国重视教育的发展，开始了一系列的改革和探索。

(一)国家对民众教育的重视

建国初期，美国十分重视教育对国家和人民的作用，动员一切力量，唤起人民办教育的积极性。华盛顿任美国第一任总统时指出，"要把筹办普遍传播知识的学校当作头等重要的目标"[1]。杰斐逊任第三任总统时指出，"我们的自由如不掌握在人民的手中，而且在有一定教育的人民的手中，是永远不会有保障的"[2]。这一时期，美国许多州制定的宪法中，也有兴办学校、鼓励民众学习实用知识的具体规定。而且，在一些有关开发土地的法规中，也提出了促进教育发展的条文。例如，美国联邦政府颁布的《1785 年土地法令》和《1787 年西北土地法令》都有明确规定，凡新建并加入联邦的州，政府都将赠以一定数量的公地，各州可用公地第 16 地段所获的土地税开办学校。

(二)地方分权教育管理体制的建立

1787 年通过的《美利坚合众国宪法》，虽然没有对教育的权力做出具体的规定，但 1789 年通过的宪法第十条修正案却涉及了教育。修正案规定，"凡宪法没有授予，联邦政府也没有禁止授予各州的权力，留给各州或人民"。这表明举办教育事业的权力属于各州。这项规定提供了各州自办教育的法律依据，也鼓励了各州办教育的积极性。从此，教育分权、普及、自由发展成为美国教育发展的重要特色。

由于教育行政权下放到各州，美国形成了以地方为主、各州具体管理教育的特色。美国各州教育政策的制定和实施主要通过立法、行政和司法三个部分实现。州议会负责制定本州的各项教育法律，州设立教育委员会提出州教育政策。1837 年，马萨诸塞州最先设立了州教育委员会。州的教育行政机构是州教育厅，由厅长负责全面工作。州下面是学区，学区是美国直接负责兴办中小学教育的地方教育行政区划，也设区教育委员会，成员由选举或指派产生。

---

① 中国大百科全书总编辑委员会《教育》编辑委员会：《中国大百科全书·教育》，246 页，北京，中国大百科全书出版社，1985。

② 中国大百科全书总编辑委员会《教育》编辑委员会：《中国大百科全书·教育》，246 页，北京，中国大百科全书出版社，1985。

(三)小学教育的发展

独立战争后，受美国不断扩张领土和工业革命的推动，普及小学教育成为美国迫切需要解决的问题。当时，美国小学教育的形式主要是从英国引进的各种具有宗教和慈善性质的初等学校，如星期日学校、城市学校、"导生制"学校以及幼儿学校等。这些学校经过不断发展和适应美国国情的改革，大部分转为美国的初等公立学校，在美国公立学校运动中发挥了重要的作用。

从 19 世纪 20 年代起，美国工人阶级掀起了为设立免费公立学校运动的斗争，工商业资产阶级为扩大社会各阶层的选举权也支持公立学校教育事业。1825 年，伊利诺伊州首先制定教育法，提出公民的智力是社会的宝贵财富和国家的力量，国家有义务办理公共教育拓展公民的知识和发展他们智力的主张。此后，许多州纷纷制定法律，规定通过地方税收来举办由政府管理的公立教育，美国公立学校迅速发展起来。

1834 年，宾夕法尼亚州建立了美国第一所公立小学。1843 年，美国马萨诸塞州教育厅厅长贺拉斯·曼积极倡导由州政府举办公立学校，以区别原来由教会办的慈善小学，进一步推动了美国公立学校运动的发展。贺拉斯·曼被称为"美国公立学校运动之父"。1852 年，马萨诸塞州率先颁布了《义务上学法》，规定家长须将 8～14 岁的儿童送进所在城镇的公立学校上学，违者处以罚款。从此，许多州相继颁布了义务教育法。1919 年，亚拉巴马州最后颁布义务教育法，美国普及初等义务教育前后历时 60 多年。

随着公立小学的大量开办，培训师资、建立师范学校成为美国教育改革的当务之急。1839 年，贺拉斯·曼在马萨诸塞州开办了美国第一所州立师范学校，成为培训教师的职业性学校，引起了各州的注意。不久，各州纷纷建立师范学校。1853 年，伊利诺伊州创办了美国第一所私立师范学校。这一时期出现的师范学校，训练计划较短，一般为 1 年，后来逐步延长为 2 年、3 年，甚至 4 年。各个地区的师范学校都有自己的特色。以马萨诸塞州为代表的东部师范学校，重视教学法的传播和应用技巧的掌握；以伊利诺伊州为代表的中、西部师范学校，则重视学生的师范性和学术性的培养，要求学生知识全面，不仅知道教什么、怎样做，还要具有进入高等学校的学识水平。

三、内战后美国的小学教育

1861—1865 年，美国南方与北方进行了一场内战，为资本主义在美国的迅速发展扫清了道路。到 19 世纪末，美国的工业生产跃居世界首位，成为资本主义的发达国家之一。这一时期，美国的教育也有较快的发展，在结合自己实际和借鉴外来教育经验的基础上，终于形成了具有美国特色的教育制度。

(一)教育管理体制的改革

在教育管理体制上，受传统文化和教育观念影响，到内战前，美国一直没有形成中央一级的教育领导机构，地方分权制是美国教育管理的重要特点。内战结束后，联邦政府认识到中央设立教育领导机构的必要性。在一些议员的要求下，1868 年，美国设立了教育总署，1870 年改称教育局，1929 年又恢复原名。但中央教育行政机构的职能是有限的，它不直接参与各州的教育管理，主要是协调各州教育的发展，计划和管理联邦的教育经费或为各州提供教育咨询等。

(二)"昆西教育运动"与小学课程的改革

这一时期，美国的初等教育有较快的发展。随着小学数量的增加和初等教育的不断普及，美国开始重视小学教学内容和教学方法的改革。其中最有代表性的改革是美国教育家帕克领导的"昆西教育运动"。

1875—1880 年，帕克在担任马萨诸塞州昆西市督学期间，吸收了瑞士教育家裴斯泰洛齐和德国教育家赫尔巴特的教育思想，结合美国的实际，提出了"教育要使学校适应儿童，而不是使儿童适应学校"的主张。在课程指导思想上，他强调学校课程要发展儿童的个性，要以儿童为中心，而不是以课程为中心；在教学科目上，他增加了手工、游戏等内容；在教学方法上，他废除了背诵法，强调领悟和理解，主张进行实物教学、观察教学；在教学管理制度上，他强调废除强制与威胁的制度，主张教师要把尊重学生、因势利导作为教学的最高原则。帕克在教育实践中所创立的原则和方法被称为"昆西教学法"，在当时产生了很大影响。这一时期，美国小学的教学内容主要是学习读、写、算，另外还有自然常识、史地、音乐、体育、阅读《圣经》等课程，有的学校还设有卫生、缝纫、烹饪等课程。

(三)六三三学制与初等教育的发展

美国普通教育传统的学制是八四学制，即小学 8 年、中学 4 年的学制。小学学制较长、小学与中学的衔接及关系成为美国教育改革迫切需要解决的问题。

1888 年，哈佛大学校长艾略特首次对八四学制提出批评。他指出其时间太长，导致小学生辍学人数增加，建议小学以 6 年为宜。1892 年，美国全国教育理事会组成的"十人委员会"研究了普通教育学科开设和教育目标的问题。1895 年，该理事会指派的"十五人委员会"批评了普通教育的八四学制，建议缩短小学的年限，形成了六三三学制，即小学 6 年，初中和高中各 3 年，使小学的后 2 年与中学的第 1 年合并为初中，原中学的后 3 年改为高中。

六三三学制是美国成功解决现实教育问题的范例。它在没有增加太多教育经费的情况下，收到了普及初等教育和扩充中等教育的双重实效，对世界许多国家普通教育的改革产生了重要的影响。

第六节　近代日本的小学教育

日本是亚洲东部的一个岛国，领土由北海道、本州、四国、九州四个大岛和几千个小岛组成。7 世纪中叶以后，日本开始向封建社会过渡。在长期的封建社会中，日本在学习中国古代文化教育经验的基础上，结合自己的实际，逐渐形成了独特的教育体系。1868 年的明治维新是日本从封建社会向资本主义社会过渡的重要的转折点。日本明治政府在"富国强兵""殖产兴业"和"文明开化"的口号下，全面学习西方，实行了包括教育在内的一系列改革，为发展资本主义开辟了道路。

一、明治维新前日本的小学教育

明治维新以前的 260 多年，在日本历史上被称为江户时代或德川幕府统治时期。幕府是指以武将为领导的，独立于日本天皇之外的最高权力机关。17 世纪，英国发生资产阶级革命时，日本由德川家族所建立的幕府统治着，天皇完全处于幕府的控制之下。在地方，日本的封建主称"大名"，他们的领地称为"藩"。在幕府和藩的形成和发展过程中，日本也在形成一种独特的崇尚勇武、坚忍、重名轻死的"武士道精神"和信佛敬祖、严守礼法的"神道教精神"，对日本政治、思想文化和学校教育的发展产生了重要的影响。

(一)幕府时期日本社会与文化

在日本封建社会发展过程中，对日本教育产生较大影响的思想文化主要有中国的儒学、日本的国学和西方的兰学。

幕府时期，为了维护封建等级制度和对精神支柱天皇的效忠，日本非常崇尚中国的儒家文化，特别是中国宋朝朱熹的朱子学。日本人吸收的中国封建社会的典章制度和儒家的政治伦理思想，构成了日本封建社会教育的主要内容。不过，日本人将中国的儒学加以改进，更重视"忠""勇"，而不是"仁""孝"。

这一时期，在思想文化领域中，日本本土所形成的"国学"也逐步得到发展。它提倡日本的民族精神——大和魂。大和魂与日本的神道教精神结合在一起，成为神化和维护天皇统治的思想工具。

此外，随着西方天主教的传入，西方的文化思想也开始向日本渗透。为了防止欧洲殖民势力和文化思想的入侵，最初，日本采取了"锁国"的政策，反对一切西方宗教和文化思想。后来，又采取区别对待的禁"洋教"，不禁"洋学"的政策，只通过荷兰人了解西方的文化和科学知识。因此，西方文化在当时也被称为"兰学"。兰学的传入，对于 19 世纪发展起来的日本反封建的启蒙思想有直接的影响。当然，在外来文化影响中，印度佛教在日本文化的发展中占有重要的地位。

(二)幕府时期日本的小学教育

幕府时期，日本小学性质的教育机构主要有乡学、私塾、寺子屋等。

①乡学分为大名的亲族或家庭为自己的子女开办的学校和庶民在乡村中设立的学校两种。前一种类似于藩学，后一种类似于寺子屋。

②私塾由学者个人收徒授业，有的以传授一家之说而闻名。

③寺子屋在幕府初期受佛教的影响多设在寺院。后来随着民众对文化需求的强烈，设在寺院以外的寺子屋逐渐增多。寺子屋的开办人最初多为僧侣，后来一些武士、医生和平民也加入了进去。寺子屋的学生称"寺子"，来自社会的各个阶层，其中以平民子弟最多。学习的科目主要是读、写、算和诵读佛经等。到明治维新前，已发展到 2 万多所。寺子屋作为一种初级的教育机构，具有广泛的大众性，为日本明治维新后初等教育的普及奠定了一定的基础。

二、明治维新后日本的初等教育

1868 年，以中、下级武士和藩主为代表的倒幕派推翻了德川幕府的封建统治政权，发表"王政复古"、废除将军制的宣言，成立了日本明治政府。明治政府所推行的资产阶级改革运动，史称"明治维新"。从此，日本进入了资本主义近代化的历史时期。

(一) 制定文化教育政策，设置中央教育管理机构

1. 制定文化教育政策

在明治维新的过程中，日本政府在政治、经济、军事、文化和教育方面实行了一系列改革，提出了"富国强兵""殖产兴业""文明开化"的改革目标。"富国强兵"，是建立一个经济发达、军事强大的资本主义国家；"殖产兴业"，是鼓励与扶持日本资本主义经济的发展；"文明开化"，是全面学习西方资本主义的文化、技术和知识，以保证日本的独立、富强，免受西方资本主义国家的侵略。为此，1868 年 4 月，日本以天皇誓言的形式发布了政府的施政纲领——《五条誓文》。其中"破旧有之陋习"和"求知识于世界"两条，表明日本新兴资产阶级放弃闭关自守政策，向西方学习的决心。

2. 设置文部省，建立中央教育管理体制

1871 年，明治政府"废藩置县"，确保了中央政府对全国的直接统治。同时，改革中央政府管理体制，设置适应日本资本主义发展需要的新的官制。其中，设置了文部省，负责管理全国的文化教育事业。文部省成立后，即着手学校制度的改革。

(二) 颁布教育改革法令，推进初等教育的发展

1. 颁布《学制令》，建立学区制

1872 年 8 月，日本颁布了近代第一个教育改革法令——《学制令》，具体规定了教育领导体制和学校制度。《学制令》由学区、学校、教员、学生和考试五大部分组成。在教育领导体制方面，日本仿效法国，实行中央集权的大学区制。在文部省的统一管辖之下，日本全国划分为 8 个大学区。每个大学区设立 1 所大学和 32 个中学区，每个中学区设立 1 所中学。中学区又分成 210 个小学区，每个区设 1 所小学。在教育行政管理上，实行中央集权制，即在文部省的统一领导下，设立督学局。各大学区设督学，各中学设监督。督学有权与地方官员协商督办区内的教育。学区的

监督负责管理和监督小学区的学务。为了改革旧的制度，建立新的制度，《学制令》规定废除寺子屋和乡学，开办八年制的分为初级和高级两个阶段各为 4 年的小学校，普及义务教育。《学制令》的制定反映了日本教育改革的决心，对于日本小学教育的发展有一定的促进作用。

1873—1878 年，日本的小学校数和学生数都有较大的增加。1873 年，日本小学适龄儿童的入学率只有 28.1％，到 1878 年已上升到 41.2％。[①] 在教育内容上，日本文部省还通过翻译欧美国家学校的教材，出版了许多小学课本，主要侧重于学习西方科学的基础知识。但日本的教育仍面临着教育管理体制、学校制度和教科书等方面的问题。

2. 颁布《教育令》，改革学制

1879 年，日本废除了 1872 年的《学制令》，颁布了《教育令》。《教育令》是日本参照美国教育改革的经验，第二次建立国民教育制度的尝试。其特点是中央放宽对地方教育事业的控制，给地方更多的自主权。关于小学教育的内容主要有，改变学制，普及初等义务教育的年限缩短为 4 年。以后又进行了修改，四四分段的小学学制改为三三二分级的学制，即小学初级科 3 年，中级科 3 年，高级科 2 年，其中小学初级科的 3 年为义务教育阶段。

3. 颁布《学校令》

1885 年，森有礼任文部大臣，开始了日本新的教育改革。1886 年，日本政府制定了《学校令》。其中《小学校令》规定：小学仍恢复 1872 年的《学制令》规定的四四分段的学制，即设四年制寻常小学和四年制高等小学。

《学校令》颁布以后，日本的小学教育得到了较快发展。1891 年，日本小学的入学率为 50.3％，到 1902 年，日本基本上普及了初等教育。[②]

本章小结

近代许多国家小学教育的早期发展与宗教教会活动联系在一起，主要是一种慈善救济的事业。随着 18 世纪英国工业革命的开始，普及初等教育成为现实的和国家的需要。在这方面，英国 1870 年《初等教育法》，第一次进行了国民初等义务教育的尝试，为初等教育的义务、免费、普及化发展奠定了基础。当然，在这个过程中，6 个国家形成了不同的特点。例如：英国比较注重通过国家与地方的结合来发展初等教育；法国则强调对各级教育，包括对初等教育的学区式的集权管理；德国比较早地提出了初等教育的强迫义务教育法令，以及洪堡领导的初等教育改革，都使得初等教育得到较快发展；俄国注重在初等教育近代化的过程中去除封建化；美国则推

---

① 郭法奇：《中外教育简史》，351 页，沈阳，辽宁大学出版社，2020。
② 郭法奇：《中外教育简史》，352 页，沈阳，辽宁大学出版社，2020。

行公立学校制度，包括公立小学的建立，并进行了六三三学制的探索；日本则在明治维新的改革过程中，保持初等教育的传统特色。总之，近代 6 个国家小学教育的发展历史，反映了近代社会各个方面变革对教育的影响。初等教育作为教育体系的第一阶梯，受到国家和社会的极大重视，促进了初等教育的普及化和大众化的发展。

复习与思考

1. 认识近代六国小学教育的发展过程、类型及特点。

2. 以英国 1870 年《初等教育法》为例，认识近代六国小学教育的发展过程中普及义务教育的提出及其意义。

3. 认识近代六国小学教育发展过程中教育立法的作用和意义。

第三章　外国近代小学教育思想

【本章要点】▶

　　欧美资本主义制度的形成和发展，既为近代小学教育的形成提供了条件，也为近代小学教育思想的产生奠定了基础。在近代小学教育思想的发展中，抨击封建专制教育、强调尊重儿童的本性、倡导人人平等的教育、重视知识的普遍学习，成为许多教育家关注的主要内容。这些思想对于推动近代小学教育的发展，促进义务教育思想的形成起到了重要的作用。本章主要介绍夸美纽斯、洛克、卢梭、裴斯泰洛齐、赫尔巴特、福禄培尔、斯宾塞等教育家关于小学教育的思想。

第一节　夸美纽斯的小学教育思想

夸美纽斯(1592—1670)，是欧洲从封建社会向资本主义社会过渡时期捷克的著名教育家。他继承了文艺复兴时期人文主义教育的优秀成果，总结了长期从事学校教育工作的经验，在教育的许多问题上进行了思考和研究，为近代资产阶级教育理论体系的形成奠定了基础。他的代表作《大教学论》的问世，标志着教育学开始向独立学科化发展。

一、教育活动与《大教学论》

(一)夸美纽斯的教育活动

夸美纽斯生活的时代是捷克民族遭受政治和宗教压迫的时代。在宗教改革时期，作为新教的捷克兄弟会由于反对天主教和德国的统治，长期受到迫害。生长在捷克兄弟会成员家庭的夸美纽斯，从小就感受到生活的不平等和宗教精神对他的熏陶。在捷克兄弟会的帮助下，夸美纽斯接受了初等、中等和高等教育。1614 年，他担任一所中学的校长，开始研究教育改革的问题。

1618—1648 年，欧洲爆发了三十年战争，捷克丧失了独立地位。1628 年，夸美纽斯随捷克兄弟会成员被迫迁往波兰，从此终身流亡国外。在波兰时，夸美纽斯开始从事教育实践和教育理论的研究，先后撰写了《语言和科学入门》(1631 年)、《大教学论》(1632 年)、《母育学校》(1632 年)、《泛智论导言》(1637—1639 年)等重要著作。《母育学校》主要论述了儿童从出生到 6 岁的学前教育，指出家庭应是儿童发展的第一所学校，母亲要根据儿童发展水平进行教育。《语言和科学入门》最初是一本学习拉丁语的教科书，由于内容较深，后又编了《初级语言和科学入门》，讲授每个与实物有联系的词，帮助儿童通过拉丁文来区别实物。但在实践中发现还是很难借助这本书学习，他又编写了《世界图解》。该书由于把图片、本国语和拉丁语结合在一起，更有利于学习文字，成为具有广泛影响的教科书。以后，夸美纽斯主要从事泛智教育的研究和实践。他先后去过英国、瑞典、匈牙利、荷兰等国，宣传泛智教育思想，创办泛智学校，帮助这些国家进行教育改革。夸美纽斯的泛智教育强调，人的本性是善良的，只要发展人的智力，给予广泛的知识，就可以使个人和社会得到良好的发展。应该使每个人都能尽自己的能力学习和积累所有的知识，国家应该为每个人设立适合他发展需要的学校。从 1657 年开始，夸美纽斯陆续出版了自己的教育著作全集。1670 年，他在荷兰去世。

(二)夸美纽斯《大教学论》的主要内容

夸美纽斯的《大教学论》，是西方第一部系统论述教育、教学问题的著作。该书的主要目的之一是要探索并找到一种教学方法，这种教学方法是一种可以使教师教得少，而学生学得多的方法，旨在阐明"把一切事物教给一切人类的全部艺术"。①《大教学论》一书共 33 章。第 1 至 5 章主要论述了服务于"永生"与"今生"的教育目的以及使儿童获得学识、具备德行、虔信上帝的教育任务。第 6 至 9 章强调教育的作用并提出普及教育的思想。第 10 至 12 章说明改革旧教育的必要性和可能性。第 13 至 14 章提出要以"适应自然"为主导原则建立新学校。第 15 至 19 章阐述教学原理，提出延长生命的基础以及教与学的一般要求、便易性、彻底性、简明性与迅速性等。第 20 至 25 章将教与学的一般原则运用于各科教学，分别阐述了科学、艺术、语文、道德、宗教等学科的具体教学方法。第 26 章论述了学校的纪律。第 27 至 32 章根据教育适应自然的原则，提出了划分儿童的学龄阶段以及建立全国统一的学校制度的主张。第 33 章阐述了实现上述理想应具备的条件。从《大教学论》各章的内容可以看出，夸美纽斯非常重视通过设立统一的学校和有效的教学为儿童的发展提供合适的教育。

夸美纽斯的教育活动反映了他对社会现实和教育规律的认识，他的这些认识在一定程度上奠定了近代教育科学的基础。

二、论教育的作用和教育目的

（一）关于教育的作用

关于教育的作用，夸美纽斯认为，教会和国家的改良在于青年得到合适的教导。他希望通过教育改变社会道德普遍堕落的现象，从而减少黑暗与倾轧，得到光明与和平。夸美纽斯一生致力于泛智教育、创办学校、普及知识，就是要扫除愚昧与无知，使国家和民族都得到好的发展。

夸美纽斯也十分重视教育在人的发展中的作用。他在《大教学论》的第 1 章中指出：人是上帝造物中最崇高、最完美、最美好的；人具有生长和发展的机能，人的发展是一种内在的、潜在的发展；教育不必拿什么东西给一个人，只需把他原有的、潜在的东西显露出来，并注意每个个别的因素就够了。夸美纽斯的这一主张是一种"内发论"的观点。在他看来，人的发展动力来自内部，要反对外部的、强制的教育，这与文艺复兴人文主义教育家所强调的观点是一致的。

既然人的发展是一种内在的发展，教育的作用就在于发展人的内在本性。夸美纽斯认为，上帝在人的心中播下了三颗种子，即知识、德行、虔信，只有通过教育才能发展它们，教育应当是一种促进儿童良好发展的手段。通过教育使不同的儿童达到相同的结果，使聪明的人更聪明，使愚蠢的人去掉愚蠢。为此，夸美纽斯要求教师对儿童的发展抱有信心，不要轻易把儿童视为难以教育的而放弃自己应有的努力。

---

① 夸美纽斯：《大教学论》，傅任敢译，《大教学论》简介 3 页，北京，人民教育出版社，1957。

(二)关于教育目的

作为一个具有强烈宗教意识，又受到近代思想影响的教育家，夸美纽斯在论述现世生活和来世生活关系时，阐述了具有近代意义的教育目的论。他认为，人生的终极目的是超越现世的人生，达到来世的永生，现世的人生是永生的一种准备。要做好现世的人生准备，则需要发展知识、德行和虔信，必须通过现世的教育来完成。因此，教育的直接目的就是为现世的人生服务，培养具有完备知识、完美德行和坚定信仰的人。在这里，虽然夸美纽斯把现世人生看作向来世的永生的过渡和准备，但他并没有忽视现世人生的价值。在《大教学论》第15章里，夸美纽斯在论述生命的基础时，要求人们注重生命的自然需要，反对把生命浪费在没有价值的事情上，要过好现世生活。这一认识为他关注现实教育提供了重要的思想基础。

三、论"教育适应自然"原则

(一)"教育适应自然"原则提出的基础

"教育适应自然"原则是夸美纽斯教育思想中根本性的指导原则。这一原则的提出，是他把文艺复兴以来所兴起的"引证自然"思想在教育中的运用，并探索自然法则对教育影响的结果。在他看来，自然不仅是发展变化的，而且具有一定的运行规律，自然的运行规律就是宇宙万物发展的根本规律。因此，宇宙间的一切事物都要服从它。作为自然一部分的人以及发展人的自然本性的教育活动也都应服从这一规律，按照自然所赋予的形式发展。

"教育适应自然"原则的提出也是夸美纽斯对教育现实进行思考，批判旧教育，试图全面改革教育得出的合乎逻辑的认识。在《大教学论》中，夸美纽斯尖锐地批评了旧学校的种种弊端，指出当时学校的教育工作不符合事物的自然秩序，以致使学校变成了儿童恐怖的场所，变成了儿童才智的屠宰场。他提出，学校改良的基础应是一切事物里恰切的秩序，教导的恰切秩序应当从自然中借来。教育只有模仿自然，才会同自然的运行一样地容易。

(二)"教育适应自然"原则的含义

在夸美纽斯看来，"教育适应自然"包括两方面的含义。

一是教育要适应自然的法则。夸美纽斯认为，自然的法则是教育的正确法则，教育的法则应该依自然的法则得来。在《大教学论》的第16至18章中，他先后提出了29条自然的法则来论证教与学的一般要求、教与学的便利性原则以及教与学的彻底性原则。在论证时，夸美纽斯总是先提出一条自然的法则，接着举出一些鸟类和植物生长的例子来说明这一法则，然后指出人类活动应加以模仿，最后推论出与自然的法则相适应的教育法则。例如，他提出"自然遵守合适的时机"的法则后，列举鸟类在适宜的春天孵化小鸟、园丁也选择合适的季节进行种植等事例后，指出适应自然的教育应从人类的春天——儿童时期开始。一天之中，早晨最适宜学习。

二是教育要适应儿童的自然发展，即教育要适应儿童的天性、年龄特征。在夸美纽斯看来，人作为一种理性的动物首先是具有自然本性的自然体。"一个健康的心理存在一个健康的身体里面。"在教育过程中，"凡事都要跟随自然的领导，要去观察能力发展的次第，要使我们的方法依据这种顺序的原则"，"自始至终，要按学生的年龄及其已有的知识循序渐进地进行教导"。① 教师的任务在于认识和保护儿童的天性，顺应儿童的天生倾向去实施教育，反对强制性的观念和做法。

(三)"教育适应自然"原则的价值及局限

夸美纽斯的"教育适应自然"原则是他对自然、社会和教育进行一定认识的结果，也是进行小学教育的基础，其中许多思想是具有合理性的。例如，教学科目的排列应适应学生的年龄，教学内容的讲授应与学生的心理相适应，学校的设置要满足不同儿童的学习需要，等等。当然，也应看到这一原则的局限。例如，夸美纽斯提出的自然法则并不是对自然规律的科学认识，论证中带有拟人化和简单化的特征。例如，"自然遵守合适的时机"，"自然不性急，它只慢慢地前进"，等等。当运用"自然"原因不能说明现实问题时，他试图依靠"神创自然"的观点来进行解释，认为一切事物里面发生作用的都是上帝。夸美纽斯利用自然论证教育，同时又赋予自然以神启的色彩，这是他神学世界观的局限。不过与前人不同的是，夸美纽斯用宗教观保护他的自然观，用自然观保护他的教育观，使其教育观带有神圣不可侵犯的色彩，从而为他公开引证自然，全面阐述教育创造了条件。因此，夸美纽斯的"教育适应自然"原则与其说是他引证自然的结果，不如说是他借用自然的论证方式，阐述教育经验的结果。

需要指出的是，正因为夸美纽斯论述教育问题是以自然为参照系的，所以，他在论述儿童个体教育时常存在机械主义的局限。例如，在他看来，所有的人都"具有同样的人性，具有同样的感觉与理智的器官"，所有的人都要发展相同的自然能力，这是进行统一教育的基础。因此，学校应采用同样的方式，对所有的人施与同样的教育。至于如何对待儿童的个别差异特征，他用人的自然和谐性来解释。他认为，人本身，里外都是一种和谐，人的个性不同是由于人的自然和谐性的过度或不足。因此，教育中应采用"中和"的办法，把各种不同性情的儿童混合在一起，接受同样的训练与榜样的指导。

显然，夸美纽斯关于人的自然同一性与和谐性的认识受当时生产的专业化和批量化特点的影响。在他看来，每个人体的自然特点如同生产的机器一样都是相同的、和谐的，如果教育也组成这种同一、和谐的系统，按照机器的生产方式运作，一定是会成功的。但由于他过分强调"同一"，不仅使教学过程显得机械、方法单一，也限制了在学校教育环境下对儿童个性特征的深入研究，形成了他关于教育本质的看法的一定的片面性。

---

① 夸美纽斯：《大教学论》，傅任敢译，82、215、216~217 页，北京，人民教育出版社，1957。

四、论学校教育体系和小学阶段的教育

在夸美纽斯的教育思想中，"学校教育体系"是重要的内容。夸美纽斯的学校教育体系是以他的泛智教育为基础的。

(一)泛智教育的含义及意义

夸美纽斯在教育活动中十分重视对泛智教育的研究。在他看来，泛智教育就是给人以广泛的知识教育，把一切事物教给一切人类。为了宣传和落实泛智教育思想，夸美纽斯写下了《泛智论导言》，并在匈牙利创办了泛智学校，制订了详细的计划。夸美纽斯的泛智教育思想成为他的学校教育的思想基础。

泛智教育思想的提出具有重要的意义，主要体现在三个方面：①只有发展人的智力，给人类以广泛的知识教育，才会在人心中培育和发展美德和虔诚的种子。这是对人类先天堕落的传统基督教思想的挑战。②所有的人都是可以教育的，无论什么人，无论其什么经济地位、文化状况，都应在一起接受教育。这是一种教育平等思想的体现。③提出以人的智力发展为标准，这是对传统的等级教育的挑战。夸美纽斯的泛智教育思想为所有人的广泛的知识教育和学校教育提供了新的依据，反映了普及教育的民主要求。

(二)学校教育体系与学年制

从泛智教育思想出发，夸美纽斯论述了学校教育体系的问题。他认为，一个人接受教育和学习的最好时期是从婴儿期到成年(0～24 岁)这一阶段，"因为经验告诉我们，一个人的身体可以继续生长到二十五岁，过此以往，它便只长力量了"①。夸美纽斯把这一生长时期按照人的发展顺序划分为 4 段，每段 6 年，分别设立相应的学校并完成相应的教学任务。②

①从出生到 6 岁是婴儿期，是孩子在"母亲的膝前"的教育——应当在每个家庭有所母育学校，培养孩子的外部感觉，让孩子学会认识周围的事物。

②从 6 岁到 12 岁为儿童期，应当在每个村落有所国语学校，使儿童接受初等教育，通过阅读、书写、图画、唱歌、计数等培养儿童的内部感觉，包括想象力和记忆力等。

③从 12 岁到 18 岁为少年期，应当在每个城市有所拉丁语学校，对少年进行中等教育，通过文法、修辞和辩证法等的训练，培养少年的理解力和判断力。

④从 18 岁到 24 岁为青年期，应当在每个王国或省有所大学，对青年进行高等教育，通过神学、哲学、医学、法学等学科的训练，培养学生的灵魂和谐与意志力。

在教育史上，夸美纽斯首次提出的这种前后衔接、统一的学校教育体系，打破了封建教育的等级制限制，阐明了人的发展的有序性和学校系统化的思想，这在近

---

① 夸美纽斯：《大教学论》，傅任敢译，203 页，北京，教育科学出版社，1999。
② 夸美纽斯：《大教学论》，傅任敢译，203～204 页，北京，教育科学出版社，1999。

代教育制度的形成中具有重要影响和意义。

夸美纽斯十分重视通过设置学校开展普及教育，使人人能够接受共同的教育。他认为，青年人应当受到共同的教育，学校是必需的。针对当时封建社会教育只注重少数富家子弟，而穷人子弟很少上学的状况，他提出："不仅有钱有势的人的子女应该进学校，而且一切城镇乡村的男女儿童，不分富贵贫贱，同样都应该进学校。"①夸美纽斯还关注劳动者和妇女的教育。他指出，也应该将初等教育普及手工业者、农民、脚夫和妇女，使他们有一定的受教育权。假如这种教育以合适的方法得以实现，这些人便不会缺乏思考、选择、遵行和做出好事的材料了。②夸美纽斯关于普及教育和扩大教育对象的主张，尽管在当时还难以实现，但反映了他对教育民主和平等的追求。

针对中世纪学校组织十分松散，学生入学或离校停学的时间没有统一安排的情况，夸美纽斯提出了学校工作实行学年制的要求，主张学校在学年的同一时间开学，同时放假。每年招生一次，秋季开学。学生一经入学必须坚持完成学业，不允许中途辍学或逃学。同时，学校工作应按年、按月、按日计划好，教学科目也要根据儿童认识发展的顺序给予合理安排，使学校的全部工作有序和充实。

（三）论小学阶段的教育

在《大教学论》的第 29 章"国语学校素描"中，夸美纽斯专门论述了小学阶段的教育。他认为，所有的儿童都应该进入国语学校，接受小学教育。

1. 关于为什么要接受小学教育

夸美纽斯提出了自己的观点。第一，如果人人都能够在一切德行上受到训练，尤其在谦逊和谦恭德行上，就可以避免过早地造成阶级界限，从而避免一部分人鄙视另一部分人的命运。第二，对于 6 岁的儿童，就要决定他们的职业，或者决定他们宜于做学问或手工，那是太早了。6 岁儿童的心灵和倾向还没有充分得到发展，不宜过早对他们的职业做出判断。第三，国语是学习拉丁语的基础。要学好拉丁语，必须先学习国语，学好国语，可以为学习拉丁语铺路。夸美纽斯的这些主张反映了他的小学教育普及化的思想。在他看来，应对所有的适龄儿童进行教育。如果让一部分人接受教育，另一部分人不能接受教育，会造成过早的教育分化，会使一些儿童轻视另一些儿童的命运。

2. 关于小学教育的目的与目标

夸美纽斯认为"国语学校的目的与目标是应当把对青年人终生有用的事物教给一切六岁到十二岁的青年"③。为此，夸美纽斯提出了许多具体的内容："1. 要容易读懂用国语印出来和用国语写出来的东西。2. 要按国语文法规则写作，最初要写得正

---

① 夸美纽斯：《大教学论》，傅任敢译，37 页，北京，教育科学出版社，1999。

② 夸美纽斯：《大教学论》，傅任敢译，39 页，北京，教育科学出版社，1999。

③ 夸美纽斯：《大教学论》，傅任敢译，214 页，北京，教育科学出版社，1999。

确，随后要写得迅速，最后要写得有把握。这种规则应当用通俗的形式写出来，应该让孩子们去练习。3. 要按实际目标的需要，用阿拉伯数字和计算器去计数。4. 要能熟练地测量空间，如长度、宽度、距离。5. 要唱著名的曲调，凡是表现出特长的学生便应学习高深的音乐基础。6. 要熟记国内流行的大多数赞美诗。因为，倘若他们从小赞美上帝，他们就能……用赞美诗和圣诗相互劝勉，从心坎里向上帝歌唱。7. 除了《教义问答》以外，他们还应当知道《圣经》中的最重要的故事和诗句，应当能把它们一字一字背出来。8. 他们应当学习道德的原则，这些原则应当写成规则，附以合于学生的年龄与悟性的阐释……9. 他们应当尽量多学点经济学和政治学，以能使得他们了解日常所见的家事和国事为度。10. 他们也应学习世界的通史；它的创始、它的崩溃、它的超赎以及它被上帝保存到现在的情形。11. 此外，他们应当学习宇宙学中的最重要的事实，例如圆形的天体，悬在天体中的球形的地球，以及海洋的潮汐，大海的形状，江河的流域，地球的主要划分，欧洲的主要王国之类；尤其是他们本国的城市、山岳、河流和其他显著的形态。12. 最后，他们应当学习技艺的最重要的原则，使他们对于身边发生的世事不致太生疏，并使任何对于这类事情的特殊倾向日后易表现出来。"[1]夸美纽斯为小学教育设计的目标和安排的内容，涉及天文、地理、生活常识等多方面，反映了他对儿童全面发展和多样性知识学习的关注。当然，这些内容里面有关于宗教的内容，这是时代特点和他的宗教思想的影响。

3. 关于小学教育的安排

夸美纽斯指出：国语学校的一切儿童要在学校里度过 6 年，应当分成 6 个班，每班一间教室，以免妨碍其他班次；每个班级有特备的书，这些书应当包括该班所学的全部学问方面、道德和宗教教导的教材。除了教材外，还应当包括一套完全的国语文法，其中应有适合这一年龄阶段的儿童所能了解的一切事物的名称和一套最常用的习语选集。[2]

4. 关于小学教育书籍的使用

夸美纽斯认为，这种书籍应当有 6 册，与班级数相称，它们的区别不是所含的教材，而是提示教材的方法。每一本都应该包括前述的一切学科。前几本应当选择学科中的较为显著、较易知的内容，用一般的方法进行讨论；后几本则应当注意比较不很显著、比较复杂的细节，采用新的方法，以引起注意和兴趣。关于书籍的使用，夸美纽斯认为，要使这些书全部适应儿童，因为儿童喜欢新奇与幽默，厌恶迂腐与严肃。所以，学校的教导应当与娱乐结合，使儿童乐于学习以后对他们真正有用的东西。书籍的标题要取悦和吸引儿童，同时要表明内容的性质。书籍的名称可以借用儿童最喜欢的所有物，如花园的用语等。例如，"把整个学校比作一座花园，

---

① 夸美纽斯：《大教学论》，傅任敢译，214～215 页，北京，教育科学出版社，1999。
② 夸美纽斯：《大教学论》，傅任敢译，216 页，北京，教育科学出版社，1999。

最低一班所用的书籍就可以叫作紫罗兰花坛，第二班的可以叫作玫瑰花坛，第三班的可以叫作草地，如此等等"①。关于书籍语言的使用，夸美纽斯认为，应该使用国语编写，专门术语也应该用国语，不用拉丁语或者希腊语。因为外国语的术语必须先加以解释才能了解，即使经过解释，也不能正确地理解，而且很难记。

5. 关于小学教育教学的安排

夸美纽斯认为，"每天上课不可超过四次，其中两次在上午，两次在下午。下余的时间可以有利地用在家务（尤其贫苦的孩子是如此）或某种形式的娱乐上"②。

关于早晨和下午的活动安排，夸美纽斯认为，早晨应当专门用来练习智性与记忆，下午应当练习手与声音。"在早晨，教师把当时的功课朗读几遍，全班学生用心听着，如果有应解释的地方便用简单的语言加以解释，解释得使人不能不了解。然后他就吩咐孩子们挨次读，当一个学生清晰地读的时候，下余的学生就应当用心听，顺着他们的书本跟下去。这种办法如果继续半小时或半小时以上，聪明一些的孩子便会默诵刚读过的功课，最后，甚至愚笨的孩子也会默诵了。因为指定的工作必须是简短的；对一小时的功课说来不太长，也不会使孩子们太难了解。……下午不应当再做新的功课，但是早晨做的功课应当加以复习。学生们应当把他们印成的书本抄写一部分，应当互相比赛，看早晨的功课谁记得最多，或看谁写得最好，唱得最好，或算得最好。"③在学校的教学安排上，夸美纽斯非常重视学生的抄写工作。在他看来，抄写时手的练习可以帮助学生把所抄的材料铭刻在心里；如果抄写变成了一种日常的练习，就可以使学生写得好，写得快，写得正确，对他们以后的学习和人事的处理有用；抄写还是一个最可靠的证据，可以使父母知道孩子在学校里没有浪费时光，可以断定孩子进步了多少。

总之，夸美纽斯认为，在小学教育的设计上，所有的儿童都要先学习国语，先易后难，为以后学习拉丁语打下基础。在小学课程安排上，儿童要学习算术、几何、音乐、赞美诗、政治、经济学、世界通史、天文、地理以及生产和生活的技能等各方面的知识。在小学教学方法上，应由浅到深，适应学生；同时教学与娱乐结合起来，使学生乐于学习。

五、教学论

教学论是夸美纽斯教育思想的核心，也是他对近代教学理论的重要贡献。在夸美纽斯看来，教学论就是阐明"把一切事物教给一切人们的全部艺术"④，"寻求并找出一种教学的方法，使教员因此可以少教，但是学生可以多学；使学校因此可以少

---

① 夸美纽斯：《大教学论》，傅任敢译，216 页，北京，教育科学出版社，1999。
② 夸美纽斯：《大教学论》，傅任敢译，218 页，北京，教育科学出版社，1999。
③ 夸美纽斯：《大教学论》，傅任敢译，218 页，北京，教育科学出版社，1999。
④ 夸美纽斯：《大教学论》，傅任敢译，扉页 1 页，北京，教育科学出版社，1999。

些喧嚣、厌恶和无益的劳苦，多具闲暇、快乐和坚实的进步"①。从这个思想出发，夸美纽斯提出了关于教学原则、教学组织形式和教学过程等的诸多主张。

(一)关于教学原则的论述

夸美纽斯在教学实践中感到，经院主义的教学原则只强调教学的强制性和烦琐性，把许多无用的东西灌输给学生，把一年能够学完的知识拖至五年甚至更长的时间，把艰深的内容让年幼的儿童来学习，这是一种脱离实际、残害儿童的教学。夸美纽斯主张，教学要遵循自然的法则，从直观、循序渐进、彻底和有效上下功夫。为此，他提出了如下原则。

1. 直观性原则

夸美纽斯认为，一切知识都是从感官的感知事物开始的。因此，教学要为儿童提供感知事物的条件，并且在尽可能的范围内把一切事物都放在儿童的感官面前。他强调，凡是可以放在儿童感官面前的事物，一定是真实的、有用的事物，而不是事物的影子。要充分发挥多种感官的作用，"假如有一件东西能够同时在几个感官上留下印象，它便应当和几种感官去接触"②。从直观性原则出发，夸美纽斯认为，教学要从观察实际事物开始，要给儿童提供实际的事物，假如事物的本身不能得到，可以利用它们的模型和图像。同样，教室内要布满图画，教科书要有插图。

2. 循序渐进原则

夸美纽斯认为，一切事物的发展都是有序的，教学活动也应该按照一定的顺序进行。他主张，在教学上要合理地安排教学科目的顺序，使每一学科的内容都仔细地分成阶段，先学的为后学的扫清道路。在知识教学的安排上，要由近及远、由易到难、由浅入深、由已知到未知、由具体到抽象。同时，也要适合儿童的年龄特征，反对强制性教学。

3. 彻底巩固性原则

夸美纽斯认为，传授知识的目的是更好地运用。学了知识而没有巩固下来，是不能发展儿童的智慧的。他要求教师在讲课时，讲清楚事物存在的原因，让学生在理解的基础上掌握知识。同时，要让学生将所学的知识加以练习和运用。此外，夸美纽斯还论述了主动性、自觉性、量力性和因材施教等教学原则，丰富了人类对教育和教学的认识。

(二)关于教学组织形式和教学过程的论述

在夸美纽斯以前，还没有人从理论上论述过教学的组织形式问题。当时教学主要采用的是个别教学。夸美纽斯指出，旧的教学带有很强的随意性、无序性和低效性，应当改革这种旧的落后形式，建立新的教学组织形式。

针对个别教学的弊端，在教学组织形式上，夸美纽斯主张实行班级集体教学。

---

① 夸美纽斯：《大教学论》，傅任敢译，扉页 2 页，北京，教育科学出版社，1999。
② 夸美纽斯：《大教学论》，傅任敢译，141 页，北京，教育科学出版社，1999。

就是把学生由个人编成小组，再由小组组成班级，由一位教师面向学生集体授课。在《大教学论》中，夸美纽斯用太阳以它的光和热普照大地，而并不专门去对付任何单个事物的现象类比教育，认为班级集体教学也应如此。因此，他要求学校为每班学生安排一间教室和一位教师，每班的学生分成许多个十人小组，每个小组由一名优秀学生做"十人长"协助教师，教师面向全体学生进行集体授课，讲授知识。夸美纽斯认为，一位教师通过班级集体教学同时可以教几百个学生。

夸美纽斯在总结实际经验基础上提出的班级集体教学形式，增强了学校工作的计划性和教学的效益，在一定程度上反映了教学工作的规律，符合近代学校教育特别是普及教育发展的需要，对后来现代教育教学工作的发展产生了较大影响，直至今天仍然成为学校教学的主要形式之一。

关于教学过程，夸美纽斯也有自己的看法。他认为，教学过程主要是有效地传授知识。在他看来，教学开始时，首先要讲一些有趣和实用的东西以引起学生的注意；讲课时要涉及以前学习过的东西，也要阐明它与现在要学的课程的关系；课上要有提问，学生的回答不要重复原来的问题；教师要当着学生的面表扬回答得好的学生，对不用功的学生要当场责备；讲完课后要及时提问学生以前或当时所学的课程。夸美纽斯认为，这样的教学可使教师工作的效果显著，学生的知识学习也更加扎实、巩固。

六、小学教育的教材：《世界图解》

夸美纽斯非常重视小学教育教材的编写，曾经为初级阶段的教育写过《语言和科学入门》《初级语言和科学入门》。夸美纽斯编写的《世界图解》就是为教师和儿童编写的带有插图的小学教育教材。由于其图文并茂，成为当时深受欢迎的教科书。

夸美纽斯在《世界图解》的"前言"中指出，教养是无知的清除剂，年轻人在校学习期间就应该把它注入心灵。这种教养必须是真实的、充分的、鲜明而牢固的。所谓真实的，就是所教和所学的科目必须对生活有用。所谓充分的，就是所进行的训练要能让头脑变聪明，语言变得优美，双手能够完成生活中必需的劳动。所谓鲜明而牢固的，就是所教和所学的一切不致混淆、失去条理，而要清楚明白，门类有致。这些在以往的学校中被忽视，而让学生学习一些他们不懂的事物，给他们一些不正确的印象，教和学都成了负担。夸美纽斯指出，现在有了新教材，可以把世间的一切主要事物和生活行为制成图画、定了名称，教师可以与学生一起去研究学习，感到愉快，而不会觉得是负担。用夸美纽斯的话说，《世界图解》的主要特色就是对大千世界、全部语言做了简要的介绍，给各种事物配上了图画，给予了名称和描述。①

夸美纽斯认为，使用这本书有许多好处。"如果在国语学校里，用本族语学习这

---

① 夸美纽斯：《夸美纽斯教育论著选》，任钟印选编，任宝祥、熊礼贵、鲍晓苏等译，88页，北京，人民教育出版社，2004。

本书，那么，它将有助于孩子们打好本族语的基础，因为按上面提到的对事物的描述，会使本族语的词和语汇得到最适宜的利用。"①在夸美纽斯看来，经院主义教育的偏差就是缺乏图书与直观教具，教科书编写烦琐抽象。只有教科书配有插图，形象直观，有生动的实例，才有利于学生的学习。

为了方便教师的教和学生的学，夸美纽斯在《世界图解》中关于事物的学习是这样安排的：先是给出一个事物的词汇，接着附上该事物的图画，再下面就是关于这个事物的文字描述。下面举几个例子加以说明。

关于"天空"的解释，《世界图解》除了配图并标明各种物体的位置外，还这样介绍："天空在旋转，环绕着地球不停地运行，地球是万物的中心。太阳，不论怎样，永恒地闪耀发光：任凭乌云密布，它仍然放射出自己的光芒。光明（形成白昼）与它对立的现象是黑暗。黑暗形成夜晚，月亮在夜里发光，星星在黑夜里闪烁。暮色常伴随着黄昏。朝霞和黎明在早晨。"②

关于"七种年岁的人"，书中写道："人的一生开始是婴儿，然后是男孩，再长大就是少年，到青年，长成男子汉，此后，年岁渐近到老年，最后，变成衰迈的老人。就不同的性别来说，女的是：女婴、女孩、少女、女人，四十岁以上的渐近老年的妇女，最后，变成年迈体衰的老太婆。"③

关于"学校"，书上是这样写的："学校是培养年轻人美德的小型工厂，学校里分设各种班级。教师坐在讲台上，学生坐在长凳上。教师授课，学生学习。用粉笔在黑板上写字，一些学生坐在课桌旁写字。教师为学生改正错误。有几个学生站着背诵。另外有几个学生在交头接耳地谈话，看上去就像是几个淘气的孩子，心不在焉，他们正在受到用扫帚和棍子狠狠挨揍的惩罚。"④

关于"地球"，书上写道："地球是圆的，因此，必须画成两个半球的形式。圆的角度是360度，每度有15德里，总共5400德里。但是，要是与宇宙相比，地球只是一个小点。它是宇宙的中心，人们用经线测量它的长度，用纬线测量它的宽度。地球被海洋包围，濒临五个海：地中海、波罗的海、红海、波斯海、里海。"⑤

关于"家庭的组合"，书上是这样写的："上帝赐给夫妇们孩子，夫妇就成为父母。父亲劳作，母亲生儿育女，有时生下孪生子女。孩子被包在褴褛里，放在摇篮

---

① 夸美纽斯：《夸美纽斯教育论著选》，任钟印选编，任宝祥、熊礼贵、鲍晓苏等译，89页，北京，人民教育出版社，2004。

② 夸美纽斯：《夸美纽斯教育论著选》，任钟印选编，任宝祥、熊礼贵、鲍晓苏等译，100～101页，北京，人民教育出版社，2004。

③ 夸美纽斯：《夸美纽斯教育论著选》，任钟印选编，任宝祥、熊礼贵、鲍晓苏等译，114～115页，北京，人民教育出版社，2004。

④ 夸美纽斯：《夸美纽斯教育论著选》，任钟印选编，任宝祥、熊礼贵、鲍晓苏等译，134～135页，北京，人民教育出版社，2004。

⑤ 夸美纽斯：《夸美纽斯教育论著选》，任钟印选编，任宝祥、熊礼贵、鲍晓苏等译，138～139页，北京，人民教育出版社，2004。

里，母亲用自己的乳汁和稀粥喂养孩子，孩子然后借助摇篮四轮车学习走路，玩玩具，开始说话。按不同的年龄人们教他信教和劳动，要是他不听话，还要挨罚。孩子要尊敬父母，侍奉父母。父亲用自己的劳动抚养孩子。"[①]

夸美纽斯非常重视《世界图解》的推介，正如他在《世界图解》"前言"中所指出的，一定要给孩子看这本书，不仅要给孩子指出画的事物的名称，还要给他们指出现实中事物的名称，譬如身体的各个部位、衣物、书籍、房子和家庭用品等。如有可能，还可以让孩子画一画，以使他们增强对事物的注意和认识。在夸美纽斯看来，只有这样，这所学校才真正算得上是一所好学校。[②]

总之，夸美纽斯是近代早期一位伟大的教育改革家和思想家。他的关于学校教育和教学工作的论述，关于小学教育思想的阐述，等等，都为认识学校教育和初等教育的规律、特点提供了宝贵的经验，为近现代教育思想和实践的发展做出了重要的贡献。

第二节　洛克的小学教育思想

洛克（1632—1704）是英国近代早期著名的哲学家。在哲学上，洛克是 17 世纪英国唯物主义经验论的代表人物，提出了"白板说"；在政治上，洛克为当时英国君主立宪制进行论证，强调"自然、权力基础上的天赋人权"论和"社会契约"论；在教育上，洛克提出了为英国资产阶级服务的"绅士教育"论。这些思想都对西方近代社会和教育的发展产生了重要的影响。

洛克虽然在绅士教育中不主张学校教育，但是他的绅士教育思想涉及小学教育。因此，从洛克的绅士教育思想出发，研究和分析他的小学教育思想是非常必要的。

一、洛克小学教育思想的基础

洛克出生在一个律师的家庭，从小受到良好的家庭教育。15 岁时，他进入威斯敏斯特公学学习拉丁文和希腊文。1652 年进入牛津大学，他在该校获得学士和硕士学位。在大学期间，他还研究过哲学、物理学、化学和医学，并运用培根的感觉论思想和笛卡儿的理性主义反对牛津大学的经院主义和狭隘的神学。

1666 年，洛克结识了代表英国资产阶级利益的辉格党领袖沙夫茨伯利伯爵，先是担任其家庭教师和医生，后又任伯爵的秘书，这些经历对洛克的教育观和政治观有很大影响。在做家庭教师期间，洛克主要负责教育伯爵 15 岁的儿子，这对洛克积

---

① 夸美纽斯：《夸美纽斯教育论著选》，任钟印选编，任宝祥、熊礼贵、鲍晓苏等译，144～145 页，北京，人民教育出版社，2004。

② 夸美纽斯：《夸美纽斯教育论著选》，任钟印选编，任宝祥、熊礼贵、鲍晓苏等译，91 页，北京，人民教育出版社，2004。

累教育经验、思考教育问题，形成自己的教育思想，提供了很大的帮助。在以后教育伯爵的孙子时，洛克的教育思想得到了系统化。在伯爵的影响下，洛克后来开始从政，成为辉格党重要的理论家。1683 年，因政治斗争失败，洛克随伯爵逃往荷兰，1688 年英国革命结束后回到英国。1690 年，洛克发表了《政府论》和《人类理解论》。1693 年，他又发表了从 1683 年以来陆续写作的《教育漫话》。1696 年，洛克担任英国"贸易、殖民委员会"的委员。在任期间，负责制订了"贫穷儿童劳动学校计划"，反映了他对待贫苦儿童以及对他们受教育的态度。以后还写了《关于理解的指导》一文作为修订后的《人类理解论》的一章。1704 年，洛克去世。洛克的小学教育思想与他的政治观和哲学观有密切的联系。

在政治观上，洛克在反对封建专制统治和"君权神授"论的基础上，提出了"天赋人权"和"社会契约"的主张。他认为，人类天生是自由、平等和独立的，每个人都是"他自身和财产的绝对主人"，生命、健康、自由和财产是人的"不能变更"和"无从否认"的天赋权利。为了防止有人侵犯天赋权利，为了保障人的自由和安全，人们便通过协商，订立契约，建立政府，并转让出一部分权利给政府以保护人民的权利。如果政府不能保障人民的权利，人民就应当收回权利。因此，应当监督和制约政府的权力。为此，洛克提出了"君主立宪"和"分权制约"的思想，主张国家的立法权、行政权和外交权应由不同部门掌握，议会对国王的权力实行制约，各部门之间也对权力实行制约。洛克的政治观对美国和法国的资产阶级革命都产生了重要的影响。

在哲学观上，洛克在反对"天赋观念"论的基础上，提出了唯物主义经验论的"白板说"。洛克指出，如果说人的观念和知识是天赋的话，那么人的观念、思想获取的途径只能是天赋，但事实是人们不必通过这一途径，而可以通过其他的途径，如通过感官就可以得到确实可靠的知识。因此，人心中没有天赋的原则，人心如同一块白板，理性和知识都是通过人的感官和经验获得的。在《人类理解论》中，洛克明确指出，我们的全部知识是建立在经验的基础上的，知识归根结底都是源于经验的。洛克"白板说"的提出，在人类的理智发展史上具有重要的意义。因为承认"白板说"，就意味着任何观念都是可以被无约束地怀疑和分析的。如果观念是天生而不可怀疑的，那么就不可能为人类的理智所批判，人类的理智也不可能得到发展。不过，洛克的唯物主义并不彻底。他认为，除了感官外，知识还有一个来源，即人的反省。他把经验分为外部的和内部的两个方面。外部经验是通过感官获得的，内部经验是心灵对内心作用的反省而得到的关于知觉、思想、怀疑、信仰、推理等观念的结果。这实际上是把人的感性认识与人的理性认识的统一的认识过程割裂了。

需要指出的是，洛克的"白板说"对近代小学教育思想的发展具有重要影响。第一，它确立了一种新的儿童发展观。既然人的观念不是天生的，那么从获得观念的角度来看，儿童在本质上就与成人有区别。虽然儿童刚出生就与成人有同样的素质，但儿童没有经验和观念，儿童是在不断成长过程中，通过自己的感知获取各种经验的。第二，它确立了儿童后天学习重要性的观点。由于儿童出生时心灵都是一块"白板"，没有任何观念，因此儿童只能通过后天的学习才能获取观念，儿童必须通过自己的理智进行独立的学习，才能得到发展。

二、小学教育的目的、内容和方法

洛克在流亡荷兰期间，曾担任友人爱德华·克拉克之子的家庭教师，并与克拉克进行过多次通信讨论关于小学阶段儿童家庭教育的问题。1688 年后，为了帮助英国上流社会家庭用"最容易，最简捷"的方法培养孩子，洛克将这些信札加以整理，于 1693 年发表了他的教育代表作《教育漫话》。这本书是继夸美纽斯的《大教学论》以后，西方又一部教育经典著作。该书探讨了当时资产阶级最为关心的绅士培养和教育问题，对英国小学教育以及近代教育思想的发展产生了重要的影响。

(一)论小学教育的作用和目的

洛克十分重视教育对人的培养作用。他在《教育漫话》中一开始就指出："我们日常所见的人中，他们之所以或好或坏，或有用或无用，十分之九都是他们的教育所决定的。人类之所以千差万别，便是由于教育之故。"①洛克关于教育作用的论述是以他的"白板说"为基础的，它不同于以往的社会把人的形成看作遗传或天赋的产物的观点。这种从唯物主义经验论出发，强调教育对于形成人的作用的观点是有进步意义的，成为启蒙运动教育思想的重要内容之一。

在教育目的上，洛克主张教育应该培养绅士。在洛克看来，英国社会只有培养绅士，以绅士为榜样，社会才能进步。因为，从绅士阶级中能够培养出人民的领袖和政治、道德的管理者。他们受到适当的教育走上正轨后，会带动其他人，社会也就走上正轨了。

洛克指出，教育应使绅士具有四种品质：德行、智慧、礼仪和学问。这与捷克教育家夸美纽斯所强调的"知识、德行和虔信"品质有很大不同。如果说夸美纽斯重视的是人的一般品质的话，那么洛克更重视绅士的道德教育和实际知识。洛克指出，"我们英国在世界上是一个有地位的国家，原因是我们有德行、本领和学问"②。洛克关于教育目的的论述反映了英国资产阶级对自己子弟的要求：有为统治阶级所接受的道德观念与品质；有开拓资本主义事业的能力、机敏与自信；有善于与人交际，在各种社交场合都具有高贵的文明礼貌与仪态。这些品质恰恰是资本主义英国发展所需要的。

关于绅士的小学教育是在家庭还是在学校进行的看法，洛克主张家庭教育，反对学校教育。他认为，"现在欧洲一般学校时兴的学问和教育上的照例文章，对一个

① 洛克：《教育漫话》，傅任敢译，24 页，北京，人民教育出版社，1985。
② 洛克：《教育漫话》，傅任敢译，71 页，北京，人民教育出版社，1985。

绅士说来，大部分都是不必要的，不要它，对于他自己固然没有任何重大的贬损，对于他的事业也没有妨碍"①。洛克主张由父母聘请优秀的家庭教师来培养小绅士。洛克是站在上层社会的立场上考虑的。他认为：社会上到处流行着粗野与邪恶；学校会受到社会的影响，情况复杂、道德败坏。儿童到学校去，会由于"传染"而失去"纯洁"和美德。儿童的教育只有在家庭中进行，才能使其举止文雅、思维敏捷，学习容易和迅速。

洛克的绅士教育思想反映了他对当时学校教育存在的种种弊端的不满，同时体现了自中世纪以来英国贵族重视家庭教育的传统的影响。

(二)论小学教育的内容和方法

洛克所倡导的绅士教育是一种资产阶级贵族化的，为绅士将来生活做准备的教育。它既不同于中世纪培养僧侣的教育，也不同于人文主义者提倡的重视古典学术的教育，在教育内容和方法上体现实际生活的需要。在《教育漫话》中，洛克把绅士教育的内容做了体育、德育和智育三个方面的划分和详细的论述，形成了一套以个人的事业、生活、幸福为主要要求的教育理论体系，具有明显的现实主义教育的色彩。

1. 关于体育

体育也就是儿童的身体健康教育。洛克在《教育漫话》开篇就指出，"健康之精神寓于健康之身体，这是对于人世幸福的一种简短而充分的描绘。凡是身体精神都健康的人就不必再有什么别的奢望了；身体精神有一方面不健康的人，即使得到了别的种种，也是徒然。人们的痛苦或幸福，大部分是自己造成的"②。洛克认为，"我们要能工作，要有幸福，必须先有健康；我们要能忍耐劳苦，要能出人头地，也必须先有强健的身体"③。洛克曾做过医生，其身体也长期不佳，因而很重视对儿童的身体健康教育。洛克认为，作为父母，必须对儿童的衣、食、住及生活常规提出严格的要求：无论冬夏，儿童的衣着不可过暖；饮食要清淡、简单、定时；儿童要早睡早起，要睡较硬的床。洛克反对娇生惯养，主张儿童每天要用冷水洗脚，要学会游泳，多过露天生活，多外出活动，加强身体锻炼，增强身体的抵抗力。对于女孩的户外活动，洛克也提出了要求。洛克指出：女孩一般比较在意自己的容貌，户外生活对于她们的面孔并没有损害，她们愈是多在户外生活，便愈强壮健康；她们愈是多受到像她们的兄弟们在教育上所受的锻炼，她们日后所得的幸福便愈大。④ 洛克总结并提出了关于身体健康方面的几个规则：儿童要到户外活动，多吸新鲜空气，多运动，多睡眠；食物要清淡，酒类或烈性饮料不可喝，药物要用得极少，最好不

---

① 洛克：《教育漫话》，傅任敢译，96 页，北京，人民教育出版社，1985。
② 洛克：《教育漫话》，傅任敢译，24 页，北京，人民教育出版社，1985。
③ 洛克：《教育漫话》，傅任敢译，25 页，北京，人民教育出版社，1985。
④ 洛克：《教育漫话》，傅任敢译，29 页，北京，人民教育出版社，1985。

用；衣服不可过暖过紧，尤其是头部和足部要凉爽，脚应习惯冷水；等等。① 洛克关于体育的见解反映了英国新兴资产阶级对其子弟在身体素质上的严格要求，与那种把人的身体看作灵魂的监狱、无视身体健康、反对体育锻炼的旧教育是完全不同的。

2. 关于德育

在洛克看来，儿童的德育也包括儿童的精神健康教育。洛克要求，儿童在具有健康体魄的基础上，必须有精神的健全发展，具有完美的德行。在他看来，教育第一个也是最重要的目的就是培养道德优秀的人。洛克重视人的德行，是将其与绅士的快乐、幸福乃至社会地位联系在一起的。他说："在一个人或者一个绅士的各种品性之中，德行是第一位的，是最不可缺少的；他要被人看重，被人喜爱，要使自己也感到喜悦，或者也还过得去，德行是绝对不可缺少的。如果没有德行，我觉得他在今生来世就都得不到幸福。"② 为此，洛克提出了儿童道德教育的具体内容和方法。

关于儿童道德教育的内容，洛克认为要使儿童形成良好的品德，就要培养各方面的德行，包括真实、真诚、善良、大度、谦虚、克制、智慧等。在论及这些内容的作用时，洛克指出，一旦一个儿童和青年成为坦白、公正、聪敏的人，则人人都会为他让路，他可以直接去做他的事。同时，要培养绅士的智慧，使他具有才干和远见。洛克认为，智慧不是狡猾，狡猾模仿智慧，但与智慧相离最远。③ 绅士还要养成良好的礼仪，避免不检点和轻慢。洛克指出，礼仪需要遵守的规则是：不要看不起自己，也不要看不起别人。④

关于儿童道德教育的方法，洛克主张：①要以理性为指导，从小给儿童讲道理，进行说理教育，让儿童所有的欲望和动机都服从于他的理智。洛克强调，说理教育主要是让儿童明白，支配儿童活动的不是情感和欲望，而是理性。应当让理性伴随着儿童成长。②重视榜样的示范作用。洛克认为，成人可以对儿童谈论礼仪，同时儿童的伴侣是不能忽略的。儿童的伴侣是什么样子，儿童的仪态就会是什么样子。榜样所起到的作用比任何说教的力量都大。洛克主张，应把好的、坏的榜样都放在儿童面前，让他们实地去认识与鉴别美与丑、善与恶。③重视儿童道德教育的"及早实践"，反对让儿童死记道德规则。洛克认为，儿童不是用规则可以教育好的，规则总会被他们忘掉。要让儿童做他们必须做的事，就应当利用一切机会，甚至创造机会给儿童一定的练习，使他们养成好的习惯，并使好的习惯成为自然。④反对体罚。洛克认为，体罚只能培养儿童的奴性和怯懦的精神。如果儿童因避免皮肉受苦而趋向于遵守规矩，那不是养成他的德行。

---

① 洛克：《教育漫话》，傅任敢译，42 页，北京，人民教育出版社，1985。
② 洛克：《教育漫话》，傅任敢译，138 页，北京，人民教育出版社，1985。
③ 洛克：《教育漫话》，傅任敢译，141 页，北京，人民教育出版社，1985。
④ 洛克：《教育漫话》，傅任敢译，142 页，北京，人民教育出版社，1985。

洛克关于儿童道德教育的见解，比较接近儿童道德教育的实际，其中许多内容是有合理性的。当然，其中的一些观点也是有争议的。例如，关于从小对儿童进行说理教育的观点就遭到了法国教育家卢梭的反对。

3. 关于智育

洛克在《教育漫话》中把智育放在仅次于德育的地位上。他认为，学问是应该有的，它应该居于第二位，只能做辅助更重要的品质之用。从这个思想出发，洛克在论述智育问题时，首先把道德放在知识之上，认为绅士最重要的品质是德行。其次，在处理掌握知识与发展智力的关系时，洛克更重视发展绅士的智力。他明确提出智育的主要任务，并不是使年青人在任何一门科学知识上达到完善的程度，而是开放和安置他们的心，使他们在需要专心于某种科学的时候能够很好地学习它。儿童学习的根本任务是增进心的活动与能力，而不是扩大心的所有物。最后，在儿童的课程设置上，洛克反对以古典学科为主，主张课程的设置要符合将来发展的需要，注重课程的实用性和多样性。例如：为了适应将来社会交往的需要，应开设语言、文法、外语、地理、历史、自然哲学、伦理学、天文学、法律以及速记等课；为了适应经营事业和置备财产的需要，要让儿童学会读、写、算，学习木工、园艺、农业等技艺劳动。

在论述儿童智育的内容时，洛克也提出了智育的原则和方法。第一，应通过多样性的学习，使儿童的思维更加灵活和自由，避免智力的狭隘和僵化。洛克认为，如果儿童只具有专心于一种知识的思想，那么这种思想便会成为其对每一事物的思想，从而使思想不易转到其他方面去。第二，要养成儿童热爱求知的习惯。在教学中，应诱导儿童的好奇心，鼓励他们发问与主动探索。第三，尽量让儿童联系实际学习。例如，可以通过地球仪与地图学习地理知识，通过实际的计数活动学习算术，通过了解本国历史、古代法律以及当前的国家宪法来学习法律知识，等等。第四，发挥学习的主动性，尽量让儿童自己做事情。洛克认为，儿童到了能够讲故事时，可让他们讲自己所知道的故事，然后把所知道的故事写出来。洛克认为，如果学生已经学会了什么事情，那么鼓励他进步的最好方法就是让他教给别人。洛克在智育上所提出的一系列见解和主张反映了英国新兴资产阶级的需要，也反映了洛克本人对智育问题的深入思考和探索，对近代西方智育思想的发展产生了较大的影响。

总之，洛克关于小学教育的思想反映了英国新兴资产阶级对其子女教育的要求，即要按照儿童身心发展的顺序进行体育、德育和智育的安排。这与以往的旧教育形成了鲜明的对照，其中许多思想具有进步性和合理性。洛克的小学教育思想在西方近代教育思想发展中占有重要的地位。

第三节　卢梭的小学教育思想

　　卢梭(1712—1778)是18世纪法国启蒙思想运动中著名的思想家和教育学家。他反对封建专制统治，主张建立"主权在民"的国家。他通过教育代表作《爱弥儿：论教育》，提出了以儿童的自由发展和自然教育为基础的培养新人的教育理想。与洛克一样，卢梭也主张儿童的小学教育在家里进行。卢梭的教育思想对西方近代，乃至现代教育的发展都产生了重要的影响。

一、卢梭小学教育思想的基础

　　卢梭出生于日内瓦一个贫穷的钟表匠家庭。刚出生不久，他母亲便去世了。10岁时，他父亲与人发生纠纷也离他而去。由于生活贫困，卢梭12岁时不得不停学开始独立谋生。他先后当过学徒、仆役、家庭教师、私人秘书，有时为生存，还靠抄乐谱甚至流浪卖艺为生，饱尝了人间的辛苦和生活的磨难，并通过自学获得了丰富的知识。

　　长期艰难的流浪生活，对卢梭的思想产生了很大的影响。他看到了人们所遭受的痛苦与不幸，感受到社会的不平等，对巴黎社会生活的豪华奢侈与虚伪无耻表示极大的愤怒。1749年，卢梭参加法国狄昂学会以"科学与艺术的进步能使道德改善还是使道德堕落"为题举办的征文活动，获得了第一名。卢梭在文中指出，科学和艺术只为少数富人所享有，助长了贵族的腐败和对穷人的剥夺。科学和艺术的进步是以多数人的贫困和少数人的享乐为代价的，它使得社会道德堕落、风气败坏。

　　1755年，卢梭发表了《论人类不平等的起源和基础》，揭露和批判了封建专制社会中的不平等现象，阐述了自由、平等、"天赋人权"的政治主张。1762年，发表《社会契约论》，提出了"主权在民"的思想。同年，发表教育小说《爱弥儿：论教育》，系统地阐述了反封建专制的自然教育和自然神论的思想。1766—1770年，卢梭写了自传《忏悔录》，表达了对封建专制统治迫害的控诉。1778年，卢梭在巴黎附近的村庄去世。

　　卢梭一生写下了大量的著作，构成了一个完整的思想体系。其共同点是抨击法国封建社会的不平等现象，并寻求克服不平等的方法和途径。针对法国社会实际状况，卢梭首先关注的是社会的不平等现象是如何产生的。他接受了17世纪以来资产阶级思想家洛克等人关于"自然状态"和"社会契约"的主张，认为在国家出现以前的"自然状态"下，人人都是自由、平等的。后来，由于出现了富人和穷人，建立起私有制，才有不平等的现象。社会的不平等是私有制和强力的结果。他说，谁第一个把一块土地圈起来，想到说"这是我的"，并且找到一些头脑十分简单的人相信了他的话，谁就是文明社会的真正奠基者。卢梭认为，人民为保障自由和权利，便订立契约，组成国家。一旦统治者违反契约，人民便有权推翻政府，夺回属于自己的权利。卢梭的主张强烈地表达了反对封建专制统治，要求民主、平等的思想，对当时的美、法资产阶级革命，以及美国《独立宣言》和法国《人权宣言》的形成都有直接的影响。

卢梭的政治思想实质上是以资产阶级的"人性论"为基础的，他把资产阶级的一切需要都看成人的"自然本性"需要。因此，他在思考社会改造的任务时，认为既然人最初是性善的，只是后来受到腐朽"文明"的影响而变坏了，社会改造，或者教育的根本任务就是对人及人的本性的改造，使人重新成为自由的人。这样，通过教育培养新人便成为社会改造的重要的一环，《爱弥儿：论教育》一书就是卢梭提出的培养社会新人的教育计划。这一计划的基本主张是，社会新人的培养必须通过自然教育来完成。自然教育的主要职能是发展人的自然本性。教育者的任务不是灌输，而是使儿童避开社会的不良影响，为儿童的自由发展扫除障碍。

总之，卢梭把他的教育思想看成他的社会改造思想的重要组成部分，他试图以教育改革为突破口，通过这一理想的计划，寻找解决社会危机的出路，反映了当时启蒙思想家对社会改造问题的探索和对新社会的向往与追求。卢梭的教育思想就是在这样的基础上形成的。

二、卢梭小学教育思想的核心：自然教育论

与法国其他启蒙思想家一样，卢梭十分重视教育的作用。他明确指出，在所有有关人的事业中，教育是最重要的事业。所不同的是，卢梭并非赞同一切教育对人的影响，而是从人的自然本性出发强调自然教育的作用。自然教育是卢梭小学教育思想的核心。

（一）自然教育的人性论基础

卢梭认为，人的自然本性是善良的，"文明"社会使之堕落。卢梭在《爱弥儿：论教育》开篇就指出，出自造物主之手的东西，都是好的，而一到了人的手里，就全变坏了。在他看来，人生而具有自由、理性和良心的禀赋，它们构成了人的善良天性，其中自由是最宝贵的本性。在自然的状态下，所有的人都是自由的，只是在进入"文明"状态以后，人才失去了自由。之所以这样，是因为人们违背了自然法则，滥用自己的自由，使得偏见、权威、传统等扼杀了人的天性。

发展人的自然本性需要自然教育。卢梭指出，要使人的自然本性得以发展，需要依靠自然教育。卢梭认为，人生来是善良的，如要让其得到自然的发展，则自然教育是最好的选择。因此，教育应该是顺应人的本性自然发展的自然教育。卢梭认为，儿童的教育主要来自三个方面，自然的教育、人的教育和事物的教育。卢梭指出："我们的才能和器官的内在的发展，是自然的教育；别人教我们如何利用这种发

展，是人的教育；我们对影响我们的事物获得良好的经验，是事物的教育。"①每一个儿童都是由这三种教育培养起来的。一个儿童，如果在他身上这三种教育相互冲突的话，他所受到的教育是不好的，如果是一致的，他所受到的教育就是良好的。如何使这三种教育不相互冲突而趋向一致，卢梭认为，只有使人的教育和事物的教育与自然的教育趋向一致，才能实现三种教育的良好结合。

(二)自然教育的目的和场所

关于自然教育的目的，卢梭认为自然教育不是培养野蛮人，也不是培养"公民"，而是培养自然人和自由人。自然教育培养的是自由的、独立的和不依附别人的人。自然教育的本质以儿童的自然倾向为基础，受儿童自身发展的法则所支配，培养能够适应一切环境和一切生活的自由人。

自然教育应当在乡村和家庭中进行。卢梭认为，应当送孩子到乡村接受自然教育。为此，卢梭提出了几点理由：乡村空气好，有益于儿童身体的发展；乡村人口少，可以更新人类；乡村环境自然，可以恢复城市所失去的人的活力；乡村远离城市，可以避免城市的不良习俗。同时，人的最亲密的关系是家庭关系，在家庭中实施自然教育是最自然的。卢梭认为，婴儿出生后伸展肢体是自然的，用襁褓束缚婴儿是不自然的，会影响婴儿的脾气和性格。婴儿出生后由保姆哺育是不自然的，而由母亲亲自哺育是自然的，因为形成母子关系，母亲比保姆重要。在母子关系中，母亲给予孩子关心是自然的，不关心或过于关心是不自然的，不关心就是放弃了权利，过于关心实际上是在给孩子准备苦难。在父子关系中，父亲教育孩子是自然的，如果父亲不能教，则找导师教是自然的，而由教师教是不自然的，因为导师不拿东西教孩子，而是指导孩子做人。②

(三)自然教育的方法

提倡自然教育还需要相应的方法。为此，卢梭提出了以下几种方法。

1. 感官训练法

卢梭认为，人身上最先成熟的官能是感官，应该先训练感官。感官训练是儿童能力发展的基础，它不仅仅是使用感官，而是要通过它们学习正确的判断，学会怎样去感受。感官训练主要通过对儿童触觉、视觉、听觉、味觉、嗅觉、知觉等官能的训练，让每一种感官都各尽其用，促进儿童各方面能力的发展。

2. 反对过早的理性教育

卢梭认为，人的理智官能是一种综合官能，属于人的发展的最高阶段。由于儿童早期还不懂道理，从小对他进行理性的教育会使他养成撒谎、欺骗、不诚实等不良习惯。卢梭反对洛克的从小给儿童讲道理，对儿童进行理性教育的做法。卢梭认为要按照儿童的年龄进行自然教育，对儿童讲体力，对成人讲道理，是自然的秩序。

---

① 卢梭：《爱弥儿：论教育》上卷，李平沤译，7 页，北京，商务印书馆，1978。
② 卢梭：《爱弥儿：论教育》上卷，李平沤译，17~33 页，北京，商务印书馆，1978。

3."消极教育法"

卢梭主张"消极教育",反对"积极教育"。他说过,"我把那种促使儿童心灵先于身体发育而成熟,在儿童理性发展以前把成年人的各种义务和知识传授给儿童的教育称之为积极教育。把那种在儿童获得知识之前先训练各种获得知识的工具,通过感官训练来为理性发展作准备的教育称为消极教育"①。卢梭主张,这一时期应主要对儿童进行"消极教育",采用自己不教也不让别人教的方法,把儿童健康地带到12岁。因为,只有到12岁以后,儿童的智慧才可以接受理性。对儿童进行"消极教育",可以使儿童避免染上偏见和不良习惯。

4."自然后果法"

卢梭认为,当儿童出现一些破坏行为时,可以采取"自然后果法"进行教育,即通过儿童自己行为的后果来教育儿童。例如,儿童弄坏了他所用的东西,教育者先不要修理,而是让儿童感到没有这种东西所带来的不方便,让他感到痛苦和悔恨。卢梭指出,运用"自然后果法"的目的就是让儿童对自己的行为后果负责,接受行为后果的惩罚和教育。

三、论小学阶段儿童的教育

卢梭自然教育的一个重要原则是强调教育过程与儿童的身心发展相适应。卢梭认为,儿童的成长和教育可以分为具有不同特点的四个阶段:从出生到2岁的婴儿期及教育;2~12岁的儿童期及教育;12~15岁的少年期及教育;15岁至成年阶段及教育。不同阶段各有其生理、心理特征及教育内容。卢梭关于小学阶段的儿童教育,主要包括儿童期和少年期的教育。

(一)关于儿童期的教育

在《爱弥儿:论教育》一书第二卷中,卢梭专门谈到了儿童的成长和教育问题。他认为,这一时期主要是儿童身体成长和感官的教育。由于这一时期儿童的成长处于"理性的睡眠"②,理智还没有开化,处于睡眠的状态,在认识上只能接受感觉的事物,而不能形成概念。在这个时期,教育者不应向儿童灌输知识和道德,而应进行儿童身体各种感官活动的教育。卢梭说,"要尽量用可以感觉得到的事物去影响他,则他所有一切的观念就会停留于感觉;使他从各方面都只看到他周围的物质世界"③。不这样做,儿童就不会听从成人的,或者对成人所讲的精神世界产生荒谬的概念,使成人没有办法消除。

在这个时期的道德教育方面,卢梭反对洛克的从小对儿童"讲道理"和"用理性教育孩子"的主张。卢梭认为,理智是儿童的一切官能中最后得到发展和综合发展而成

---

① 转引自徐一多:《论卢梭教育思想的矛盾性》,载《四川师范大学学报(社会科学版)》,1993(1)。
② 卢梭:《爱弥儿:论教育》上卷,李平沤译,119页,北京,商务印书馆,1978。
③ 卢梭:《爱弥儿:论教育》上卷,李平沤译,89页,北京,商务印书馆,1978。

的，也是最难发展的。人们企图用理性教育孩子，这简直是本末倒置，是把目的当作了手段。[①] 卢梭指出，如果孩子懂得道理的话，他就没有受教育的必要了，但是人们在儿童幼年期就给他讲许多他不懂的道理，而且养成了种种不良习惯，孩子就不是儿童了，他就会出现许多与自身特征不相符合的行为，如玩弄字眼、自以为是、爱打断别人讲话等，逐步形成下面的一套对话：

老师：不应该做那件事情。

孩子：为什么不该做那件事情？

老师：因为那样做是很不好的。

孩子：不好！有什么不好！

老师：因为别人不许你那样做。

孩子：不许我做的事情我做了，有什么不好？

老师：你不听话，别人就要处罚你。

孩子：我会做得不让人家知道。

老师：别人要暗暗注意你的。

孩子：我藏起来做。

老师：别人要问你的。

孩子：我就撒谎。

老师：不应该撒谎。

孩子：为什么不应该撒谎？

老师：因为撒谎是很不好的，等等。[②]

在卢梭看来，如果成人只是给孩子讲道理，这套对话就会周而复始地进行下去。卢梭指出，辨别善恶，明了一个人之所以有种种天职的道理，这不是一个孩子的事情。"大自然希望儿童在成人以前就要像个儿童的样子。如果我们打乱了这个次序，我们就会造成一些早熟的果实，它们长得既不丰满也不甜美，而且很快就会腐烂；我们将造成一些年纪轻轻的博士和老态龙钟的儿童。儿童是有他特有的看法、想法和感情的；如果想用我们的看法、想法和感情去代替他们的看法、想法和感情，那简直是最愚蠢的事情"[③]。因此，卢梭主张儿童最初几年的教育应当纯粹是消极的。它不在于教学生以道德和真理，而在于防止他的心沾染罪恶，防止他的思想产生谬见。

关于道德教育，卢梭反对口头的说教，主张采取"自然后果法"——让儿童通过

---

① 卢梭：《爱弥儿：论教育》上卷，李平沤译，90页，北京，商务印书馆，1978。

② 卢梭：《爱弥儿：论教育》上卷，李平沤译，90页，北京，商务印书馆，1978。

③ 卢梭：《爱弥儿：论教育》上卷，李平沤译，91页，北京，商务印书馆，1978。

对自己不良行为的后果负责——来教育儿童。卢梭说，如果儿童有不良的行为，教育者只需让他碰到一些有形的障碍或受到由他的行为本身产生的惩罚，就可以加以制止，使儿童觉得这些惩罚是他不良行为的后果。例如，儿童打破了玻璃，教育者或者管理者不要立即修理或者更换，而是让儿童站在破损的窗户前，让风吹他，使他感到不舒服，从而认识到自己行为造成的后果。[①] 卢梭指出，运用"自然后果法"时要注意，应该把惩罚儿童不良行为的后果与惩罚儿童本身区分开来，不能为了惩罚儿童而惩罚儿童。

在这个时期，卢梭也提出了关于知识教育的看法。卢梭认为，不能在理智还没有得到发展时就对儿童强行进行知识教育，否则形成的偏见将会妨碍儿童以后接受正确的知识和独立地运用自己的理智。卢梭认为，儿童"周围的事物就是一本书，使他在不知不觉中继续不断地丰富他的记忆，从而增进他的判断能力"[②]。但教育者要对儿童周围的事物加以选择，要十分慎重地使他继续不断地接触他能够理解的东西，而把他不应该知道的事物藏起来，使他获得各种各样有利于他青年时期的教育和他一生的行为的知识。

需要指出的是，卢梭强调儿童活动学习，反对书本知识教育，主要是指说教的、不适合儿童的教育，而不反对儿童对一些知识和概念的学习和理解。这种学习和理解需要与儿童通过参与实际活动来认识事物结合起来。例如，关于"财产"的概念，在卢梭看来，教育者不是通过讲授知识让儿童掌握这个概念，而是通过让儿童亲身参加活动来获得。例如，有一次爱弥儿和导师去一块地里种蚕豆。过了几天，一个园丁来与他们理论。原来在这块土地上，园丁先于爱弥儿他们种下了瓜种，园丁认为自己的权益受到了侵犯。最后，爱弥儿和导师向园丁道歉。这个事例说明，所谓"财产"的观念是"第一个以劳动占有那块土地的人的权利"[③]。这一知识的获得，不是教育者告诉儿童的，而是儿童通过实际活动得到的。儿童通过实际活动，积累了对周围事物的感觉经验，为形成和发展理智打下了基础。

总之，在卢梭看来，一切知识都是通过人的感官进入人脑的，人的最初的理解是一种感性的理解，正是有了这种感性的理解做基础，理智的理解才得以形成。卢梭说："我们最初的哲学老师是我们的脚、我们的手和我们的眼睛。用书本来代替这些东西，那就不是在教我们自己推理，而是在教我们利用别人的推理，在教我们老是相信别人的话，而不是自己去学习。"[④]因此，卢梭主张儿童期的教育就是要帮助儿童认识身体的各个感官，学会运用自己的感官，把感官作为自己获得知识和学问的工具。

① 卢梭：《爱弥儿：论教育》上卷，李平沤译，107页，北京，商务印书馆，1978。
② 卢梭：《爱弥儿：论教育》上卷，李平沤译，128页，北京，商务印书馆，1978。
③ 卢梭：《爱弥儿：论教育》上卷，李平沤译，106页，北京，商务印书馆，1978。
④ 卢梭：《爱弥儿：论教育》上卷，李平沤译，149页，北京，商务印书馆，1978。

(二)关于少年期的教育

卢梭认为，这一时期由于儿童身体的力量得到了一定的发展，体力超过了欲望的需要，儿童需要理智来指导自己的活动，需要接受知识教育和劳动教育。这个时期是儿童需要教育和学习的时期了。在这方面，卢梭提出了自己的建议。

1. 关于儿童学习的内容和方法

卢梭认为儿童学习的知识应该实际、有用。"问题不在于他学到的是什么知识，而在于他所学的知识要有用处。"①要学习自然、天文、地理和物理知识。在学习方法上，强调培养儿童的学习兴趣，养成爱好学问的兴趣，让儿童主动地、持久地学习。卢梭说："问题不在于教他各种学问，而在于培养他有爱好学问的兴趣，而且在这种兴趣充分增长起来的时候，教他以研究学问的方法。毫无疑问，这是所有一切良好的教育的一个基本原则。"②例如，学习地理，教师不是通过地图或者地球仪进行教学，而是带领儿童在户外通过观察日落和日出的景象来学习。

关于学习方法，卢梭指出，有两种方法。一种是哲学家的方法，即认为在普遍的真理中有一个链条，所有学科都与共同的原理联系起来，一个接着一个地发展。另一种是不同于哲学家的方法。通过这种方法，每一个特殊的事物都联系到另外一个特殊的事物，而且指出跟在它后面的事物是什么样子的。这种方法可以不断刺激人的好奇心，使人对每一个事物都加以注意。这种方法就是大多数人，包括儿童按照次序认识和观察事物的方法。③ 对于这个时期的儿童，可以采用这种方法认识事物。

在智育上，卢梭还特别强调儿童自己的学习，并且要及早使其形成关于独立和自由的观念，成为能独立判断的人。他认为，只有通过自己的学习，并且所使用的是自己的理智而不是别人的理智，才是真正的学习。④

2. 关于儿童的读书

卢梭认为，儿童如果想读书的话，最有益的书是《鲁滨孙漂流记》，因为这本书所讲的是鲁滨孙如何凭借自己的力量战胜各种困难而成为自由人的故事。从这个认识出发，卢梭提出了儿童学习的三原则：一是学习者必须依赖自己的能力，通过自己的学习得出结论；二是一切学习必须通过自己的观察、体验、理解、发现来进行；三是鼓励儿童在学习的同时，更好地培养兴趣、发展能力、锻炼思维，为进一步学习打下基础。总之，在卢梭看来，"问题不在于告诉他一个真理，而在于教他怎样去发现真理"⑤。

---

① 卢梭：《爱弥儿：论教育》上卷，李平沤译，214 页，北京，商务印书馆，1978。
② 卢梭：《爱弥儿：论教育》上卷，李平沤译，223 页，北京，商务印书馆，1978。
③ 卢梭：《爱弥儿：论教育》上卷，李平沤译，224 页，北京，商务印书馆，1978。
④ 卢梭：《爱弥儿：论教育》上卷，李平沤译，282 页，北京，商务印书馆，1978。
⑤ 卢梭：《爱弥儿：论教育》上卷，李平沤译，280 页，北京，商务印书馆，1978。

3. 关于儿童的劳动教育

在这一时期，儿童的劳动教育也是卢梭十分重视的。他认为，在发展儿童智力的同时，对儿童进行劳动教育也是十分必要的。在卢梭看来，一个人要生活在社会中，必然要在许多方面依赖他人的劳动。因此，每个人，无论是富人还是穷人，都必须参加劳动，否则就与流氓一样。他认为，劳动是社会的人不可豁免的责任，"任何一个公民，无论他是贫或是富，是强或是弱，只要他不干活，就是一个流氓"[①]。在儿童所能够选择的各种劳动中，卢梭最看重的是手工劳动，在所有一切有身份的人当中，最不受命运和他人影响的是手工业者。他认为，手工业者凭借自己的双手和技术谋生，不依赖土地，也不必附庸权贵，因而是最自由的。他主张要使儿童至少掌握一门有用的手艺，养成劳动的习惯，适应社会的发展需要。

总之，卢梭的小学教育思想是法国启蒙运动的产物，是卢梭对传统旧教育进行深入批判和思考的结果。卢梭小学教育的核心是强调培养自由、独立、自然发展的人。卢梭重视儿童的主体地位，重视儿童的童年期，强调儿童依靠自己的力量独立地发展，反对外在的强制性的教育。这些思想都是具有重要价值的。卢梭的教育思想尽管存在一定的不足，但其中强调儿童依靠自己、独立发展的自然主义教育思想不仅影响了同时代的许多教育家，也成为后世许多国家，特别是现代国家进行教育改革的重要思想资源之一。

第四节　裴斯泰洛齐的小学教育思想

裴斯泰洛齐(1746—1827)是瑞士著名的教育实践家和教育思想家。他出生在西欧资本主义制度确立时期，瑞士虽然爆发了资产阶级革命，但广大农民仍处于水深火热之中，生活不得温饱，更谈不上受教育的问题。裴斯泰洛齐接受了法国教育家卢梭的关于适应人的自然本性进行教育的思想，把教育的重点放在慈善教育和小学教育上，努力探索教育规律，改革教学方法，力图通过教育改善人民生活。他的教育思想在许多国家得到了传播。

一、裴斯泰洛齐的小学教育活动

裴斯泰洛齐生活的时代正是瑞士社会发生深刻变革的时代，旧的农业经济在逐步解体，资本主义工场手工业迅速发展。受法国启蒙思想运动的影响，大学时的裴斯泰洛齐接触到卢梭的《社会契约论》和《爱弥儿：论教育》，成为卢梭政治和教育思想的崇拜者。走向社会后，裴斯泰洛齐在苏黎世附近的"新庄"建立了一个试验农场，试图帮助农民改善生活，由于管理不善试验失败了。在抚养自己孩子的过程中，裴

[①]　卢梭：《爱弥儿：论教育》上卷，李平沤译，262 页，北京，商务印书馆，1978。

斯泰洛齐开始关注其他孩子的教育问题，特别是贫困儿童的教育问题。

1774 年，裴斯泰洛齐又在"新庄"办起了一所孤儿院，收留了 50 个 5～18 岁的孤儿和流浪儿。在孤儿院里，裴斯泰洛齐为他们提供衣食，教给他们读、写、算等基本知识，并让他们通过纺纱、织布等手工劳动，获得生活的技能。孤儿院成了教育与劳动相结合，充满亲情的家庭和学校。裴斯泰洛齐和孩子们生活在一起，把一切献给了这些孩子。用裴斯泰洛齐的话说，"我与他们在贫穷中同甘共苦，我自己生活得像个乞丐，为的是教乞丐们生活得像一个人"[1]。

1781—1787 年，裴斯泰洛齐写下了四卷本的长篇教育小说《林哈德与葛笃德》，宣传他的教育理念。书中描写了主人公农妇葛笃德帮助丈夫改恶从善，教育子女及邻家孩子，进而影响全村居民，改善社会风气和生活状况，成为模范人物的经历，树立了一位善良母亲、教师、教育改革者的妇女形象。

1798 年，受瑞士政府的委托，裴斯泰洛齐在斯坦兹建立了一所孤儿院，收留了80 个 5～15 岁的儿童。在办学过程中，裴斯泰洛齐注意对儿童进行家庭化的爱的教育，并根据儿童的特点进行智力、道德和体力的教育。

1800 年，裴斯泰洛齐受邀在布格多夫办了一所小学，继续他的教育实验。在布格多夫，他主要是进行初等教育的实验和研究。这所小学设有寄宿班，并附有培养初等学校教师的教师训练班。他的这所学校被视为"欧洲近代初等学校的正式诞生"。[2] 他的"要素教育理论""简化教学方法"，以及各个学科的教学方法等，都在这里提出和得到了发展。1801 年，裴斯泰洛齐写了《葛笃德如何教育她的子女》一书，总结了他办学的经验，提出了改进初等学校教学工作的建议。

裴斯泰洛齐在布格多夫获得了极大成功，引起国内外的注意，各阶层人士纷纷前来参观学习。德国教育家赫尔巴特就曾前来参观，回去后写下了《裴斯泰洛齐直观教学 ABC》和《评裴斯泰洛齐的教学方法》，对裴斯泰洛齐的教学成就给予了很高的评价。

1805 年，裴斯泰洛齐又在伊弗东开办了伊弗东学校。这所学校规模比较大，包括小学班、中学班和师范部。裴斯泰洛齐把在布格多夫逐步明确和系统发展起来的教育教学方法在这里继续应用并进一步发展，在欧洲再次赢得了巨大的声望。裴斯泰洛齐在伊弗东的学校实验一共持续了 20 年，直到 1825 年停办。1827 年，裴斯泰洛齐留下最后一部著作《天鹅之歌》后去世。

二、裴斯泰洛齐小学教育思想的理论基础

裴斯泰洛齐小学教育思想的理论基础主要包括人的和谐发展教育思想、教育心

---

① 冯克诚：《苏联社会主义教育思想与论著选读》，285 页，北京，人民武警出版社，2010。
② 裴斯泰洛齐：《裴斯泰洛齐教育论著选》，夏之莲等译，中译本前言 5 页，北京，人民教育出版社，1992。

理学化思想。

（一）人道主义基础：人的和谐发展教育思想

人的和谐发展教育思想是以他的人道主义的社会政治观为基础的。在裴斯泰洛齐看来，人的发展经过三个阶段：最初，人类社会处于一种自然状态中，人是作为自然人存在的；然后，人类进入一种社会状态，人是作为社会人存在的，人与社会、人与人之间经常发生各种矛盾和冲突；最后，人类社会进入一种道德状态，人成为一种道德人，通过道德的力量，人类社会充满亲情和博爱。裴斯泰洛齐认为，国家的改革在于人的变革，只有人产生了力量和德行，社会环境才能变化，良好的国家始于良好的公民。

人的和谐发展教育思想也是以对社会现实的认识为基础的。裴斯泰洛齐在开展慈善教育活动和创办学校的过程中，深深感受到社会的不平等和人民的苦难，并把解除人民的痛苦作为自己一生追求的目标。他同情人民的疾苦，认为人民不幸和贫困的原因：一方面是社会上有剥削穷人的恶人；另一方面是人民本身贫穷愚昧，缺乏自尊、自助的力量。如果能使每个人都有自食其力的意愿和能力，社会就会得到安宁，人民就会得到幸福与自由。人的培养只通过政治途径是不够的，还应通过教育，激发人身上存在的力量的萌芽，使其得到和谐的发展，使人在社会上发挥自己的作用。他说："为人在世，可贵者在于发展，在于发展各人天赋的内在力量，使其经过锻炼，使人能尽其才，能在社会上达到他应有的地位。这就是教育的最终目的。"[①]

不过，裴斯泰洛齐并不主张所有的人都应接受相同的教育。他认为贵族、农民、手工业者的天赋力量各不相同，将来从事的职业也不一样。因此，各等级的人所受的教育也应各异，不同等级的人应接受适合其等级和地位的教育。裴斯泰洛齐的这一认识反映了近代资产阶级教育家在解决贫困人民接受教育问题上的态度和做法的局限性。从实际情况看，裴斯泰洛齐主要关心的是贫困阶层儿童的和谐发展教育问题。

关于人的和谐发展教育的内容，裴斯泰洛齐认为应该包括道德教育、智育、体育和劳动教育等几方面。

关于道德教育，裴斯泰洛齐把道德教育放在重要的位置上，认为它是"整个教育体系的关键问题"。他是从道德与社会、人与环境的关系来论述道德教育的重要性的。他认为，人犯罪的根源在于人心之外，罪恶的社会环境会腐败人的心灵，为防止道德败坏，必须改善社会环境。同时，人的犯罪并不是不可避免或无法挽救的，如果人的内在本性善良到能够抑制罪恶，便有力量去改善周围的环境，使之不断扩大，从而避免犯罪。因此，对人必须进行道德教育，同时，还要与改善人们生活条件的立法相结合。道德教育的目的在于唤起和发展人内在的道德情感，形成人的道

---

① 张焕庭：《西方资产阶级教育论著选》，173 页，北京，人民教育出版社，1979。

德观念，培养有道德的人。

在道德教育实践上，裴斯泰洛齐把爱作为儿童道德教育的基础，重视家庭式的道德情感教育。他认为，只有家庭中亲人之间的情感才是最真实的，亲人之间的关系也是最亲密的。一旦这种情感或关系破裂，儿童将会终生受苦。他认为，母亲在培养儿童的情感方面具有重要的作用。母亲通过对儿童的热爱和信任，可以激发儿童爱、信任和感激的种子。爱、信任和感激交织在一起，发展良心的萌芽。儿童从对母亲的爱开始，进而发展到爱兄弟姐妹，爱周围的人，爱所有的人。因此，在教育中把儿童对母亲的爱的情感转移到他人，转移到社会，这种能力是教学艺术的关键。他认为，还应把家庭的自然关系和爱的气氛引进学校。在学校里，师生关系就是亲子关系，学生关系就是手足关系，学校应像家庭一样充满亲情和欢乐。在"新庄"孤儿院和斯坦兹孤儿院，裴斯泰洛齐就是以家庭般的爱的力量感化儿童、发展儿童的道德力量。

关于智育，裴斯泰洛齐认为智育的主要任务是激发儿童的天赋才能和能力，发展儿童的心智。在裴斯泰洛齐看来，发展心智主要是发展儿童的思维能力，包括思考的能力和判断的能力，以及表达的能力和接受印象的能力。这些能力的形成要以培养儿童的注意力、观察力和记忆力为基础。因此，裴斯泰洛齐强调，智育的进行主要依据两个原则：一是从已知到未知的原则，即儿童的学习是从已知物向未知物发展的，儿童必须从直接的经验入手。二是从具体到抽象的原则，即儿童所有的学习都必须从具体开始，逐渐过渡到抽象，从个别到一般。与此相关，在智育上应给予学生多方面的知识，教学要尽可能多地通过观察、联系来进行，教学方法要注重感觉直观的作用。

关于体育和劳动教育，裴斯泰洛齐主张体育和劳动教育应紧密联系。他认为，体育是把所有潜藏在人身上的生理能量全部发挥出来。儿童应从小通过抓、蹬、伸、举、拖、拉、走、跑、跳、转等各种活动发展体力，养成强健的体魄。劳动教育是以体育为基础的。如果人的各种体力没有得到发展，那么劳动中各种习惯、技能的培养和训练都谈不上。另外，劳动教育还是儿童获得独立的生活能力，改善贫困状况不可缺少的手段。在劳动教育中，儿童通过学习掌握必要的文化知识，进行一定的职业训练，是获得幸福的重要途径之一。

(二)心理学基础：教学心理学化思想

在关于人的自然发展认识上，裴斯泰洛齐是比较欣赏卢梭的，但是他不同意卢梭的让儿童完全自然发展的观点，而主张探寻人的发展规律及心理发展特点，并依照这些规律和特点对儿童进行教育和教学。为此，裴斯泰洛齐提出了"教学心理学化"的主张。他认为智力和才能的发展有适合人类本性的、心理学的、循序渐进的方法。1800年，他在《方法》一文中明确地提出："我正在试图将人类的教学过程心理学化；试图把教学与我的心智的本性、我的周围环境以及我与别人的交往都协调起来。"①1801 年，裴斯泰洛齐在《葛笃德如何教育她的子女》中指出，"我长期探寻一切教学艺术的共同心理根源，因为我确信只有通过这个共同的心理根源，才可能发现一种形式，在这个形式中，人类的教养是经由大自然自身的绝对规律来决定的。很明显，这种形式是建立在心智的一般结构的基础上的，依靠这种心智结构，我们的理解力把感官从大自然接受来的感觉印象在想象中结合成一个整体，即形成一个概念，然后，逐渐地使这种概念清晰起来"②。在裴斯泰洛齐看来，教学心理学化就是要找到基于人类本性和儿童心理活动规律的"教学机制"，主要包括四个方面的内容。

1. 教学目的的心理学化

它要求将教学的目的置于儿童本性发展的自然法则的基础上。裴斯泰洛齐指出，人生来具有天赋的道德的、智慧的和身体的潜能，这种潜能不但有要求不断发展的内在倾向，还有驱动其发展的内在动力。只有探索和遵循儿童的心理活动和发展规律，才能取得应有的教育和教学效果。

2. 教学内容的心理学化

就是使教学内容的选择和安排适合学生的心理规律，使学生在道德、知识、身体和劳动技能诸方面都得到发展。裴斯泰洛齐主张，小学教育阶段应开设广泛的基础知识课程。同时，为了提高教学质量并增强教育效果，各科课程和教学内容都要依据基本要素来组织。

3. 教学原则和方法的心理学化

就是要使教学原则和方法与学生的认识过程相协调。裴斯泰洛齐认为，人的认识过程包括三个阶段：从模糊的感觉印象到精确的感觉印象，从精确的感觉印象到清晰的表象，从清晰的表象到确定无误的概念。教学过程首先把混乱、模糊的感觉印象一个一个地呈现到认知者的面前，然后把这些孤立的感觉印象以变化的姿势放到认知者眼前，最后把它们跟认知者已有的整个系统组合起来，清晰概念就形成了。

4. 使儿童成为自己的教育者

裴斯泰洛齐认为，儿童的发展有一种内在的力量，认识到这种力量并且让儿童发挥出这种力量，更有利于儿童的发展。因此，教育者不仅要让儿童接受其教育，还要使他认识到自身的力量，使其成为发展的动因。在裴斯泰洛齐看来，这种内在的力量就是儿童在智力、道德方面发展的自主性和能动性。

三、裴斯泰洛齐的小学教育方法论

在长期从事的小学教育实践中，裴斯泰洛齐十分重视方法论的问题，他提出的"要素教育论"就是关于小学教育方法论的研究。他认为，为了使小学低年级儿童学

---

① 裴斯泰洛齐：《裴斯泰洛齐教育论著选》，夏之莲等译，189 页，北京，人民教育出版社，1992。
② 裴斯泰洛齐：《裴斯泰洛齐教育论著选》，夏之莲等译，83 页，北京，人民教育出版社，1992。

有成效，为了使每个普通家庭的母亲不需要别人的帮助就能教自己的孩子，应当从最简单、最容易、最易见效的地方入手进行教学。在长期观察和思考的基础上，裴斯泰洛齐发现，人的心理都是始于人的心理能力的最初表现，即感官对事物的直接观察。根据儿童能力的最初的简单要素，寻找简化教学的基本要素是小学教育教学的起点。他说："初等教育从它的本质讲，要求普遍地简化它的方法，这种简化，是我一生所有工作的出发点。"①

在裴斯泰洛齐看来，要素是构成事物的最简单的单位，要素教育就是依据儿童先天能力的最初表现，寻求教学内容的最简单要素进行教学的方法论体系。他认为，"最复杂的感觉印象是建立在简单要素的基础上的。你对简单的要素完全弄清楚了，那么，最复杂的感觉印象也就变得简单了。"②裴斯泰洛齐坚信，最基本、最简单的要素，是各种教育不可缺少的基础。

要素教育的主要内容如下。

(一)智育教学的要素

在智育上，裴斯泰洛齐最初把读、写、算作为智育教学的简单要素，但观察和思考后认为三者还有更简单的要素。例如，儿童读之前先会说，写之前先会画，等等。他进一步研究后发现，儿童在认识事物前，总是先知道这些事物的数目、形状及名称。因此，智育教学最简单的要素是数、形、词。他说："关于教学要素的活生生而又不明确的思想，就这样在我脑海里盘旋了很长的时间。……最后，突然地，像机器之神一样产生了这种思想——使一切通过感觉印象而获得的认识得以清晰的手段，来自数、形和词。突然间，我试验着做的事情似乎得到了新的启迪。"③裴斯泰洛齐指出，一个人要认识一个对象，总要注意三件事：①在他面前的对象有多少，有哪几种；②它们的外貌、形式或者轮廓；③它们的名称，他如何用一种声音或词来称呼它们。在认识一个对象的时候，这个人就已经具备了认识这个对象的能力。总之，在裴斯泰洛齐看来，"数目、形状和词一起，就是教学的基本手段，因为任何对象的外部特征的总和，就是由它的轮廓和它的数目组成的，并通过语言为我们的意识所掌握"④。因此，教学就是要从这三个基点入手，以认识对象的特点，获得关于对象的清晰的知识。

(二)体育教学的要素

他经过观察认为，体育教学最简单的要素是儿童的关节活动。体育教学从儿童关节的活动开始，进而到全身的活动，到游戏、体操，到劳动，最终培养儿童成为感官充分发展、身体健康有力的人。

① 张焕庭：《西方资产阶级教育论著选》，207页，北京，人民教育出版社，1979。
② 裴斯泰洛齐：《裴斯泰洛齐教育论著选》，夏之莲等译，80页，北京，人民教育出版社，1992。
③ 裴斯泰洛齐：《裴斯泰洛齐教育论著选》，夏之莲等译，85页，北京，人民教育出版社，1992。
④ 裴斯泰洛齐：《裴斯泰洛齐教育论著选》，夏之莲等译，86页，北京，人民教育出版社，1992。

（三）德育教学的要素

裴斯泰洛齐指出，德育教学最简单的要素是儿童对母亲的爱的情感。德育教学应该从儿童对母亲的爱开始，再扩展到对其他亲人的爱，对社会其他人的爱，成为有情感、有道德的人。

裴斯泰洛齐要素教育论的提出，是对卢梭的教育适应人的自然本性思想的进一步发展，特别是运用到小学教育中，提供了方法论的思路，即任何事物都是由简单的要素组成的，只要找到这些简单的要素，就可以认识复杂的事物。裴斯泰洛齐的工作，为在小学教学中如何根据儿童的特点进行教学开创了新的研究领域，使人类对教学的组织形式、教学内容和教学方法更好地心理学化有了更自觉的认识，突出了教学在促进人的和谐发展方面的重要地位。

四、裴斯泰洛齐的小学教育各科教学法

从要素教育论出发，裴斯泰洛齐研究了小学教育的语文、算术、测量等各科的教学，认为数、形、词完全适合这三科的教学。

关于小学语文教学法。裴斯泰洛齐认为，语文教学最简单的要素是词，而声音是语文教学的基本手段。语文教学有三个阶段，首先是发音教学，其次是单词或单个事物教学，最后是语言教学，因而有发音教学法、单词教学法和语言教学法。

关于小学算术教学法。裴斯泰洛齐认为，由于数目是可以计算的，因而，算术教学的目的是得到清楚的概念。算术教学应先让学生对个位数的运算及其关系有所了解，然后以同样的方法了解十位数和百位数的。在算术教学中，裴斯泰洛齐强调要与实物教学结合起来进行。

关于小学测量教学法。裴斯泰洛齐主张，教学先从直线开始，进而练习转角、正方形、平行线、正方形的分割，然后练习曲线和几何图形等。此外，他还研究了地理教学法。

总之，裴斯泰洛齐小学教育思想的重要贡献在于他把教育理论与小学教育实践紧密地结合起来，创立了一套依照儿童的心理特点进行教育和教学的方法体系。正是这一贡献，使他的工作引起了许多国家的重视。欧美各国出现了研究裴斯泰洛齐的运动，使得教育心理学化与研究小学教学方法相结合，促进了人们对初等教育和教学的认识。

第五节　赫尔巴特的小学教育思想

赫尔巴特（1776—1841）是 19 世纪德国著名的哲学家、教育家，也是欧洲教育心理学化运动的重要代表人物之一。赫尔巴特的主要代表作是 1806 年出版的《普通教

育学》。他在教育学方面的突出贡献就是将教育理论建立在哲学和心理学基础之上，试图揭示教育、教学的规律，深化了教育学研究的内容。他主张教育学应当成为科学的思想和"教育性教学"的思想受到人们的广泛重视。在西方，他是第一个提出比较完整的教育理论体系的人。

一、赫尔巴特小学教育思想的理论基础

赫尔巴特出生在德国西部奥尔登堡，从小受过良好的古典教育。12 岁时进入文科中学学习。14 岁时写下了一篇《论人类自由的学说》的论文。17 岁做了题为《各国道德普遍兴衰最普遍原因》的演讲。18 岁时进入耶拿大学学习。大学毕业后，曾去瑞士的一个贵族家庭做了三年的家庭教师。由于主人要求严格，在负责教育 3 个孩子的过程中，赫尔巴特仔细研究每个孩子的学习特点，认真考虑自己的教学方法和教育性质，并每月写出书面报告，获得了对教育的初步认识。赫尔巴特认为，教育必须建立在哲学基础之上，教学方法、课程设置以及纪律要求等都必须从哲学中产生答案。他还认为，学问的获得来自艰苦的工作，而不是轻松的教育。

在瑞士期间，赫尔巴特曾去拜访裴斯泰洛齐，对其教育方法和经验进行了研究。1802 年，发表《裴斯泰洛齐直观教学 ABC》的论文，认为裴斯泰洛齐的思想和方法不仅适合于小学，而且适合于整个学校教育。

从瑞士回来后，赫尔巴特到格丁根大学学习并获得博士学位。在格丁根大学任教期间，赫尔巴特主要讲授教育学和心理学，写了《普通教育学》(1806 年)和《普通实用哲学》(1808 年)等著作。1809 年，他被聘为柯尼斯堡大学教授，继续哲学家康德的"讲座"，讲授哲学和教育学。在这期间，先后完成了《心理学教科书》(1816 年)和《关于心理学应用于教育学的几封信》(1813 年)等书。1833 年，赫尔巴特回到格丁根大学，1835 年，写了《教育学讲授纲要》。1841 年，因中风而去世。

赫尔巴特小学教育思想的理论基础主要包括他的哲学、心理学和伦理学。

在哲学上，赫尔巴特接受了德国哲学家莱布尼茨"单子论"中"实体不变"的思想，认为宇宙是由无数的"精神实在"构成的，实在是永恒不变的。它们之间相互影响，构成了宇宙外表的变化，使人产生了错觉，但这只是万物的排列组合在变。

在心理学上，赫尔巴特的心理学主要是观念心理学。从他的哲学"实在论"思想出发，赫尔巴特认为，人的灵魂也是一种不变的实在，只有灵魂与肉体相结合，人才能成为人。当灵魂与肉体结合时，它要通过肉体接受许多感觉，并和其他物体发生联系，从而形成各种观念，构成心灵的主要内容。在赫尔巴特看来，观念是心理的最基本的要素。人的心理活动是观念的集聚和分散的活动。观念之间存在着竞争，相同的观念集聚，不同的观念排斥，从而引起观念强弱的变化。人的一切心理变化不过是观念的活动而已。人的心理活动就是观念的分散和集聚，相互竞争和融合的过程。心理学就是研究观念集聚、分散、结合和消失的科学。这一思想对教育的影响是，教育过

程就是不断向学生呈现"观念"的过程，教学中给予学生的一切知识都是观念。

在赫尔巴特的心理学中，"意识阈"和"统觉"是其中两个主要的概念。"意识阈"是指，观念在相互竞争时，力量强的在"意识阈"内，成为当时支配人心理活动的观念，力量弱的则在"意识阈"下，成为"下意识"。在"意识阈"下被抑制的观念是"遗忘"；经过提示又回到"意识阈"内的观念活动是"回忆"。在"意识阈"内，相互协调的观念是"愉快"，不协调的观念是"痛苦"；一种观念超过了另一种观念，则为"欲望"；愿望和达成愿望的观念相结合就是"意志"。按照对观念和"意识阈"关系及变化的理解，教育和教学就是向学生传授社会希望他们接受的观念的过程，就是向学生传授那些能够在学生的头脑中取得优势地位的观念。

"统觉"也是赫尔巴特非常重视的。赫尔巴特把全部心理活动归结为观念的活动，把人的全部精神生活都看成观念的活动，观念的活动及变化对儿童的发展产生重要的影响。对于儿童来说，形成观念，不断扩大观念，就成为发展的重要内容之一，也成为教育教学的主要任务之一。赫尔巴特认为，扩大儿童观念的途径可以是个人经验的积累，也可以是与同伴的交往，但更主要的是靠教学传授知识。不仅如此，教学过程还是形成和增强学生的情感和意志的过程。在心理学上，赫尔巴特把这个过程称为"统觉"，即在原有经验的基础上形成新观念的过程。教学活动就是利用已有的知识与新的知识相结合，吸收和形成新知识的过程。

赫尔巴特的哲学和心理学思想反映了德国哲学和心理学注重思辨和经验的特点。他的心理学也被称为经验心理学或观念心理学。虽然赫尔巴特并未把握人的复杂多样的心理活动和特点，但是他的经验心理学与传统的官能心理学相比有了较大进步。观念心理学排除了官能心理学把人的心理看成一批有待训练的官能（如记忆力、想象力或判断力）的观点，为教育学与心理学的结合和教育的心理学化做出了重要贡献。

在伦理学方面，赫尔巴特提出了五种道德观念的思想。这五种道德观念包括内心自由、完善、仁慈、法律、正义。具体内容是：内心自由，即通过内心判断，消除认识与行动上的矛盾，使其一致。完善，即用道德要求自己，克制自己。仁慈，即使行为趋于善，为别人谋福利。法律，即遵守法律，用法律约束自己。正义，即对人对事要坚持公道和正义。他认为，这五种道德观念是永恒不变的美德。如果每一个人都具有这五种道德观念，就会用理智约束自己的行为，协调社会矛盾，使社会秩序得到维持和稳定。

总之，赫尔巴特的哲学观、心理观和伦理观，是与他对德国社会政治、经济和文化发展的认识分不开的，也是为德国社会秩序和稳定服务的。赫尔巴特关于哲学、心理学和伦理学的观点，为教育理论的发展和教育科学的建立做了基础性的工作，并依此制定了一套完整的教育理论体系。他曾经明确地指出，教育作为一种科学，是以实践哲学与心理学为基础的，前者指明目的，后者指明途径、手段。赫尔巴特的这一认识为教育教学的科学化提供了一定的理论基础。

二、教育目的论

赫尔巴特的教育目的论是以他的五种道德观念为基础的。在赫尔巴特看来，一个人只有具备五种道德观念，才能构成对自己和对社会的善。教育的目的就是形成学生完美、善良的道德品质，做一个能够自觉地约束自己、遵守社会秩序、服从法制的有道德的人。

为了进一步说明这个问题，赫尔巴特把教育目的分为两个部分，即可能的目的和必要的目的。可能的目的是指与一个人将来从事什么职业相关的，由个人根据自由选择给自己提出的目的，它可以通过教育提供职业训练，获得一定的技能来实现。必要的目的是指与人的一生发展有决定性作用的道德目的相关的，是一个人在从事任何活动或职业中都必须追求的目的，它关系到做人的责任和道德品质的养成。赫尔巴特认为，教育的整个过程应以实现教育的必要目的为主要任务，把青少年培养成真正自觉追求善和完美无缺的人。

赫尔巴特关于教育目的的论述是有一定意义的。教育是为人的发展和一定的社会服务的，虽然教育不能预知学生的未来，不能决定他们的职业选择，但可以让学生获取一定社会所认同的真善美，形成学生一定的道德品质。只注重知识传授，而忽视道德培养的教育，是有问题的教育。从这里可以看出，赫尔巴特的教育目的论在一定程度上揭示了教育培养人的客观规律，提供了小学教育目的的理论基础。

三、教育过程论

以道德为基础的教育目的是赫尔巴特教育思想的核心，对于如何实现这一目的，赫尔巴特提出了关于教育过程的思想。在他看来，教育目的的实现涉及三个方面，一是教育对象——学生，二是知识的传授——教学，三是形成学生一定的观念——德育。教育过程就是通过管理和教学，向学生传授知识并形成学生一定道德品质的过程。为此，赫尔巴特认为教育过程应当按照一定的顺序，即通过管理、教学和训育三个阶段来完成。

(一)管理

赫尔巴特把对儿童的管理看成进行教学和道德教育的首要的不可缺少的条件，是教育过程的第一阶段。在他看来，对儿童管理的目的在于建立和维持教育的外部秩序，使儿童形成一种守秩序的精神，为教学和训育做好准备。

赫尔巴特指出，儿童并不是带着他们的意志来到这个世界上的，他们最初是难以控制自己的，带有盲目冲动的"种子"，处处表现出不服从的"烈性"，以致经常扰乱成人的安排，也把自己未来的发展置于许多危险中。赫尔巴特认为，对于儿童的这种"烈性"，如果从小不加以强制约束，将来就有可能发展为反社会的倾向。因此，必须从小就对儿童加以"管理",以便"造成一种守秩序的精神"。① 在进行教学和训育之前,应先对儿童的行为进行严格的管理,去掉其先天的"烈性"。

在管理的措施上,赫尔巴特主张,首先要利用惩罚性的威胁,以强制性的手段管理儿童。赫尔巴特认为,威胁是一切管理者首先采取的措施。其次要运用监督的办法,监视儿童的行为,不让其撒野。再次是命令和禁止,使儿童绝对服从。最后是包括体罚在内的惩罚,主要有批评、警告、站墙角、剥夺自由、禁止吃食物、关禁闭、使用惩罚簿等。

当然,在管理问题上,赫尔巴特并不满足于一味的管理,也看到了管理和教育的关系问题。他说:"满足于管理本身而不顾及教育,这种管理乃是对心灵的压迫,而不注意儿童不守秩序行为的教育,连儿童也不认为它是教育。"② 赫尔巴特关于管理的思想在许多方面提出了学校教育管理的重要问题。例如,对儿童本性的认识,对一些管理方法的论述,等等,都是有一定的合理因素和积极意义的。当然,他的关于管理的思想也存在一定不足。例如,他对儿童的认识还缺乏科学的基础,对管理的见解立足于维持学校秩序的基础上。赫尔巴特关于管理的论述,反映了这一时期教育家对教育管理规律的认识,对认识教育和教学具有重要的价值。

(二)教学

赫尔巴特认为,教学是教育过程的第二阶段,是在管理之后的重要阶段。赫尔巴特关于教学的观点主要包括以下几个方面。

首先,教学是教师有目的地按照一定步骤和程序进行智能建设的过程。在赫尔巴特看来,人的生长与动植物生长不同。植物的种子总是向着预定的目标生长,动物的活动始终是受本能驱使的;支配人类行动的不是本能,而是智能。本能与智能的区别是,本能是不学而能的东西,智能是不学就不能的东西。智能是以各种表象和观念为材料"建筑"起来的。因此,儿童的成长需要一种能够把心灵筑成正确形式的艺术,这就是教学。赫尔巴特反对卢梭的自然教育的教学思想,认为这种教学是把人交给"自然",甚至把人引向自然并让自然来训练,是愚蠢的。赫尔巴特认为,教学不是一种自然和被动的过程,而是教师按照符合儿童的发展规律的方法,有目的、有步骤地把作为未来成人所应具有的知识和技能传授给儿童的过程。

其次,教学是教师通过一定教学艺术,把人类积累的各种知识一个一个连接起来,使儿童获得系统知识的过程。赫尔巴特指出,与儿童获取个体经验和与别人进行交往获取知识相比,教学是儿童获取系统知识,成为一个受过教育的人的主要途径。赫尔巴特认为,受过教育和没有受过教育的人的主要区别是,没有受过教育的人所形成的知识是分散的、片段的,而接受过教育的人可以把分散的和片段的知识进行组合、系统和条理化。没有受过教育的人,没有上下之分,缺乏用来维持秩序

---

① 张焕庭:《西方资产阶级教育论著选》,268 页,北京,人民教育出版社,1979。
② 赫尔巴特:《普通教育学·教育学讲授纲要》,李其龙译,23 页,北京,人民教育出版社,1989。

的观念，缺乏观念的约束，他们对待事物和处理问题是杂乱无章的。

最后，教学不仅是儿童的智能建设和知识系统化的过程，还是实现教育的道德目的的基本途径。关于道德教育与教学的关系，赫尔巴特提出了著名的"教育性教学"的主张。他曾经说过，"我想不到有任何'无教学的教育'，正如在相反方面，我不承认有任何'无教育的教学'"①。这里的"教育"主要指思想和道德教育。在他看来，"教学如果没有进行道德教育，只是一种没有目的的手段，道德教育（或者品格教育）如果没有教学，就是一种失去了手段的目的"②。

赫尔巴特的教学思想是以他的心理学思想和政治观为基础的。在他看来，如果某些观念通过教学能够经常地、系统地进入儿童的大脑，那么其对儿童行动的影响力就强。如果通过教学，能够让社会的价值观和五种道德观念占据儿童的大脑，那么它们就会成为支配学生行动的主要思想。在赫尔巴特看来，学生的头脑不被某种思想占领，就会被其他思想占领。教学中传授什么样的观念是非常重要的。在教学过程中，教师的地位是重要的。赫尔巴特主张，教师应当寓教育于教学，控制教学过程的进行，成为教育过程中的主导人物。赫尔巴特的这些思想虽然在一定程度上反映了他的政治思想的需要，但提高了教学的地位，提高了教师的地位，并增强了其教学的责任感，为小学教育中深入研究教学和教师的作用提供了有利的条件。

总之，在赫尔巴特看来，只有教学才能满足儿童的多方面发展的要求。教学中应当设想出好的教学方案，通过一定程序和过程，帮助儿童补充日常经验和同伴交际的不足。

(三)训育

赫尔巴特认为，训育是指性格陶冶。在他看来，训育与管理和教学都有联系。训育与管理的共同点是都直接对儿童的心灵产生影响，但是训育与管理又有区别。管理的目的在于控制儿童的行为，主要采取外在的强制性措施，维持教育和教学的秩序，注重的是管理的结果。训育与管理不同，它是一种影响儿童心灵的过程和方法。它主要是对儿童的心灵产生影响，从内部对儿童的思想、意志和性格进行影响，防止儿童情绪冲动和爆发，以便形成社会所需要的道德品质。训育的特点是对儿童的内在的心灵产生影响，不是强制的，而是陶冶。训育与教学的共同点是，二者都是对儿童的培养，但训育是在教学之后。

赫尔巴特认为，训育的方法主要包括：①正面回应。教育性的惩罚与管理的惩罚有明显的不同。管理主要是对儿童不良行为的惩罚，而训育主要是给予正面的指导或回应。②约束和限定。明确提出约束和限定的要求，使儿童知道自己能做什么和不能做什么，从小成为遵纪守法的人。③陶冶。训育不是急促的管制，而是一种慢慢的陶冶，就像涓涓溪流那样，浸润儿童的心田。训育不应该有半点强制，应当

---

① 张焕庭：《西方资产阶级教育论著选》，267页，北京，人民教育出版社，1979。
② 曹孚：《外国教育史》，177页，北京，人民教育出版社，1979。

让儿童容易接受。

四、课程论

在赫尔巴特的教育思想中，课程论是主要内容之一。他的课程论思想主要包括以下几个方面。

(一)课程设置要与儿童的经验、兴趣相联系

在教学思想上，赫尔巴特比较注重知识的系统性和条理性，但在课程论方面，他非常重视课程设置要与儿童的经验相一致。他指出，儿童在日常生活中，通过与自然的接触和与人的交往，获得了经验，这是教学活动赖以进行的基础。不过，与卢梭不同，赫尔巴特认为，儿童早期的经验并不是完美无缺的，这种经验往往是分散和杂乱的，需要教学加以补充和整理。反映在教学上，课程内容必须与儿童的日常经验保持密切的联系，进行直观教学，防止课程内容脱离儿童的经验。当然，教学的主要任务是形成学生的观念，而与观念相联系的是儿童对观念的体验及在此基础上形成的兴趣。赫尔巴特认为，儿童对观念体验越深，兴趣就越大。在教学上，只有与儿童经验相联系的内容，才能引起儿童的兴趣；只有引起儿童兴趣的内容，才能使儿童更好地接受。

赫尔巴特认为，兴趣可以分为两大类六个方面。第一大类的兴趣是与自然知识相联系的，是基于对物质世界的了解而产生的兴趣，也称"认识"的兴趣。第二大类的兴趣是与社会交往相联系的，是基于与同伴的交往产生的兴趣，亦称"同情"的兴趣。

第一大类与自然知识相联系的兴趣主要包括三个方面：①经验的兴趣，是了解事物是什么，有观察自然的愿望的兴趣。②思辨的兴趣，是回答为什么是这样，引起进一步思考的兴趣。③审美的兴趣，是对美好事物进行评价的兴趣。第二大类与社会交往相联系的兴趣也包括三个方面：①同情的兴趣，是个人对同伴或他人的兴趣。②社会的兴趣，是广泛与人交往并对社会生活的兴趣。③宗教的兴趣，是对所信奉的教派给予重视和亲近、虔信上帝、服从教会的兴趣。

在对兴趣进行分类的基础上，赫尔巴特提出了根据六个方面的兴趣设置课程的主张。①根据经验的兴趣，可以设置自然、物理、化学、地理等课程；②根据思辨的兴趣，可以设置数学、逻辑、文法等课程；③根据审美的兴趣，可以设置文学、唱歌、图画等课程；④根据同情的兴趣，可以设置外国语、本国语等课程；⑤根据社会的兴趣，可以设置历史、政治、法律等课程；⑥根据宗教的兴趣，可以设置神学。

另外，从儿童兴趣的角度，赫尔巴特指出，儿童的兴趣也需要培养。在儿童兴趣的培养上，应当坚持直接的兴趣和全面的兴趣，防止间接的和片面的兴趣。直接的兴趣是指儿童对某学科本身产生的兴趣，间接的兴趣是儿童仅仅为了获取分数的

兴趣。间接的兴趣常倾向于片面性，局限于小范围。赫尔巴特认为，教学要培养儿童直接的和全面的兴趣，并且要有和谐的比例。

赫尔巴特关于依据多方面兴趣设置课程的思想，不同于文艺复兴以来的以古典语言为主的课程论思想，标志着西方近代课程论的研究进入了一个新的阶段。赫尔巴特的研究在一定程度上揭示了经验、知识、兴趣与儿童学习的关系，反映了他从对事物的逻辑认识出发，注重兴趣的分类，设置课程的思想，为近代课程论的建设奠定了一定的理论基础。

(二)课程设置要依据统觉理论

按照赫尔巴特的统觉理论，新的知识总是在原有的知识基础上形成，并以原有知识为依据产生的，这就意味着课程的安排和实施应当使儿童能够不断地从熟悉的知识逐渐过渡到密切相关但还不熟悉的知识。为此，赫尔巴特为课程设置提出了"相关"和"集中"的原则。所谓相关，是指学校不同课程的安排应当相互影响、相互联系。所谓集中，是指在学校的所有课程中选择一门科目(历史、数学)作为学习的中心，其他科目都作为学习和理解它的手段。在赫尔巴特看来，这两项原则的基本目的是保持课程教学的逻辑结构和知识的系统性。

(三)儿童的发展阶段与课程

在赫尔巴特看来，课程论不仅与儿童的经验、兴趣、统觉有关系，也与儿童的发展阶段有关系。赫尔巴特探讨了儿童的发展阶段问题，提出了根据儿童发展不同时期设置相应课程的思想。赫尔巴特认为，儿童发展经历了四个不同的时期：婴儿期(0～3 岁)、儿童期(4～8 岁)、少年期、青年期。教育者要按照儿童发展的不同时期设置不同的课程内容。

例如，在儿童期，教学要注意儿童自理能力的形成，儿童越能自理，外界的帮助必须越少。如果儿童的任性迹象还没有消失，就要加强管理的坚定性和不可动摇性，使儿童服从。在这一时期，儿童主要学习的课程有阅读、书写、绘画、计算和初步的观察练习等。在少年期，儿童的个性有所发展，教学应当按照儿童的不同个性，在内容方面和形式方面有所区分，使课程适合儿童的智力活动。教育者还要采取正确的教学方法，以满足不同学生学习的要求。这一时期的课程主要有历史、宗教、计算、诗歌与自然等。关于具体内容，可以参考本节的第六部分。

五、教学理论

在赫尔巴特的教育思想中，影响最大的是他的教学理论，其中主要包括教学进程和教学阶段理论。

(一)教学进程与教学方法

文艺复兴以来，在许多教育家的大力倡导下，直观教学成为近代西欧学校普遍采用的教学方法之一，但其本身也有一定的局限。早期的直观教学主要以经验主义认识论为基础，强调感觉经验的意义，却忽略了理性的作用。赫尔巴特在继承直观教学的基础上强调理性的重要性。他结合经验主义与理性主义，提出了从感觉经验开始，经过分析和综合，最后达到概念的教学进程的理论。

关于教学进程的环节和方法，赫尔巴特认为，教学进程主要包括三个环节：感觉的经验、新旧观念的分析和联合、普遍知识的形成。与此相应，每个环节各有不同的教学方法：单纯的提示教学、分析教学和综合教学。

1. 单纯的提示教学

赫尔巴特指出，单纯的提示教学就是直观教学。它是建立在学生已有经验之上的，是对经验的模仿和进一步扩大。单纯的提示教学的目的是使儿童通过感官的运用，得到与以前观察过的事物相类似或关联的感觉表象，从而为观念的分析做准备。

2. 分析教学

它是在单纯的提示教学的基础上进行的。其作用在于，对同时出现在感官前的事物加以分析，使儿童对所要认识的事物更为清晰，从而为观念的联合做准备。赫尔巴特认为，分析教学有两个步骤：一是教师要求学生指出并命名当前出现的事物，然后转向尚未出现的事物；二是让学生讲述某一个整体的各主要部分、位置、联系及变化。分析教学的局限主要在于，它只认识和接受具体的知识，不能获得普遍的知识，还须发展到抽象的阶段。

3. 综合教学

它是在分析教学的基础上对各个成分进行联合或者整合的过程。其目的是在教学由单纯的提示所提供的清晰表象和分析教学所产生的对表象进行区分的基础上，使各种观念形成新的联合，最后获得普遍的知识。

赫尔巴特关于教学进程的理论是与他的关于教学方法的论述结合在一起的，使教学进程与教学方法相互配合，这是他比前人进步的地方。

(二)教学阶段理论

赫尔巴特的教学阶段理论，也称为"教学形式阶段说"，是他对教学进程的进一步认识和理解。

赫尔巴特认为，依据兴趣的分类建立的课程论体系必须通过一定的教学阶段来完成。在获取知识的过程中，学生的兴趣会出现四种变化：注意、期待、探究和行动。学生的思维状态有两种：专心与审思。在教学过程中，由于学生的兴趣和思维状态都会发生变化，因此教学阶段及教学方法也要发生相应的变化。为此，赫尔巴特提出了教学形式阶段的理论，指出任何教学活动过程都必须是井然有序的，都须经历以下四个阶段。

1. 明了阶段

学生的观念活动处于静态的钻研阶段，需要集中注意了解新知识。教师的任务是把新知识分成许多部分，并与学生已有的知识进行比较。教学主要采用讲述法，清楚明白地讲述教材。

2. 联想阶段

学生的观念活动处于动态的钻研阶段，需要集中精力进行思考，把上一阶段所获得的知识与已有的知识联系起来，形成新知识。教师的任务是采用无拘束的谈话方法，帮助学生分析问题，激发学生的思维，让学生进行尝试，建立与新知识的联系。

3. 系统阶段

学生的观念活动处于静态的理解阶段，使新旧观念进行联系，形成新的知识系统。教师主要采用综合和概括要点的方法，帮助学生分析所学的材料，最后概括和得出结论。

4. 方法阶段

学生的观念活动处于动态的理解阶段，要把形成的概念或结论独立地运用到个别情况中去。教师应要求学生自己做作业，并检查学生对概念或结论理解得是否正确，能否应用它们。

以后，赫尔巴特的弟子莱因又把四段教学改为"预备、提示、联合、概括、应用"五段教学，称为传统的"五段教学法"，对许多国家教育教学的发展产生了重要的影响。在莱因的努力下，德国的耶拿大学成了赫尔巴特学说的世界研究中心，许多国家的学生前来学习，赫尔巴特的教育思想得到了广泛的传播。

赫尔巴特的教学形式阶段说在一定程度上揭示了知识教学的客观规律，阐明了教师和学生双方在教学过程中的重要地位，为教育心理学化和教育科学化的发展奠定了基础。

六、按照儿童年龄阶段进行教育

赫尔巴特在《教育学讲授纲要》的第四部分以"按年龄论普通教育"为标题专门论述了小学教育阶段的儿童教育。[①] 在赫尔巴特看来，儿童发展要经历四个不同的阶段。这里主要介绍赫尔巴特关于小学教育阶段的儿童期和少年期的内容。

(一)关于儿童期的教育

赫尔巴特指出，4～8岁儿童的教育属于儿童期的教育。儿童期的教育一方面具有婴儿期向儿童期过渡的特点，另一方面又与学龄初期儿童的教育联系起来。这一阶段的教育应该属于小学教育低段的教育。

关于这一阶段儿童发展的特点，赫尔巴特指出，儿童期与婴儿期的真正划界不在于年龄，而在于婴儿基本的照料需要是否已经结束，其四肢与语言的有关应用是否已经出现。[②] 关于儿童期的教育，赫尔巴特主要关注儿童的自我发展、道德教育

---

① 赫尔巴特：《普通教育学·教育学讲授纲要》，李其龙译，298 页，北京，人民教育出版社，1989。
② 赫尔巴特：《普通教育学·教育学讲授纲要》，李其龙译，300 页，北京，人民教育出版社，1989。

和知识教育，包括四个方面的内容。

1. 寻求儿童自理能力的出现与教育管理的平衡

赫尔巴特认为，儿童期的主要特点是，这个时期的儿童能够从许多事情需要依靠别人的照料中摆脱出来，开始具有一定的自理能力。因此，要注意儿童自理能力的形成。同时，在管理方面，只要儿童任性的迹象还没有消失，就要加强管理的坚定性，对某些儿童还必须加强严格性。当然，管理时需要注意的是，避免引起儿童进行某种自卫。"儿童越清楚地理解对于他采取的不可动摇的纪律，就越容易使他服从。"[1]在赫尔巴特看来，儿童自理能力的发展与对他进行一定的管理是不可分的。只要儿童的自理能够限制他的任性，就可以减少教育的管理。

2. 发展儿童的个性与给儿童一定自由的平衡

赫尔巴特认为，儿童期也是儿童个性得以发展的时期，应当让儿童公开发表自己的观点，以便研究他的个性。同时，也应该给儿童尽可能多的自由。这一阶段需要注意的是，要防止儿童养成一些不好的习惯，特别是与不好的意识形态有关的坏习惯。[2]

3. 要避免和防止儿童身上表现出来的恶意或不良行为

儿童在发展中总会出现一些恶意的表现或不良的习惯，如何解决这些问题，赫尔巴特提出了让儿童形成完美和仁慈的观念的原则和方法。①完美和仁慈是有区别的。赫尔巴特认为：完美的各种观念，多是由儿童自己形成的；而仁慈的观念，儿童很难自我发展，需要成人教给他们，但这种教导不能直接地进行。[3] ②仁慈观念的形成需要儿童参与伙伴的活动，使其一切生活习惯能够合群，并通过活动中的纪律来约束自己。这样即使儿童身上有恶意的表现，也会受到限制。赫尔巴特认为，如果儿童用这种起支配作用的纪律约束自己，服从于一种共同的意志，并在这种活动中感到快乐，就不能忍受孤独，而成人可以把这种孤独当作对儿童的惩罚。[4] 当然，赫尔巴特也指出，儿童对于群体活动所形成的愉快感是有年龄阶段的，如果作恶的儿童已经对曾经产生愉快的群体活动产生反感，那么惩罚以及严格的纪律对他是不起作用的。③形成儿童的仁慈观念，要避免把仁慈活动当成一种义务。赫尔巴特指出，虽然一个儿童由于受到教育会为仁慈举动所感动，但也会因为习惯而麻木不仁。因此，应当取消对他的习以为常的关心。当重新给他关心时，他会敬重这种举动。另外，不要让他把成人对他的关心视为一种义务，或者一种机械的反应，否则他也会对仁慈产生误解。[5] ④为防止儿童的心灵变冷，要保护他的仁慈的萌芽。

① 赫尔巴特：《普通教育学·教育学讲授纲要》，李其龙译，300页，北京，人民教育出版社，1989。
② 赫尔巴特：《普通教育学·教育学讲授纲要》，李其龙译，301页，北京，人民教育出版社，1989。
③ 赫尔巴特：《普通教育学·教育学讲授纲要》，李其龙译，300页，北京，人民教育出版社，1989。
④ 赫尔巴特：《普通教育学·教育学讲授纲要》，李其龙译，302页，北京，人民教育出版社，1989。
⑤ 赫尔巴特：《普通教育学·教育学讲授纲要》，李其龙译，302页，北京，人民教育出版社，1989。

教育上的原则是，"对必要的严格辅以宽容，而对宽容辅以和蔼可亲"①。赫尔巴特指出，处于儿童期的孩子，他的情绪还直接依赖于成人如何对待他，长期对他不热情会使他变得冷漠起来。因此，突出仁慈观念、激发儿童的仁慈观念是儿童期教育的重要任务。儿童期的教育就是使儿童形成良好的合群态度和同情感，并把它们与作为较高尚的事物来依赖的仁慈信念结合在一起，促进儿童道德行为和观念的发展。②

4.关于儿童期的知识教学

在赫尔巴特看来，儿童期的教育不仅包括道德教育，也包括知识教学。"尽管这种教学还未构成儿童这时的主要的有计划的活动，却在这方面已部分地带有综合的性质，并部分地带有分析的性质了。"③赫尔巴特认为，当儿童自由活动的范围扩大的时候，当他通过自己的尝试获得越来越多的经验，需要从教育者方面得到有意识的引导的时候，经验便超过早期的想象占据优势，他就会不断地向教育者提出各种天真的、没有目的的问题。即使教育者对于这些问题有的不能回答，或者不允许回答，也应该鼓励儿童爱问的倾向。教育者对儿童问题的回答不要拖延，应当及时和彻底。④ 赫尔巴特认为，对儿童问题的解答是以后教学的基础。

在赫尔巴特看来，儿童的知识教学主要包括分析教学和综合教学，在儿童期的教育中占有重要的地位。赫尔巴特认为，尽管这一时期包括回答儿童问题在内的分析教学还不能安排一定的课时，但应当使这种教学同引导、交际、活动与从这里引起的习惯、锻炼、道德判断以及初期的宗教印象等结合起来，并与阅读练习结合起来。⑤ 同时，在这一时期，尽管儿童还不能长时间地保持稳定的注意，但初步的综合教学，阅读、书写、绘画、计算和初步的观察练习等，属于这一年龄阶段后期要开始做的事情。

对于如何进行综合的教学，赫尔巴特列举了一些例子。例如，关于实物的"组合"教学，开始时可以变换两样东西的位置，即左右、前后、上下。"下一步是将三样东西在一条线上作六种放法。从上述一堆东西中取多少对"⑥。赫尔巴特认为，这种教学不要用字母，而要用实物，由儿童自己来组合和改变位置。这种教学必须符合儿童的特点，要像游戏一样进行。又如，关于字母和数字的教学，赫尔巴特认为可以把字母和数字写在小纸板上，以此做不同的组合，这有助于阅读教学。如果阅读进行得较慢，也要有耐心地去教，而不应让阅读造成儿童对教师和书本的反感。⑦

①　赫尔巴特：《普通教育学·教育学讲授纲要》，李其龙译，303页，北京，人民教育出版社，1989。
②　赫尔巴特：《普通教育学·教育学讲授纲要》，李其龙译，303页，北京，人民教育出版社，1989。
③　赫尔巴特：《普通教育学·教育学讲授纲要》，李其龙译，303页，北京，人民教育出版社，1989。
④　赫尔巴特：《普通教育学·教育学讲授纲要》，李其龙译，304页，北京，人民教育出版社，1989。
⑤　赫尔巴特：《普通教育学·教育学讲授纲要》，李其龙译，304页，北京，人民教育出版社，1989。
⑥　赫尔巴特：《普通教育学·教育学讲授纲要》，李其龙译，305页，北京，人民教育出版社，1989。
⑦　赫尔巴特：《普通教育学·教育学讲授纲要》，李其龙译，305页，北京，人民教育出版社，1989。

(二)关于少年期的教育

赫尔巴特认为，这个时期学生活动的特点是：他们开始愿意离开成人，单独一人时不会感到不安；他们没有坚定的目的，过着无忧无虑的日子。因此，对于这一时期的教育，成人要关心他们，同他们交往，限制他们，给他们分配时间，节制他们自负的信心。这个时期的教育要注意以下几个方面。

1. 要防止学生思想固定形式的提早形成

赫尔巴特指出，虽然这个时期的教和学主要是通过对话语的理解来进行的，学生可以通过自己的思想积累去感觉这些话语，但是要利用学生思想积累容易变化的时机，防止他们思想的积累变成固定的形式。[1]

2. 教学要适应学生个性来安排

赫尔巴特指出，正如男女学生有所区别一样，学生的个性也是有所区别的。教学要按照学生的各种个性在内容和形式上做出相应的分类。一方面，任何课程都要适合学生的智力活动；另一方面，在这种智力活动成功的时候必须适应个性的整体情况，不能使其能力枯竭，或不合时宜地对它提出要求。[2]

3. 要采用合适的正确的教学方法

赫尔巴特指出，要照顾迟发展的少数学生是比较困难的，除非可以尝试弥补在对他们教学中所缺漏的一切，包括身体照料或引导他们进入较大经验范围内与在教学方式变换上等方面的欠缺，但关键还是需要这些学生不断的积极努力。[3]

4. 这个阶段道德教育的重点是帮助学生理解正义和公平的观念

赫尔巴特指出，强调这两种观念主要是出于对人际关系的考虑。在他看来，早期阶段的儿童对这些观念还不大理解，主要是因为他们在家庭中都处于从属地位。在少年期，他们更多地生活在同伴中。他们自愿结伴、表现个人尊严，甚至用暴力来争夺。从教育方面，就需要对他们进行观念讲解，还需要对他们进行管理和教育。[4]

5. 关于教学内容的选择

赫尔巴特认为，教育内容的选择应该是多方面的。例如，通过历史教学，可以从仁慈的思想引出宗教教育的必要性。这种教育有赖于历史，而且是古代史。通过计算教学，学生可以清楚地了解一般的经验的概念，同时，在经济上也需要它。教学内容还可以考虑诗歌与自然，包括寓言、故事、动物学等。古典语言也是必须学习的，它与神学、法学、医学，甚至整个学习内容的课程都联系在一起。[5]

---

[1] 赫尔巴特：《普通教育学·教育学讲授纲要》，李其龙译，307 页，北京，人民教育出版社，1989。
[2] 赫尔巴特：《普通教育学·教育学讲授纲要》，李其龙译，308 页，北京，人民教育出版社，1989。
[3] 赫尔巴特：《普通教育学·教育学讲授纲要》，李其龙译，308 页，北京，人民教育出版社，1989。
[4] 赫尔巴特：《普通教育学·教育学讲授纲要》，李其龙译，309 页，北京，人民教育出版社，1989。
[5] 赫尔巴特：《普通教育学·教育学讲授纲要》，李其龙译，310 页，北京，人民教育出版社，1989。

6. 关于学校的教学工作

赫尔巴特认为，教师在教学上"对学生的提问必须清楚和准确；各个问题应以适当的次序衔接起来；对学生的错误回答必须加以纠正，必要时应重复一遍，使所有学生都听到。休息时间不应很长；对较弱的学生所进行的讲解不应使较熟练的学生感到太厌倦；那些正在从事活动的学生必须得到支持，而不应通过许多插话去干扰他们；必须对所有学生的思想特色加以鼓励与促进，而不应使思维太仓促等等"[①]。

7. 关于学校教育和家庭教育的关系

赫尔巴特认为，教育不应让学生养成游手好闲的恶习，而应使他们养成集中注意力的习惯，将注意力集中在重要的事务上。学校教育应与家庭教育密切合作，形成合力。学校教育要为家庭教育留出必要的时间，家庭教育要让孩子有事情可做。同时，家庭作业不应占据大量的时间。家长或其他监护人要按照对孩子个性的观察来决定如何施教，并且对结果负责。[②]

总之，赫尔巴特关于小学教育的思想既反映了他对小学教育的一般理解，也具有自己独特的见解。他关于小学低段教育的思想比较注重儿童身体的发育，以及在身体发育基础上的儿童自理、自立及道德情感和智力的发展，这个过程是一个连贯的、循序渐进的过程。在这个过程中，教育者既要关注儿童个性的发展，为个性发展提供必要的条件，也要关注儿童自身发展中存在的一些不足，强调对儿童发展的指导作用及儿童对教育管理和教育秩序的服从。这一思想在一定程度上反映了赫尔巴特对儿童发展与教育关系的理性认识。他关于少年阶段的教育思想比较注重个性、道德教育、教学多方面的内容，以及学校教育与家庭教育的关系等，反映了随着学生活动范围的扩大，教育教学也要适应学生的发展特点，并且采取相应的措施，从教育内容到家校关系上为学生的发展提供较好的条件。

第六节　福禄培尔的小学教育思想

福禄培尔(1782—1852)是19世纪德国著名的教育家，他因首创"幼儿园"机构，而在世界幼儿教育领域享有盛名，被认为是近代学前教育理论的奠基人。福禄培尔在创办幼儿园之前进行过小学教育实验，并在此基础上写了《人的教育》的代表作。他的小学教育思想值得研究和关注。

一、福禄培尔小学教育实践和思想基础

福禄培尔出生于德国中部图林根一个信奉路德新教的牧师家庭，自幼受到宗教

---

① 赫尔巴特：《普通教育学·教育学讲授纲要》，李其龙译，370～371页，北京，人民教育出版社，1989。

② 赫尔巴特：《普通教育学·教育学讲授纲要》，李其龙译，311页，北京，人民教育出版社，1989。

的熏陶。福禄培尔 10 岁上学，中学没毕业便开始做学徒，但他勤奋好学，利用业余时间自学数学、植物学等，并对自然科学产生了浓厚的兴趣。长大从事教育工作后，他经常回顾自己的童年时代，认为一个教师应当经常回顾自己的童年，以便从中悟出教学工作的原理。以后，他又做过见习林业员、保险统计员、建筑师等。1799年，在别人的资助下，他进入耶拿大学学习数学和自然哲学，深受德国古典唯心主义哲学家费希特和谢林思想的影响。

1805 年，福禄培尔受裴斯泰洛齐的学生、法兰克福模范学校校长格吕纳的影响，开始从事教育工作，并研究裴斯泰洛齐的教育方法。当 23 岁的福禄培尔第一次给 30 多个学生上课时，他立刻发现自己找到了终身的职业，找到了自己从不知道又一直向往的东西，终于发现了它的本来面目。同年，他去瑞士伊弗东裴斯泰洛齐的学校参观学习了 14 天。1808 年，他再次到瑞士跟随裴斯泰洛齐学习，做见习教师。回国后，他采纳了裴斯泰洛齐的一些教育方法，如依靠自然、把自然当作主要的教育者、设立自由的学校环境、进行实物教学等。他看到裴斯泰洛齐的理论没有建立起坚实的哲学基础，在以后致力于儿童教育研究的过程中，福禄培尔试图从哲学的角度理解实物教学，给实物教学赋予一种象征性的意义，认为实物能够在儿童的心中激发起相应观念的回忆。1811—1813 年，福禄培尔又先后进入格丁根大学和柏林大学，学习语言学、物理学、化学、矿物学以及哲学和人类学等。

1816 年，福禄培尔建立了一所初等学校，称为"德国普通教育学校"，试图把自己的理论在实践中加以运用。一年以后，学校搬到卡伊尔霍，改为卡伊尔霍学校。在这所学校，福禄培尔试图贯彻关于"生命统一"的思想，使教育的所有方面与教育中所使用的知识能够相互联系起来。他希望通过把儿童的感觉、思考、意志和做事情的能力联合起来，发展儿童的性格和智力。

在学校的教育上，福禄培尔力图实施裴斯泰洛齐关于适应儿童天性自然发展的教育原则，进行儿童活动和自我发展的实验，并采用一套综合的课程教育儿童。他为学校提出的口号是：儿童的自我活动和自由发展。学校主要采用游戏的方式进行教育，教儿童认识数目和几何形体，同时很重视室外活动。

在学校的教学上，福禄培尔尝试在家庭般的气氛中根据每个儿童的本性发展儿童。所有的教学都是建立在儿童自我活动基础上的，儿童所获得的知识尽可能是他们自己的。福禄培尔以给予儿童的经验取代对他们的指导，并且让儿童的活动取代抽象知识的教学。

在儿童的活动上，福禄培尔把儿童的活动作为教学的起点。在他看来，人类的发展和教育必须始于活动和儿童的自我活动。在这个过程中，他非常重视儿童创造性的活动，把它称为"内部的"和"外部的"的过程。他认为，教育要培养儿童的创造性，而不使它退化或被破坏。他认为，人不仅是一个接纳性的存在，也是一个创造性的存在，特别是一个具有生产力的存在。[①]

福禄培尔的卡伊尔霍学校在当时是一所很有影响的学校。一个学生后来描述说，这所学校就像家庭一样，但也有严格的秩序，并且注重个人的清洁。例如：每天早饭前，学生要接受检查；财产损坏，学生要负责修理；学校里绝对的服从和个人自由相协调，成为重要的原则。一些研究者指出，作为教育上的实验，福禄培尔的这所学校是成功的，因为它提供了儿童教育的丰富的计划。[②] 以后由于政治环境的变化，普鲁士政府加强了对学生和学校的控制，再加上一些教师的反对等，学校学生的人数下降，福禄培尔的教育活动开始转向学前教育方面，推广和发展幼儿园活动成为他的重要事业。在学校实验的基础上，1826 年，福禄培尔写了《人的教育》一书，阐述了关于儿童教育的基本主张。后因学校被怀疑鼓吹自由、革命，在 1829 年被迫关闭。

福禄培尔的小学教育实践和教育思想是建立在他的哲学和神学基础之上的。福禄培尔接受了谢林的"宇宙精神"的观点。所谓"宇宙精神"，在谢林看来，就是绝对精神、神的意志，它是自然界、人类和人类精神生活的基础，宇宙间的万物都是神的意志的外化表现，它们在发展过程中都服从于统一的法则。受谢林思想的影响，福禄培尔认为整个宇宙是一个球体，中心是神，它是永恒的，也是无所不在和主宰一切的，自然界的万物和人，无不包含着"神的本源"。总之，福禄培尔思想的核心就是强调上帝为万物的统一体，万物都受上帝的统一法则所支配。同时，万物又都通过自身的存在反映上帝。从上面的观点理解教育，福禄培尔认为，一切教育、学习和教学的最终目的，是培养人的原有的神性，使人在自己的生活中和在人性中体现出神性。

在《人的教育》中，福禄培尔一开始就指出，世上的万物都存在一种统治它们的永恒的法则，万物的生命和实体的存在都有赖于上帝这个神圣的光辉在它们身上的反映。例如，石头体现着训诫，溪流休现着《圣经》。福禄培尔把一切事物都与上帝结为一体，并赋予一定的灵性和积极活动的精神，这一观点体现了"泛灵论"的特征，但也为研究和认识人的存在和发展提供了条件。从这个认识出发，福禄培尔提出了普遍性、个体性和差异性统一的思想。①上帝所创造的一切事物都是某个更大整体的一部分，最终都是上帝这一最大整体的一部分，这是事物的普遍性。②每种事物都有自己特殊的生活，这是它的个体性。③每种事物内部都包含着不同于其他事物的性质，这是事物之间的差异性。对上帝的认识，既可以通过个别事物的特性来认识，也可以通过不同事物的差异性来认识。在福禄培尔看来，人本身是神的统一性、自然的差异性和人的个性三个方面的统一，人的本质的三个方面的完美体现，突出

① V. Celia Lascarides and Blythe F. Hinitz, *History of Early Childhood Education*，New York，Falmer Press，2000，p. 91.

② V. Celia Lascarides and Blythe F. Hinitz, *History of Early Childhood Education*，New York，Falmer Press，2000，p. 92.

了人在世界上的地位。福禄培尔的哲学思想和宗教思想奠定了他的教育思想的理论基础。

二、小学教育的两个重要原则

在福禄培尔的教育思想中，教育适应自然发展的原则和人的自动发展的原则是小学教育的两个重要原则。

(一)教育适应自然发展的原则

在福禄培尔的教育思想中，重视人与自然的关系是一个非常重要的内容。他认为，人和自然是一个共同存在、密切联系的"实体"，教育适应自然是受更大的规律所支配的。一方面，人和自然都有自己的发展过程。人生来是善的，具有一定的天性和能力，教育适应自然就是适应人的天性的发展。另一方面，人和自然都受同一规律的支配，这种规律就是上帝的神圣法则。人的发展应与自然的发展联系起来，教育适应自然还应遵循统一的规律，即遵循上帝的神圣法则。在这里，把教育适应自然的原则与上帝的神圣法则联系起来，使福禄培尔的思想带有一种神秘的色彩。

福禄培尔认为，强调教育适应自然的发展，还在于反对违反自然的、人为干涉的教育，而要使人像自然那样按照其本性发展。他说："我们对待自然界事物时，往往遵循了正确的道路，但在对人当中，却不免走入歧途。"[①]他主张，教育上应坚持"被动的和顺应的"原则，按照儿童的天性进行自然的教育。福禄培尔认为，人本性表现为四种本能，即活动的本能、认识的本能、艺术的本能和宗教的本能。其中最为重要的是活动的本能。随着儿童年龄的增长，它会发展为"创造"的本能。在教育中要顺应儿童的本能，而不是压抑儿童的本能，教育要让其得到健康的发展。

(二)人的自动发展的原则

受谢林哲学的影响，福禄培尔认为，宇宙间万物都是神的意志的体现，自然界的万物和人都包含着"神的本源"，人的发展还是一种神本源的发展。他说："一切教育、学习和教学的唯一最终的目的，是培养人的原有的神性，使他能在自己的生活中，……从人性中体现出神性。"[②]这种发展体现在人的身上就是一种自动的发展。

福禄培尔认为，人的自动发展是个体利用自我能动的力量，通过"内部表现于外部"和"外部表现于内部"的两个阶段来实现的。所谓内部表现于外部，是指人的内部需要通过外部的形式表现出来。例如，儿童把自己的需要表达出来。所谓外部表现于内部，是指人对外部事物的积极认知和获取，使外部的东西成为内部的重要组成部分。例如，儿童通过学习，获得对事物的认知或者对知识的占有。在第一个阶段，个体活动的本能发挥着重要的作用；在第二个阶段，个体创造的本能成为发展的主要力量。人的自动发展实际上是人的内部力量主动发展的过程。

---

① 张焕庭：《西方资产阶级教育论著选》，313 页，北京，人民教育出版社，1979。

② 曹孚：《外国教育史》，189 页，北京，人民教育出版社，1979。

福禄培尔关于人的自动发展的观点对于认识人的发展的内部动力，认识人的发展与外部环境的关系，认识儿童的主动地位与教育作用的关系，具有一定的意义，它提供了认识儿童发展的有利条件。不过，福禄培尔对儿童内部力量的认识具有浓厚的神学色彩。他把人的自动发展归结为神本源的发展，反映出他的教育思想的唯心主义倾向。

当然，福禄培尔提出人的自动发展的原则，主要在于反对旧教育对儿童的束缚。在他看来，旧教育从两个方面束缚儿童的发展：一方面，它通过提供一定的生活方式的模型，让儿童按照规定的方向完成人性的发展；另一方面，它又通过强制的命令和训练，使儿童的发展走入歧途。这些都是违反人性的。他认为，由于人的发展是一个自动发展的过程，因而，人的发展是不应受压抑和限制的。

需要指出的是，尽管福禄培尔非常重视儿童的自动发展，但他并没有因此使儿童的发展绝对自由化，也不排斥外部力量对儿童发展的作用。他认为，在儿童幼小时，由于他的内部力量还处于潜在状态，需要身外力量的唤起，使其活跃起来，但这种唤起必须以促进儿童的自由发展为准则。他说，"良好的教育、正确的教学和真正的训练，必须应该唤起自由；法则唤起自决；外在的强制唤起内部的自由意志"①。福禄培尔用儿童力量的"潜在状态"说明儿童早期发展的特点，以反对教育的成人化倾向；用教育的"唤起"作用，说明教育的启发作用，以反对教育的强制性。这些都表明他注意到了儿童的发展特点和教育在儿童发展中的作用，对于深入认识人的发展和教育活动的关系具有重要的意义。由此，他主张要认真研究人的本性，通过所获取的认识，为儿童的发展提供有利的教育条件。他认为，"只有对人和人的本性的彻底的、充足的、透彻的认识，根据这种认识，加以勤恳的探索，自然地得出有关养护和教育人所必需的其他一切知识以后，……才能使真正的教育开花结实"②。

三、福禄培尔的小学教育思想

在《人的教育》一书中，福禄培尔把儿童的发展分为三个时期：幼儿期、少年期和学生期。福禄培尔的小学教育思想主要涉及少年期和学生期。关于这两个阶段的儿童发展和教育任务，福禄培尔提出了自己的看法。

(一)少年期儿童的发展与教育

福禄培尔认为，少年期与幼儿期有明显不同。幼儿期主要是生活的时期，是生活本身的时期，是为了生活而生活的时期。这个时期是一个使内部的东西变成外部的东西，向外表达自己需要的时期。少年期则主要是使外部的东西变成内部的东西的时期，即学习知识的时期。少年期与婴儿期和幼儿期都不同。婴儿期主要是保育

---

① 张焕庭：《西方资产阶级教育论著选》，314 页，北京，人民教育出版社，1979。
② 张焕庭：《西方资产阶级教育论著选》，315 页，北京，人民教育出版社，1979。

的时期，幼儿期主要是教育的时期，而少年期主要是教学的时期。[①]

1. 少年期儿童的学习成为主要任务

在福禄培尔看来，少年期是儿童学习的时期，是儿童把外部的东西变成内部的东西的时期。按照福禄培尔的理解，儿童的发展是一个利用自我能动力量，通过"内部表现于外部"和"外部表现于内部"两个阶段实现的。少年期正是儿童"外部表现于内部"的时期，是儿童对外部事物的积极认知、学习和获取，使外部的东西成为内部的东西的时期。儿童正是通过学习，获得对事物的认知或者对知识的占有的。因此，儿童的学习成为少年期儿童教育的主要任务。

2. 少年期儿童的学习内容

在福禄培尔看来，儿童开始学习如何从物体中区分名字和从名字中区分物体，从讲话者中区分言语和从言语中区分出讲话者。当语言在书写中被赋予外形和具体化时，当口语变成书面语言时，教学开始了。福禄培尔认为，在这个时期，教学不仅要根据儿童的本性，还要根据固定地、明确地存在于儿童外部的事物的条件来进行。对儿童来说，学习的过程就是认识外部的事物及其本性，认识各种事物和各种知识的联系的过程。

3. 这个时期的学习主要在家庭中

福禄培尔指出，在家庭里，儿童会看到父母和其他家庭成员，看到成年人在生活中和他的家庭所触及的各种关系中进行创造、工作和劳动，于是他也会去表现他所见到的一切，或者帮助父母、成年人去做他们所做的一切。福禄培尔建议，父母在这时不要拒绝孩子的帮忙，要满足孩子的需要，允许孩子把他的力量使在父母的工作上。这样可以使孩子意识到他自己的力量。例如，可以让孩子帮助父母举东西、拉东西、搬运东西、掘地、劈柴等。[②]

4. 教育者要关注儿童的提问

福禄培尔认为，这个时期的儿童也会从渴望获得知识的心灵出发提出许多问题来满足自己探索和活动的需要。"怎么样？为什么？用什么方法？什么时候？什么原因？什么目的？"每一个能够满足孩子的答案，都会给他开拓一个新的世界。如果这个时候阻止孩子的问题或者活动，使孩子顺从父母的意志，那他也就放弃了相当大部分作为一个人的力量，失去许多关于各种事物的知识。[③]

5. 这一时期儿童的活动主要是塑造各种东西的活动

福禄培尔指出，这个时期的儿童喜欢玩弄各种材料，喜欢观察各种事物，喜欢动手做各种东西。塑造东西的活动也是孩子们建立联系，解决冲突的过程。例如，在小船在"湖"中漂浮的活动中，每个人都有自己的领域和船只，"但是每前进一步便

---

① 福禄培尔：《人的教育》，孙祖复译，68 页，北京，人民教育出版社，1991。
② 福禄培尔：《人的教育》，孙祖复译，73 页，北京，人民教育出版社，1991。
③ 福禄培尔：《人的教育》，孙祖复译，75 页，北京，人民教育出版社，1991。

意味着侵入另一个孩子的领域，每个孩子都同样有资格要求作为主人和创造者的权利，每个人可以要求自己的权利，同时也要承认别人的要求。那么什么东西能够在这方面起到调停作用呢？只有条约，像国家与国家之间的关系那样通过严格的条约相互联合起来"①。在福禄培尔看来，孩子们正是通过这样的活动得到多方面的收获的。

6. 少年期儿童的游戏问题

福禄培尔很关心儿童的游戏问题。他指出：幼儿期也有游戏，但他们游戏的主要目的仅仅是活动本身；少年期游戏活动的主要目的不是活动本身，而是表现，是表现事物本身，表现出精神和道德力量的增长，而且这种增长要大于前者。在游戏中，儿童可以形成正义、节制、克己、诚实、忠诚、友爱及公正无私等品质。②

关于游戏活动，福禄培尔主张每个村镇都应当具备一个自己的、供儿童使用的公共游戏场所。这将对整个社区的生活产生卓越的成效，因为儿童这一发展时期的游戏，不管在什么地方都具有共同性，可以为社会培养个体的意识和情感，满足社会个体的发展和要求。儿童会尝试在他的伙伴中观察自己、感受自己、衡量和测量自己，通过他们去认识自己和发现自己。这种游戏就直接对生活发生作用，培养儿童的生活，激发和培育公民的和道德的品质。③福禄培尔关于设置公共游戏场所的观点，反映了他的儿童教育家庭化走向社会化的主张。

7. 要关注少年期儿童发展存在的一些问题

福禄培尔对少年期儿童发展中存在的一些问题，如任性、固执、贪图安逸、身心不活泼、怠惰、高傲、武断、专横、缺乏友爱精神、厌恶做事，甚至厌恶游戏等进行了分析。福禄培尔认为，儿童身上存在一些不足和缺点是自然的，只要他能够对人的本质达到明确的认识，只要他有不被恶习和弱点磨灭的力量和意志，他就可以通过自身摆脱这些缺点。在教育上，应该在少年儿童身上唤起一种共同的感情并培养这种感情，形成真正的友好、信任、宽容和尊敬的品质。④福禄培尔指出，使少年期的孩子变坏的人大多数是成年人，甚至是教育者自己。因为这些人总是把孩子看成邪恶的、不良的、阴险的小魔鬼，结果是把天真无邪的孩子变成了有罪的人。⑤在这里，福禄培尔提出了一个非常重要的问题，即如何认识和看待少年期儿童发展中存在的不足和问题，不同的视角、态度及评价对儿童的发展和成长会产生不同的影响。

---

① 福禄培尔：《人的教育》，孙祖复译，78～79页，北京，人民教育出版社，1991。
② 福禄培尔：《人的教育》，孙祖复译，80页，北京，人民教育出版社，1991。
③ 福禄培尔：《人的教育》，孙祖复译，81页，北京，人民教育出版社，1991。
④ 福禄培尔：《人的教育》，孙祖复译，87页，北京，人民教育出版社，1991。
⑤ 福禄培尔：《人的教育》，孙祖复译，89页，北京，人民教育出版社，1991。

(二)学生期儿童的发展与教育

学生期主要是儿童进入学校学习的时期。因此,在这一部分,福禄培尔对学校的性质、教学内容、教学方法等教育和教学基本问题都做了具体的论述。

1. 关于学校的性质

福禄培尔是从普遍性和神性的角度来思考学校性质的。他指出:"学校是一种机关,它致力于使学生认识到事物和他自己的本质和内部生活,教他了解和使他意识到各项事物彼此之间的内部关系、对人和对学生的关系,以及对一切事物之活的本源和不言自明的统一体的、即对上帝的关系。"①教学的目的就是"使学生获得关于一切事物扎根于、存在于、生活于上帝之中的见解,以便学生有朝一日能按照这种见解去处理生活和进行活动"②。在他看来,达到这一目的的手段和途径就是教学,就是教学活动本身。因此,学校和教学应该把外部世界以及与外部世界密切联系的学生自己,作为他所不熟悉的另一种东西,呈现在学生面前,为学生指出各个事物的内部倾向、它们相互之间的关系和联系,帮助学生使认识朝着越来越高的普遍性和思想性前进。在这个过程中,学校不是给学生呈现表面事物的机关,这样的学校绝不是真正的学校,"只有使一切事物具有生气和一切事物得以在其中活动的精神和生命的气息,才是真正的学校应有的本质"③。

2. 关于学校的教学内容

福禄培尔认为,儿童精神的内部世界与有形的物体的外部世界,以及在两个世界之间起媒介作用的语言构成这个时期儿童生活的核心。因此,学校与教学应当通过这三者引导学生去掌握三个方面的相互联系的知识。学校的教学内容可以分为四大类:宗教与宗教教学、自然常识与数学、语言与语言教学及与此相关的阅读与书写、艺术与艺术对象。④

3. 关于学校与家庭的关系

福禄培尔认为,由于儿童先是在家庭中长大的,因此学校必须与家庭保持联系。学校与家庭一致,家庭生活与学校生活一致,是这个时期教育的重要要求。作为学校与家庭结合的生活,学校教学要完成以下任务:宗教意识的唤起、培育、加强;掌握宗教格言,即祈祷用的宗教格言;重视、认识、训练作为精神载体和精神本质表现的身体;从近处和最近事物开始观察和研究,再由近及远地逐步前进;学会用短小的诗歌来表现自然与生活;从对自然和外部世界的观察出发,过渡到通过语言和说话练习观察和认识内部世界;从简单的事物到复杂的事物,按照规则和法则逐步进行空间和形体的外部表现的练习(图画练习);在平面上通过线条表现的练习;理解各种颜色的异同和它们在规定的外形中的表现;以自由活动方式进行的各种各

---

① 福禄培尔:《人的教育》,孙祖复译,92 页,北京,人民教育出版社,1991。
② 福禄培尔:《人的教育》,孙祖复译,92 页,北京,人民教育出版社,1991。
③ 福禄培尔:《人的教育》,孙祖复译,92~93 页,北京,人民教育出版社,1991。
④ 福禄培尔:《人的教育》,孙祖复译,101~182 页,北京,人民教育出版社,1991。

样的表现和练习的游戏；联系每日每时发生的事情以及生活中发生的事情来讲述历史故事、传说、寓言和童话等。①

4. 关于学校的教学方法

福禄培尔不仅重视学校教学内容的安排，也强调教学方法的重要作用。他认为，教学过程应从认识实物本身开始，然后进行比较、分析、概括，让学生认识事物之间的联系和关系。这里举一个福禄培尔关于教师指导学生进行"外界观察"的例子。

在教室里，教师指着桌子问："这是什么？"指着椅子问："这是什么？"然后提问："你们在房间里看到了什么？"

学生回答："桌子、椅子、板凳、窗子、门、花盆、画等。"

教师把某个学生或者几个学生说出的实物都写在黑板上，然后与学生一起朗读。教师继续问："桌子和椅子与教室的关系是不是同窗子和门与教室的关系一样？"

学生："是！""不是！"

教师："为什么是？""为什么不是？"

学生："是教室的一部分！"

教师："把你们认为作为教室一部分的所有东西的名称列举出来！"

学生："墙壁、天花板、地板等等。所有这些都是教室的一部分。"

教师："教室是否像门、窗等都是教室的一部分一样，本身又是某一更大整体的一部分？"

学生："是的，是房屋的一部分。"

教师："此外还有什么东西是房屋的一部分？"

学生："过堂、居室、厨房、扶梯等等。"

在与学生一起朗读这些事物的名称后，教师又继续问："是否所有房屋都具有与这所房屋所具有的同样的一些部分？"

学生："不！"

教师："这所房屋所具有的哪些部分是其他房屋所没有的？""其他房屋所具有的哪些部分是这所房屋所没有的？""一所房屋最主要的部分和场所是由什么条件所决定的？"

学生："由房屋或者建筑物的使用和目的所决定的。"

在分析了房屋各种物件的关系后，教师又接着问："房屋具有一定的部分：房间和一定场所。那么，房屋本身是否又属于某个更大的整体的一部分呢？"

学生："是的，房屋是农庄的一部分。"

---

① 福禄培尔：《人的教育》，孙祖复译，189～191 页，北京，人民教育出版社，1991。

教师："哪些东西属于农庄，是农庄的组成部分？"

学生："院子、花园、住房、库房、谷仓、厩等等。"

在问了学生"院子所包含的各种物件"后，教师又接着问："农庄是否像房屋、院子是农庄的一部分一样，也是某个更大整体的一部分呢？"

学生："是的，是村庄的一部分。"村庄包括"房屋、谷仓、花园；农庄；教堂、校舍、教士住宅等，以及乡镇会场、乡公所、锻造工场、浴场等。"

从对外在物体的认识出发，教师又指导学生认识"人造物"及"人造物"的制造者，认识制造"人造物"的目的，认识人的各种职业，认识家庭，认识家庭成员，等等。①

最后，福禄培尔指出，这样做是为了指明"一切教学工作必须如何从人、从学生及其最密切的周围事物出发，然后重新与人联系起来，重新追溯到人，归结到人"②。

总之，福禄培尔的小学教育思想是他对 19 世纪德国儿童教育和学校教育积极探索的产物，其中提出的许多思想和见解是具有重要意义的。他的小学教育思想的提出，标志着西方近代教育家开始把小学教育，特别是学校教育作为重要的研究领域，与家庭教育、学前教育构成一个相互联系的整体。福禄培尔的小学教育思想对近代、现代小学教育事业的发展产生了一定影响。当然，受唯心主义神学世界观的影响，福禄培尔的小学教育思想也带有许多神秘主义的宗教色彩，使他的教育思想的价值受到一定的限制。

第七节　斯宾塞的小学教育思想

斯宾塞(1820—1903)是 19 世纪后期英国著名的社会学家、哲学家和教育家。在教育史上，他从社会学和哲学的角度来研究教育，提出了新的课程论和科学教育思想，对近代实科教育和小学教育的发展产生了重要影响。

一、斯宾塞教育思想的理论基础

斯宾塞出生于英国德比郡一个乡村教师的家庭，少年时十分喜爱观察自然界，对山川荒野颇有兴趣，养成了观察事物的良好习惯。他有时随父亲的学生做物理和化学实验，以后阅读了许多科学期刊和各种书籍，学到了许多数学、物理学、化学、机械学和土木建筑学等方面的知识。13 岁时，他被送到叔父家跟随叔父学习语文、

---

① 福禄培尔：《人的教育》，孙祖复译，205～224 页，北京，人民教育出版社，1991。
② 福禄培尔：《人的教育》，孙祖复译，224 页，北京，人民教育出版社，1991。

物理、化学、数学、机械学和土木建筑学等实科知识。17 岁时，由于数学成绩优异而受其父好友邀请在铁路上做工程技术人员。1842 年，他为一些杂志撰稿。1848 年以后，开始从事学校研究，并担任英国《经济学家》杂志编辑。以后几十年，他对英国社会政治、经济和伦理等各方面的问题进行了研究，形成了他的哲学、社会学和教育学思想。1851 年他出版了《社会静态学》一书。1852 年写了《演进假说》等社会学著作。1854—1859 年，斯宾塞在杂志上发表了《智育》《德育》《体育》和《什么知识最有价值》等教育论文。1861 年，他将这些论文汇编成册出版了《教育论》，系统地论述了智育、德育和体育等问题。该书成为他的教育代表作。

斯宾塞教育思想是以实证主义哲学、进化论的社会学思想、自由主义思想为理论基础的。19 世纪初，欧洲资本主义的发展导致自然科学的普遍发展，也形成了与其相适应的实证主义哲学，代表人物主要是法国的社会学家孔德。孔德的实证主义哲学认为，哲学的任务不在于揭露世界的本质，而在于描述自然过程与社会过程的表面现象和联系，人通过所感受的经验的实证事实去认识。任何想要突破人的主观感觉经验的限制而进行的抽象推理，都是"形而上学"。哲学应与科学调和起来，借助科学的实证来认识现象范围之内的东西。孔德认为，凡是科学所不能证实的，就要让给神学家去想象。斯宾塞坚持孔德的实证主义哲学，强调科学所认识的只是事物的现象，而不是事物的本质，凡是科学所不能认识的世界，都是宗教活动的领域。

斯宾塞的社会学思想是以庸俗进化论为基础的。自 19 世纪达尔文提出进化论以后，一些西方社会学家把生物学的进化论思想引入人类社会的研究，以论证资本主义制度存在的合理性，形成了庸俗进化论的社会学思想。斯宾塞认为，人类的社会现象与自然现象一样，也受进化法则的支配，可以利用自然现象解释社会现象。同时，他又提出"社会有机论"，认为人类社会各部分的职能也像有机体一样，通过适当的分工表现出来。例如，生物体身上具有提供、分配与调节营养的各种器官及其机能，社会有机体中也有担负各种职能的阶级；劳动者如人体的双手，担负社会营养的职能；工商业者担负社会的物资、财富分配、调节与交换的职能；而作为社会头脑的资产阶级统治者则相当于人的神经系统，对整个社会起支配作用。斯宾塞认为，这种"自愿合作"的分工是自然的，应当维持这种合作，保持社会各阶级的平衡。

自由主义思想也是斯宾塞教育思想的理论基础。关于自由主义，斯宾塞是从宗教的角度进行论证的。他说："上帝立志要天下人幸福。人只能通过运用他的能力才能得到幸福。于是上帝要他运用他的能力。但是，要运用能力，他必须有自由做他的能力自然地驱使他做的事情。于是上帝愿他应该有这个自由。所以，他有权得到这个自由。"[1]不过，这个自由不是一个人的权利，而是一切人的权利。所有的人都赋有各种能力，所有的人都必须自由地去做运用能力的事情，也就是说，一切人都必须有行动自由的权利。但是，有自由就必须有限制。斯宾塞认为，如果人们对运

---

[1] 斯宾塞：《斯宾塞教育论著选》，胡毅、王承绪译，207 页，北京，人民教育出版社，1995。

用他们的能力所需要的自由都有同样的要求，那么每个人的自由必须受一切人的同样的自由的限制。因此，每个人可以要求运用其能力的最充分的自由，同时要和别人具有同样的自由相一致。① 在这里，斯宾塞的观点非常明确，即人的自由不是绝对的，而是与对自由的限制并存的。

总之，斯宾塞的教育思想是围绕着资产阶级个人发展的内容来论述的。因此，在教育上，斯宾塞反对国家重视对普通民众的教育。在他看来，只有"头脑"，即资产阶级才应该受到教育，而普通民众只能从事生产劳动，不必接受高深的教育。不过，他的教育思想中也包含一些合理的因素。例如，他依据自然科学发展的现实，对科学教育和实科课程所做的论述，符合近代资本主义生产和生活的实际需要，在近代课程理论发展上具有一定的影响。

二、教育目的论

19世纪五六十年代，英国教育正处在走向古典人文主义教育还是科学教育的十字路口，20年代业已出现的"人文"与"科学"之争此时又趋于高潮。在这种情况下，斯宾塞以其哲学观与社会观为理论依据，从资产阶级个人生活的幸福出发，论述了一系列教育教学问题，形成了他的《教育论》一书的基本内容。该书反对传统教育，强调科学教育，成为当时英国教育变革中有影响的一本著作。该书被认为是卢梭的《爱弥儿：论教育》之后的一部最有用和最深刻的教育著作。②

(一)对英国古典主义教育的批判

斯宾塞的《教育论》一书包含了四篇论文，《智育》《德育》《体育》和《什么知识最有价值》，其中《什么知识最有价值》最为重要。在这篇文章中，斯宾塞从知识价值的角度论述了教育目的。斯宾塞批评英国古典主义教育的"装饰主义"传统，学校教育总是以"装饰知识"来提高人们的身份，总是追求装饰重于实用，把那些古典知识放在第一位。斯宾塞指出，在古典主义教育的影响下，英国的学校不是考虑什么知识最有真正的价值，而是什么能够获得最多的荣誉和地位。在教育中，它对男孩进行绅士教育，并让其学习大多无用的古典拉丁文和希腊文，对女孩只教以舞蹈、弹琴、唱歌、绘画等，这些教育的主要目的就是用装饰知识来培养儿童的心智，让人们远离实际和生活。古典主义教育也影响到了学校的课程，课程安排很少考虑科学知识对心智发展和社会进步的好处。总之，在斯宾塞看来，英国崇尚古典主义教育的弊端就在于它为了花而忽略了植物，为了美丽而忘记了实质。

(二)教育是为完满的生活做准备

教育的目的究竟是什么？斯宾塞认为就是"为完满的生活做准备"。他指出，人生最主要的问题在于如何生活，如何谋求现世的幸福，这意味着一个人必须能够在

① 斯宾塞：《斯宾塞教育论著选》，胡毅、王承绪译，208页，北京，人民教育出版社，1995。
② 斯宾塞：《斯宾塞教育论著选》，胡毅、王承绪译，40页，北京，人民教育出版社，1995。

生活中的各个方面做出合乎理性和社会准则的行为。为使人们对过完满的生活做准备，教育应放在对实用知识的追求上。追求实用的知识就是追求最有价值的知识。斯宾塞指出，什么是最有价值的知识，总的答案就是科学。科学可以使人类熟悉事物的构成，征服自然，使自然顺从人们的需要。从科学与教育的关系来看，科学发展中的每一个重大理论都会在教育上产生重要影响。从科学和人的发展关系来看，科学可以培养人的判断力，使人能用自己的理智去思维、去追求真理，而不迷信权威。斯宾塞的思想反映了英国文化教育上新的变化，即由一种传统的对人的社会地位、身份的追求开始转向对人的实际作为、实用价值的追求，这是英国社会变革的条件下社会发展对文化和教育冲击的结果。

(三)完满生活的五种活动

"什么知识最有价值"，斯宾塞认为，只有引申为"什么知识对个人最有价值"时，才容易为人们所理解。因此，应当确定知识的比较价值，确定哪些知识对个人的生活最有用处。斯宾塞指出，由于人的学习时间是有限的，因此需要对知识的价值进行比较，把有限的学习时间花在最有价值的知识学习上。为使人们过完满的生活，还应当分析个人生活的活动，以此来确定教育的目的、任务、内容和方法。他认为，人的完满的生活按其重要程度排列主要包括五种活动：①直接保全自己的活动；②获得生活必需品间接保全自己的活动；③抚养教育子女的活动；④与维持正常社会政治关系有关的活动；⑤在生活中的闲暇时间满足爱好和感情的活动。与这些活动相适应，知识的比较价值可以确定为下列次序：①关于直接保全自己的知识；②关于获取生活必需品，养活自己的知识；③关于家庭幸福所需要的知识；④关于社会福利的知识；⑤关于培养艺术爱好的知识。

从知识的序列划分可以看出，斯宾塞把关于个人生存和健康的知识放在第一位，这与英国古典主义的知识价值观是截然不同的。在他看来，最有价值的知识正是那些能够用来解决个人生活问题的知识，而不是那些传统的、不能直接有助于个人判断的知识。他主张对于价值最大的知识，应给予最多的注意；对于价值最小的知识，给予最少的注意。显然，斯宾塞的新的知识价值观是建立在他的实证主义哲学基础上的，具有功利主义的倾向，但他提出的把知识的实用价值作为衡量知识价值标准的思想，为新的课程论体系的建立提供了条件。

三、小学教育的基本内容和原则

这里主要从斯宾塞提出的智育、德育和体育三个方面进行论述。

(一)智育的基本内容和原则

斯宾塞十分重视智育问题。他从为完满生活做准备的认识出发，提出了以近代自然科学和社会科学为主要内容的广泛的课程体系，设置了五部分内容。

1. 为直接自我生存做准备的活动

主要开设生理学、解剖学等课程。斯宾塞认为，它们是阐明生命和健康规律、直接保全个人生命和健康、保持充沛体力的重要学科，是一个人从事工作、养育子女、尽公民责任的基础。人体的健康是一切幸福的要素，生理学是教育中最重要的一部分。

2. 为间接自我生存做准备的活动

主要通过获取生活资料和职业来实现。首先，应学会读、写、算的基础知识，然后，学习与谋生、赚钱、设计、生产等相关的学科，主要有逻辑学、几何学、力学、物理学、化学、天文学、地质学、生物学、社会学等。斯宾塞认为，这些学科可以使人提高生产活动效率，以赚取最大的利润而间接地保存自己。

3. 为将来抚养子女做准备的活动

主要通过一些教育学科来实现。他指出，为将来更好地做父母，必须了解指导儿童的身体、道德与智慧发展的原则。由于儿童的身心发育是受一定的规律制约的，所以必须了解关于这些规律的知识。为此，应开设心理学、教育学(包括一些生理学原理)等学科。斯宾塞认为，有了这些知识，就可以正确地对儿童实施智育、德育和体育。子女的心智和身体的发展在很大程度上取决于父母怎样教养他们，如果父母缺乏关于正确指导的知识，子女就会在发展上出现问题。

4. 为将来履行公民职责做准备的活动

主要开设历史学和社会学课程。学习历史知识，可以使学生了解过去和现在的人类生活，了解国家的成长和组织的历史，了解政权和宗教的演变、生产分配制度、国家的文化教育状况，以便作为一个社会公民合理地调节自己的行为，履行社会义务。斯宾塞指出，为尽公民职责做准备，学习社会知识，可以更好地了解社会现象、社会的组成、人性的发展规律、个人与社会的联系等。

5. 为将来在欣赏自然、文学、艺术等闲暇活动中满足爱好与情感需要做准备的活动

主要开设油画、雕塑、音乐和诗歌等课程。斯宾塞认为，学生学习这些知识，可以建立一种有健全文化的生活，以安排随着社会发展而大量增加的闲暇时间。

关于智育的原则，斯宾塞指出，设置一定的课程固然十分重要，但是儿童并不一定能够学习和掌握知识。在传授知识的进程中，还必须遵循儿童的心智发展规律，选择正确、恰当的原则和方法。这些原则和方法包括：①应当从简单到复杂。在教学时，应该从同时只教少数科目开始，逐渐增加，最后所有的科目齐头并进。②应该从不准确到准确。教学应当从分辨事物和动作的大概开始，逐步到更加细微、更明确的分辨，最后得到准确的概念。③应当从具体到抽象。教学要从具体事例开始，从个别开始，最后以抽象和一般结束。④应当从实验到推理。要先占有一些知识，把它们组织起来，在充分进行观察之后再进行推理。为此，在教学上，斯宾塞主张

通过实物进行教学，让学生感觉事物的颜色、软硬、大小等，形成对事物的属性、名称的认识。⑤教学应是一个愉快的过程。斯宾塞认为，健康的活动是愉快的，引起痛苦的活动是不健康的。教学要引导学生愉快地学习。①

(二)德育的思想基础和原则

在德育的思想基础方面，斯宾塞提出了功利主义的道德观和自然主义的道德观。

1. 功利主义的道德观

在德育方面，斯宾塞所持有的道德观是功利主义的道德观。他认为："一种行为，如果它当时的和日后的整个结果都是有益的，就是良好行为；而一种当时的和日后的整个结果是有害的行为就是坏行为。……归根结底，人们是从结果的愉快或痛苦来判断行为的好坏。……如果偷盗使小偷和失主都感到愉快，也就不会算是一个罪恶。假如善行竟会增加人类的痛苦，我们就应该谴责它而不说它是件好事。"②显然，斯宾塞的功利主义道德观只注重行为的结果而不问行为的性质，只讲行为结果而不问行为的目的、动机和内容，是典型的实用主义的道德观。

2. 自然主义的道德观

与功利主义的道德观相适应，斯宾塞提出了"自然后果"的道德教育思想。这种"自然后果"的道德教育，就是用儿童自己的行为的不良后果或者过失来教育儿童，以避免使儿童的身体受到伤害。这一思想是对卢梭教育思想的继承。斯宾塞反对当时盛行的家长的粗暴管教和当时学校管理的粗暴做法，认为运用"自然后果"原则可以使儿童对错误有理性的认识，可以使儿童在接受惩罚时，情绪不会产生较大的波动。斯宾塞强调"自然后果"原则的原因还在于，在他看来，资本主义社会需要的是一种能够自己主宰自己的人，这种人需要自主自律的精神。教育的目的应该是养成一个能够自治的人，而不是一个要让别人管理的人。实施"自然后果"教育原则的主要目的就是让儿童体验到自己行为的后果，对自己的行为结果负责。例如，一个儿童乱扔东西，教育者不应该替他把乱扔的东西收拾好，而应该使他下次得不到他所扔掉的东西，这样就会使他认识到不能再乱扔东西了。③

在上述思想的基础上，斯宾塞提出了德育的一些基本原则，主要包括：①要耐心地对待儿童经常表现出来的优点和缺点，不要希望儿童有任何大量的美德。②不要过多地管教儿童，而是让他在自己的行为发展中逐步接受教育。③要少发命令，而当必须发命令的时候，要果断和前后一致。④对儿童管理的最终目的是让儿童学会自治，而不是让他成为让别人管理的人。要减少家长的管理，尽快使儿童从预见的结果中学会自治。⑤对儿童的管教中，要有同情心。野蛮产生野蛮，仁爱产生仁爱。对待儿童如果没有同情，儿童也会变得没有同情。轻率、专制的管教是缺乏教

---

① 斯宾塞：《斯宾塞教育论著选》，胡毅、王承绪译，107页，北京，人民教育出版社，1995。
② 斯宾塞：《斯宾塞教育论著选》，胡毅、王承绪译，138页，北京，人民教育出版社，1995。
③ 斯宾塞：《斯宾塞教育论著选》，胡毅、王承绪译，141~142页，北京，人民教育出版社，1995。

育力量的表现。⑥为了进行理智的、有效的教育，家长和教师应该有钻研的精神和教育的机智，要能够忍耐、自制，不断改进教育的方法，了解儿童，使自己具有较高的教育水平。①

(三)体育的基本内容和原则

体育也是斯宾塞教育思想的重要内容之一。从民族和国家利益的高度出发，斯宾塞十分重视儿童的健康和体育问题。他指出，一个民族的发展、战争的结果、商业的竞争在一定程度上都与人身体的健康状况和忍耐力有关。因此，教育不仅是对儿童智力的训练，也是对儿童身体的训练。②

在体育上，斯宾塞认为，儿童的身体养育和训练是智力发展的基础，体力充沛才能使心智训练在生活斗争中有用。他指出，儿童的体育有两个基本原则：一是要使儿童的身体有良好的营养和健康保证；二是要使儿童身体的发展和教育符合生理学的科学原理，能够遵循自然的指导。据此，斯宾塞提出了儿童在饮食与营养、衣着、运动、游戏，以及学习中的一些基本主张和原则。

在饮食与营养上，要养成儿童良好的饮食习惯，不要让儿童过饱或不够，要有节制。不仅注重食物的数量，还应讲求食物的质量，儿童饮食的营养不应该低于成人，要高于成人；应按照气候的变化、食物的种类和儿童的健康状况配置儿童的食物；注意食物的多样化和适当搭配，保证儿童获取多方面的营养。③

在衣着上，斯宾塞主张衣服的种类和多少要应时而变，要能够有效地保护身体，不要穿得过暖或过多；儿童要多运动，多游戏。这样不仅可以使儿童得到乐趣，还可以使机体得到锻炼，身体得到匀称的发展。儿童进行体操运动也是不错的，它可以通过规定的动作使肌肉得到锻炼，但是体操不能替代游戏。④

与其他教育家不同，斯宾塞还论述了学习上的体育和体育卫生问题。他指出：儿童的学习不要过度，特别是不要用脑过度，要注意身体精力的分配，要考虑到学习造成的身体消耗，要预备好一天学习所需的脑力损耗，供应身体成长的额外需要。⑤

在西方教育史上，斯宾塞第一次明确地提出了智育、德育和体育的概念，并对智、德、体的教育内容进行了较为充分的论述，丰富了人类对教育本质和内容的认识。

总之，斯宾塞的教育思想反映了这一时期英国社会对教育发展的影响，提出了许多反映客观实际的内容。他重视科学知识的地位，重视根据人的活动来设立课程理论体系，重视建立智育、德育、体育的完整的教育体系，等等，表现出了他对儿童发展和小学教育问题的深入研究和探索，其中的许多见解是有重要价值的。

---

① 斯宾塞：《斯宾塞教育论著选》，胡毅、王承绪译，153～159 页，北京，人民教育出版社，1995。
② 斯宾塞：《斯宾塞教育论著选》，胡毅、王承绪译，162 页，北京，人民教育出版社，1995。
③ 斯宾塞：《斯宾塞教育论著选》，胡毅、王承绪译，163～172 页，北京，人民教育出版社，1995。
④ 斯宾塞：《斯宾塞教育论著选》，胡毅、王承绪译，181 页，北京，人民教育出版社，1995。
⑤ 斯宾塞：《斯宾塞教育论著选》，胡毅、王承绪译，188 页，北京，人民教育出版社，1995。

本章小结

在近代小学教育思想中，反对封建专制教育、强调尊重儿童的本性、重视知识的普遍学习等，成为许多教育家共同关注的内容。当然，每个教育家的小学教育思想又有不同的特点。

在这些教育家中，夸美纽斯的教育思想最为全面。他不仅提出了教育要适应儿童的自然发展的主张，还设计了完整的包括学前、小学、中学和大学的教育体系，并对教育、教学、教科书等问题进行了深入的探讨。

洛克不主张学校教育，认为小学教育应该在家里进行。不过他的绅士教育思想涉及小学教育，在小学教育的目的、内容和方法等方面提出了自己的独到见解。

与洛克一样，卢梭也主张儿童的小学教育在家里进行。卢梭小学教育的核心是强调要培养自然、自由发展的人。他重视儿童的主体地位，重视儿童的童年期，强调儿童依靠自己的力量独立地发展，反对外在的强制性的教育。这些思想对近现代教育产生了重要影响。

裴斯泰洛齐小学教育思想有实践和理论的基础。他为贫儿创办学校，并且在办学的过程中思考教育教学问题，提出了基于教育心理学的"直观教学法""要素教学法""小学各科教学法"等，在近现代小学教育实践和思想中占有重要地位。

赫尔巴特非常注重以教育心理学为基础、按照儿童年龄和个性进行小学教育。赫尔巴特提出的对儿童进行指导、管理和教育秩序的思想，在一定程度上反映了他对儿童发展与教育关系的理性认识，反映了小学教育教学的一般规律和特点。

福禄培尔在创办幼儿园之前进行过小学教育实验，并著有《人的教育》一书，阐述了他的小学教育思想。福禄培尔不仅提出了"教育适应自然的发展"原则和人的"自动"发展的思想原则，还对小学教育的性质、阶段、任务、教学内容和教学方法等具体问题进行了论述，标志着西方近代教育家开始把小学教育作为一个重要的研究领域，与家庭教育、学前教育构成一个相互联系的整体。

斯宾塞的小学教育思想比较注重从功利主义和实科教育的角度进行思考。他提出的基于现代科学认知的课程体系和德、智、体的教育体系对于认识儿童发展和学校教育规律具有重要的价值。

复习与思考

1. 认识夸美纽斯小学教育思想的特点和贡献。
2. 认识、比较洛克和卢梭的小学教育思想。
3. 认识、比较裴斯泰洛齐和赫尔巴特的小学教育思想。
4. 认识福禄培尔小学教育思想的特点。

第四章　现代英国的小学教育

【本章要点】▶————————————

    作为西欧最早进行资产阶级革命，最早开展第一次工业革命的国家，英国在 20 世纪上半叶继续推进初等教育的普及化、义务化、免费化。第二次世界大战之后，英国依据综合国力的竞争和国内政治、经济的发展需要对初等教育进行了多次调整和改革，尤其是颁布了多部法令来完善初等教育的基本制度。本章主要介绍 20 世纪初期至 90 年代英国初等教育的发展与改革情况，分为两个时间段进行介绍：第二次世界大战前，主要关注英国 1900—1938 年小学教育的基本情况，在这一时段，英国国民教育制度逐步统一和确立；第二次世界大战后至 20 世纪 90 年代，主要关注 1945—1990 年英国小学教育的发展情况，这一阶段的英国教育走向了综合化和统一化，在大发展的同时迈进了改革的新时代。

第一节 第二次世界大战前英国的小学教育

自 1870 年《初等教育法》颁布以后，英国的初等教育得到了较快的发展。在已有初等学校的基础上，地方教育局开办的公立小学迅速发展起来。国家干预公共教育事业的国民义务教育制度以及法定的公共教育体系在英国逐渐建立起来，英国教育史上出现了公立小学和教会学校并存的局面。到 20 世纪上半叶，英国初等教育的发展又有了新进展。在教育行政管理方面，形成了以地方教育局为主的管理体制。在教育政策与法令方面，随着《巴尔福教育法》《费舍教育法》等的颁布，英国的公共教育体系得到了进一步完善和明确。

一、第二次世界大战前英国小学教育发展概况

虽然 1870 年《初等教育法》已经颁布，但英国初等学校的发展依然存在诸多障碍。比如，地方税收能否用于支持私立学校①这一问题迟迟未得到明确的落实。1902 年《巴尔福教育法》颁布之后，私立学校在地方教育局的资助和监管下才获得了公共资助。

(一)初等学校发展概况

在《巴尔福教育法》颁布后，20 世纪上半叶英国初等学校主要分两种类型。一类是由原公立学校发展而来的"供给学校"，另一类是由私立学校发展而来的"非供给学校"。前者完全由地方税收资助和扶持，发展迅速；后者虽可获得地方税收补助，但是这种补助主要用于学校世俗教学事务的开支，学校基建、修缮和改建的费用依旧由学校所属的宗教团体负责。当然，"非供给学校"的校长和教师的任免权不属于地方教育局，它依旧保留在教会学校理事会手中。

总体来看，受政治、经济等各种因素的影响，在 20 世纪上半叶，英国公立学校的发展势头要明显好于私立学校。1901 年，英国 3～5 岁儿童进入公立初等学校的人数达到 5778000 人，十年后的 1911 年，上涨到约 6111000 人。1934 年，公立初等学校学生已超过 385 万人，是私立初等学校学生人数的两倍以上。而且，这一趋势还在扩大，到 1939 年，在 5～11 岁的儿童中，约有 90％就读于公立初等学校，公立学校已经发展成为英国初等教育的主要机构。与此同时，私立学校正在逐渐走向式微。由于教育标准的提升和教育改组的不断推进，很多私立学校无法像之前一样完全按照自己的思路办学，它们大多被迫关闭或转交地方教育局管理。据统计，这一时期每年约有 100 所私立学校选择关闭或转交权力，其中包括 9480 所英国国教

---

① 私立学校多为宗教或民间团体设立。

学校和 1323 所罗马天主教学校。[1]

在公立小学迅速发展的同时，20 世纪上半叶英国初等教育的"免费化"进程在不断推进。1900 年，英国有超过 500 万学生接受免费初等教育，有超过 50 万学生获准减少学费。1901 年，英国颁布法令要求公立小学收取学费的上限是每周 9 便士[2]。1918 年《费舍教育法》颁布后，英国彻底取消所有公立小学的学费。另外，经过《巴尔福教育法》《费舍教育法》《哈多报告》等一系列教育法案的颁布和实施，到 1938 年，英国 5～14 岁儿童中绝大部分接受了小学教育。

(二)初等学校的课程

19 世纪以来，英国初等学校的课程变化都很小。在功利主义的原则下，以经济和效用原则为指导的"按成绩拨款"制度使得英国初等教育的目标和教学内容非常狭隘，读、写、算成为初等学校最核心的课程。在教学中，教师权威主义盛行，教学方法机械单一，学生靠死记硬背完成学习任务，学生的个性发展受到压抑，全面发展无从谈起。这种现象一直持续到 19 世纪后半叶。

从 19 世纪后半叶开始，随着工业化的推进和经济的持续发展，以往那种狭隘的知识和技能教育已无法满足英国社会对更加灵活和自由的教育的要求。在这种情况下，初等学校课程类型逐渐多样化，到 20 世纪课程类型更加多元。1862 年英国修订的《小学法典》中规定的学科和标准(见表 4-1)构成了 19 世纪后期许多小学教育的基础。之后 19 世纪 70 年代，中央政府拨款鼓励教授读写算以外的科目，要求所有学生都要学习语法、历史、地理、普通缝纫，同时为英国文学、数学、法语、德语、拉丁语、力学、植物学等科目教学专门拨款。1882 年，在 1862 年法典的基础上补充了七年级标准。1890 年，体育也得到了重视。[3]

表 4-1 1862 年《小学法典》中规定的学科和标准

学科	标准					
	一年级	二年级	三年级	四年级	五年级	六年级
阅读	用单音词组成的叙述句。	学校中用的初级读本中较单音节词复杂一级的叙述句。	学校中用的初级读本中的段落。	学校中用的较高级的阅读课本中的一小段。	学校一年级用的阅读课本中的几行诗。	报纸中和其他现代记叙文中普通的一小段。

---

① 海尔斯：《英国的教育》，姚柏春译，12 页，南京，正中书局，1946；上海师范大学教育系《外国教育发展史资料(近现代部分)》编译组：《外国教育发展史资料(近现代部分)》，38 页，上海，上海人民出版社，1976。

② 英国等国的辅助货币。

③ 奥尔德里奇：《简明英国教育史》，诸惠芳、李洪绪、尹斌茜译，84～85 页，北京，人民教育出版社，1987。

续表

学科	标 准					
	一年级	二年级	三年级	四年级	五年级	六年级
书写	在黑板或条板上用手写体大小写字母听写。	手抄一行印刷体字。	同一段中的一个句子，慢慢地读一遍，然后逐字听写。	用同一本书，但不要用刚读过的一段，一次读几个词，慢慢地听写一个句子。	根据学校一年级用的阅读课本，一次读几个词，慢慢地听写一个句子。	报纸和其他现代记叙文中另一小段普通文章，慢慢地听写一遍，一次读几个词。
算术	在黑板或条板上写出20以内的数字，视读20以内的数字，口头做10以内的加、减法，根据黑板上的例子做加、减法。	简单加、减法算术题和乘法表。	用简单规则，直到短除法（包括短除法在内）的算术题。	用混合规则的算术题（钱）。	用混合规则的算术题（常用度量衡）。	应用题或账单应用题。

1900年的《小学法典》规定，小学课程应包括英语、算术、地理、历史、体育、绘画、缝纫，高年级还有法语、科学及代数。1903年，伦敦教育委员会对小学的课程进行调查，结果发现"学校中的所有学生都上历史、地理课，同时有将近10%的学生学习法语。此外，尤其在城市地区，围绕着学校的活动范围扩大了。这些活动包括夜间协会和夜校、学校聚餐会、出游、较长的假日、假期学校、运动设施和比赛"①。

1904年，英国教育委员会提出《公立小学规则法典》，强调公立小学的目的是"让接受教育的儿童形塑并增强品德，根据学童的不同生活工作的需要，善用在学时光，以期在实用及智能上适应他们"②。由此，过去那种将初等教育视为慈善事业的时代已经过去，儿童有权利学习有利于其品格形塑和道德养成的多样化课程，有权利参与到社会生活的实践中。从1927年伦敦一所初等学校的课程安排表（见表4-2）中可以看到，英语和算术、历史、地理、唱歌与跳舞、科学与实艺、体育、游戏等有利于儿童个体发展的主要课程都在其中。这表明，英国初等学校的课程已经从传统的只关注读、写、算转向了多元和灵活的知识和技能学习。

---

① 奥尔德里奇：《简明英国教育史》，诸惠芳、李洪绪、尹斌苗译，86页，北京，人民教育出版社，1987。

② 周愚文：《英国教育史：近代篇（1780—1944）》，109页，台北，学富文化事业有限公司，2001。

表 4-2　伦敦一所初等学校的课程安排表①

课程	每周授课时间/小时
圣经	2.5
英文和算术	10
历史、地理、唱歌与跳舞	5
科学与实艺(包括女子的缝纫和家政、男子的木工和金工)	5.5
体育	1.5
游戏等	3
总计	27.5

(三)初等学校的福利政策

20 世纪初，基于现代福利国家制度相关政策的推行，教育福利政策在英国建立起来，主要包括校餐制度和学校医疗制度。

1. 校餐制度

校餐制度源于战争征兵中发现很多新兵体检不合格，经调查认为，这是饥饿和营养不良造成的。1906 年，英国出台《教育膳食法》，授权地方教育局成立学校餐室委员会，且在教育委员会的授权下为无力支付学校餐食的儿童提供资助。但这一法案并未得到全面贯彻。1914 年，再次颁布《教育膳食法》，强制地方教育局为确诊营养不良的儿童提供膳食，并规定由校医而非地方教育局决定儿童是否需要膳食。1934 年，英国颁布《牛奶法》，在学校中推行"牛奶进校园计划"，儿童在学校每天可以 0.5 便士买到 1/3 品脱②的牛奶，针对有特殊情况的儿童可以免费供给 2/3 品脱的牛奶。大萧条期间，在失业严重地区，地方教育局免费或低价为学龄儿童提供正餐。但是直到 1939 年，有机会享受免费膳食的儿童占比还不到 13%，且仅有 50%的地方教育局提供了膳食服务。③ 这种状况一直持续到《1944 年教育法》颁布。该法规定，地方教育当局必须为所管辖区内学校的在校生提供牛奶、正餐和点心，可酌情收费。1945 年议会通过《家庭补助法》后，学校提供的牛奶才全部免费。至此，为学生提供膳食服务成为强制性义务。

2. 学校医疗制度

1907 年，英国颁布《教育行政供给法》，标志着英国学龄儿童医疗检查制度的建立。法案规定，地方教育局有义务在学生入学之前、入学时和入学后，或者是中央教育委员会规定的时间为其提供医疗检查。同年，教育委员会成立学校医务局，负责对学龄儿童进行检查和治疗。之后，教育委员会又相继发布《576 号通知》和《596

---

① 诺武德：《英国教育制度》，李鼎声译，19 页，上海，商务印书馆，1935。
② 英美计量体积或容积的单位。英制 1 品脱等于 0.5683 升。
③ 陈峥：《冲突与进步：英国基础教育福利化进程研究》，博士学位论文，华中师范大学，2014。

号通知》，要求地方教育局聘请校医和设立校医院。1913 年，学校医务局为英格兰和威尔士 600 万名公立小学的儿童做了健康评估。结果发现，公立小学的学生中 10% 有严重的视力问题，5% 有听力缺陷，3% 有耳部溃烂，3% 有淋巴组织或是扁桃体肥大，50% 有牙齿溃烂，10% 身体不清洁，2% 患有肺结核，1% 患有心脏病，1% 患有癣菌病。[①] 这让政府再次意识到儿童的健康问题刻不容缓。教育大臣费舍在 1917 年向下议院介绍教育议案的声明中明确指出："教育对一个人来说应该是全面的，包括精神的、智慧的和身体的教育"[②]，"许许多多儿童虚弱的身体状况，使我们教育系统的价值蒙受了多大的损害；如果我们不想虚掷花在教育系统中的大部分财力，那么，提高穷人孩子身体健康普遍水平的必要性是多么迫切"[③]。费舍的声明在 1918 年《费舍教育法》中得到了落实。该法案明确规定地方教育局有责任为公立初等学校的儿童提供医疗服务，也有权力为其他公立学校提供体检和治疗服务。之后，为学龄儿童提供医疗服务成为政府和地方教育局的职责，也成为英国学校制度的重要组成部分。据统计，到 20 世纪 30 年代，已有 314 个地方教育局建立了 2000 多所校医院。截至 1938 年，学校医务局聘请了专兼职医生约 1500 名，牙医逾 1000 名，护士约 5600 名，共进行各种医疗视导逾 890 万次，诊治病患约 300 万人次。[④]

在改善餐食和提供医疗服务的同时，英国在 19 世纪末 20 世纪初还为残疾儿童开办起特殊学校。1914—1918 年，为身体和心理有缺陷的儿童提供充足的教育也逐渐成为地方教育局的一项义务。[⑤]

二、《巴尔福教育法》与初等教育的管理

到 19 世纪末，英国虽然出现了公立小学和教会学校并存的局面，但国家并未实现对教育的有效管理，相应的管理体制也未完全建立起来。1899 年，英国国会通过了一项教育法令，决定成立教育委员会，实现中央对教育的统一领导。1900 年，教育委员会开始正式工作。作为中央一级的教育行政管理机构，教育委员会主要负责对国内的初、中等教育和职业教育进行检查和管理，并分配教育补助金。这在很大程度上为英国初等教育的统一管理奠定了基础。

1902 年，为了进一步加强对教育的管理，英国颁布了《巴尔福教育法》，主要内容如下。

①废除以往由各学区的学校委员会管理初等学校的办法，设立地方教育局直接管理当地初等教育，保证初等学校的物资供应，负担日常开支、教师工资等费用，并进行教学监督。

---

① Stephens W. B.，*Education in Britain*，*1750—1914*，New York，St. Martin's Press，1998，p. 94.
② 瞿葆奎：《英国教育改革》，22 页，北京，人民教育出版社，1993。
③ 瞿葆奎：《英国教育改革》，20 页，北京，人民教育出版社，1993。
④ 周愚文：《英国教育史：近代篇(1780—1944)》，107 页，台北，学富文化事业有限公司，2001。
⑤ 张晓敏、宋颖军：《论英国教育》，49 页，长春，吉林教育出版社，2012。

②地方教育局有权设立公立文法中学、中等技术学校和师范学校，并为它们提供资金。

③地方教育局有权对私立学校和几乎所有教会学校进行扶持和资助，以加强对其监督和控制。[①]

以上《巴尔福教育法》中对地方教育局相关权利的明确，表明英国初等教育的管理以地方教育局为主，通过地方教育局的资助和扶持来达成中央的统一管理。由此，一种包含英国国会、教育委员会和地方教育局的教育行政管理体制在英国建立起来了，这种教育行政管理体制一直沿用至今。同时，法案决定为私立学校和几乎所有教会学校提供资助，有利于对这两类学校进行管理和监督，进而为国民教育体系的完善奠定了基础。

作为进入 20 世纪后制定的第一部重要教育法案，《巴尔福教育法》对英国初等教育的发展产生了重要影响。据统计，在法案颁布后，英国全国共设立了 330 个地方教育局来负责初、中等教育的资助和管理工作。从 1902 年起，英国初等学校生均教育经费增加了 1.5 倍，使国民接受初等教育的机会得以扩大。[②] 另外，《巴尔福教育法》第一次将初等教育和中等教育放在一起进行讨论，要求地方教育局考虑本地区的初等学校和中等学校的关系，这为后来英国建立相互衔接的完整的公共教育制度奠定了基础。调查数据显示，1870 年《初等教育法》颁布时，英国接受全日制初等教育的 10 岁儿童比例为 40％，到 1902 年，这一比例上升至 100％。

三、《费舍教育法》与初等教育的进一步发展

1914 年，第一次世界大战爆发，英国国内经济遭受重创，国内阶级矛盾不断深化，民众争取教育权的斗争有增无减，关于公共教育能否拯救国家的议题在全国掀起了大讨论。1916 年，英国首相乔治任命时任谢菲尔德大学副校长的费舍为教育委员会主席。次年，费舍在其关于教育重要性的演说中便指出了初等学校的价值，"假如任何人怀疑我们初等学校的价值，他们的怀疑肯定会被战争的经验所消除"[③]，意指初等学校对国家的存续和发展至关重要。

为了提升初等学校的质量和标准，为儿童提供更多的指导和教育，以完善公共教育制度，费舍领导教育委员会向国会提交了一份议案，并于 1918 年获得通过，即《费舍教育法》。其主要内容如下：

---

① 这里需要说明，《巴尔福教育法》中对地方教育局进行了分类：第一类是第二部分地方教育局，即郡和郡级市议会，主要负责当地初等教育以外的其他各类教育，包括中等学校、中等专科学校、职业学校、师范学校等；第二类是第三部分地方教育局，即人口在 1 万以上的自治市和人口在 2 万以上的城市区议会，专门负责初等教育。正文中的①主要指的是第二类（即第三部分地方教育局），②主要指的是第一类（即第二部分地方教育局）。

② 滕大春：《外国教育通史·第 5 卷》，163～164 页，济南，山东教育出版社，1993。

③ Barnard H. C.，*A Short History of English Education*，1760—1944，London，University of London Press，1947，p. 217.

①地方教育局应该为 2～5 岁的儿童开办幼儿学校或幼儿班，并对接受监督的私立幼儿学校提供资助，以利于从小发展儿童的体力和智力。

②5～14 岁为义务教育阶段。其中初等学校分为 5～7 岁和 7～11 岁两个阶段，鼓励有条件的地方将义务教育上限调整至 15 岁。

③在任何公立初等学校中，不允许以任何形式收取任何费用，实现公立初等教育完全免费。

④禁止雇用 12 岁以下的童工，且 12～14 岁劳工的劳动时间为每天最多 2 小时，禁止儿童在工厂、车间、矿井、采石场等场所工作。

⑤地方教育局应该开办补习学校，尤其是中等职业技术学校，向 14～16 岁的年青人提供适当的普通教育、体育和职业教育。

⑥地方教育局应关注儿童的健康水平和身体状况，改善学校卫生设施，设置校医，定期对儿童进行免费体检，以增进儿童的身体健康。

⑦扩大地方教育局在组织和推进地方教育发展方面的权力，同时要求地方教育局必须将其教育发展计划报送教育委员会以争取资金补助。

⑧改革考试制度。

⑨地方教育局应该注意提高教师工资。

《费舍教育法》在英国教育史上第一次明确提出要考虑到建立面向全体有能力受益的人的全国公共教育制度[1]，且确实初步提出了一个包括幼儿学校、初等学校、中等学校和各种职业学校在内的公立学校系统，使英国在建立完整的国民教育制度方面有了突破性进展。尤其在初等教育方面，《费舍教育法》的影响更为深远。首先，法案将义务教育年龄提高到 14 岁，要求适龄儿童必须进入学校接受教育，且禁止雇用 12 岁以下的儿童，有利于进一步推进义务教育的普及化。其次，法案对初等学校进行了分级，更加细化了初等学校的职责。再次，虽然 1870 年《初等教育法》及其他一些法案中提到了初等教育免费，但直到 1918 年《费舍教育法》的颁布，才彻底实现了公立初等学校免费。另外，《费舍教育法》颁布的第二年，教育委员会建立了由地方教育局和教师代表组成的委员会专门讨论提高教师工资的问题。1921 年，该委员会确定了初等学校、中等学校和职业学校教师的工资标准。公立初等学校教师的工资比第一次世界大战前提升了一倍左右。最后，法案规定改善学校卫生状况，在学校中设置校医，对儿童进行身体检查，表明儿童真正得到了关注。

四、《哈多报告》对初等教育概念及内涵的澄清

随着初等教育的普及，英国民众(尤其是下层民众)要求接受中等教育的需求在第一次世界大战后不断被提出，关于"人人接受中等教育""初等教育和中等教育的衔

---

① 康内尔：《二十世纪世界教育史》，张法琨、方能达、李乐天等译，377 页，北京，人民教育出版社，1990。

接"等问题引发了社会舆论的热烈讨论。1924 年,在任的工党政府任命以威廉·哈多为主席的教育调查委员会,负责对英国全日制小学后教育进行调查。1926 年,哈多在调查研究的基础上主持起草了《关于青少年教育的报告》,并于当年发布(此后,哈多任主席的教育调查委员会发布了多个报告,统称《哈多报告》)。本质上来讲,《哈多报告》更多地是对英国的中等教育做出具体规划,但其中提到的关于初等教育的内容值得关注。

首先,报告进一步明确了初等教育的概念及内涵。认为小学教育应该称为"初等教育",取消"基础教育"一词。儿童在 11 岁之前所受的教育称为"初等教育",分为两个阶段:5~8 岁的幼儿学校阶段、8~11 岁的初级小学阶段。初等教育于 11 岁左右结束,11 岁之后接受的教育应称作"初等后教育"。报告建议儿童在 11 岁之后进入中等学校(包括文法中学、现代中学、技术中学、公立小学高级班或高级小学)或其他机构接受小学后教育。

其次,报告延长了义务教育年限。《哈多报告》提出,义务教育年限延长一年,从之前的 5~14 岁变为 5~15 岁,完成中等教育的最低年龄也是 15 岁。

最后,报告提到了初等教育与中等教育的衔接问题。报告指出 11 岁接受完普通初等教育之后,儿童可以通过选拔性考试进入不同类型的中学,以适应儿童不同的能力和需求。

1931 年,哈多领导的教育调查委员会在对英国初等教育进行调查后发表了第二份报告《初等学校》,讨论 11 岁以下儿童的课程问题。报告对 19 世纪以来英国初等学校功利主义的读、写、算课程体系进行了批判,认为随着工业化的发展应该改革课程体系,"应该根据活动和经验,而不是那些需要掌握的知识和需要储存的事实去考虑课程"[1]。初等学校的课程应该在儿童能力所及的范围内,发展儿童的基本能力并唤起他们对文明生活的基本兴趣;鼓励儿童逐步控制和有秩序地处理自己的精力、冲动和情感,这是道德和智力训练的根本;帮助儿童树立责任感,并能身体力行;启发儿童的想象力和同情心,以便使他们能够理解并在今后的岁月里遵循生活和行为方面最优秀的范例。[2] 报告建议初等学校的课程以儿童为中心,从活动和经验出发进行设计,关注儿童的基本能力。这在很大程度上是与美国的进步主义教育遥相呼应的,它为更加自由、多元、丰富的儿童中心课程体系的建构奠定了坚实基础。在课程实施方面,建议根据儿童智力和能力的高低对儿童进行分组教学。

1933 年,该委员会发布了第三份报告《幼儿学校及保育学校》,主要讨论招收5~7 岁儿童的幼儿学校问题。该报告认为,既然幼儿学校是英国初等教育的一部分,那么在《初等学校》报告中提到的"应该根据活动和经验,而不是那些需要掌握的

---

① MacLure J. Stuart, *Educational Documents*:*England and Wales*,1816 *to the Present Day*,London,Methuen & Co. Ltd.,1973,p. 189.

② 张晓敏、宋颖军:《论英国教育》,51 页,长春,吉林教育出版社,2012。

知识和需要储存的事实去考虑课程"的原则也应该适用于幼儿学校。幼儿学校的特别职能是"满足从婴儿期到儿童期过渡年龄儿童的教育需要",因而需向 5~7 岁儿童提供他们在这一特定发展阶段对于身体、智力、精神和道德方面成长至关重要的东西,同时要考虑到它与初等教育后半段的连续性。① 报告建议在幼儿学校延续自由的儿童中心主义原则,通过为幼儿提供进一步的经验和常识的机会,使其得到最好的培养。

综上,《哈多报告》在很大程度上进一步廓清了初等教育的概念,明确了初等教育与中等教育的界限,消除了原来一贯制初等教育(至 14 岁)和业已存在的招收少部分 11 岁以后儿童的"中等教育"之间的重叠②,明确了初等教育为 11 岁以下儿童的教育,同时延长了义务教育年限。除此之外,《哈多报告》确立了"以儿童为中心"的初等学校(包括幼儿学校)的课程指导思想,以及对儿童进行"能力分组"的原则。在报告的指导下,第二次世界大战前后英国初等学校的课程得以丰富,教学方法得以改进,教学组织形式也得到更新和发展,新型的师生关系和氛围也得以形成,为第二次世界大战之后进步主义教育在英国初等教育的实施提供了理论基础。报告发表之后,英国初等教育的相关内涵和外延基本上得到了明确,为之后初等教育的发展奠定了坚实的基础。

第二节　第二次世界大战后英国的小学教育

第二次世界大战使英国面临内忧外患的局面:一方面,在战争中蒙受巨大损失,综合国力不断下降;另一方面,国内社会矛盾不断激化。英国政府试图通过教育改革来促进社会与经济的发展,缓解危机。英国政府先后颁布了一系列的教育改革法令,采取了诸多教育措施。

一、第二次世界大战之后英国小学教育发展概况

《哈多报告》之后,英国初等教育的概念及内涵得以明确,初等教育不再称为 elementary education,而称为 primary education,且 11 岁作为关键节点,使初等教育与中等教育的界限得到了明确。第二次世界大战期间,新的教育法——《1944 年教育法》颁布,英国初等教育的相关制度再一次得到明确,国民教育制度最终得以统一和确立。之后直到 20 世纪 90 年代,英国初等教育一直处于不断发展中。

(一)初等学校发展概况

《1944 年教育法》明确提出初等教育阶段为 5~11 岁。当时英国实施初等教育的

---

① 张晓敏、宋颖军:《论英国教育》,51 页,长春,吉林教育出版社,2012。
② 王承绪:《英国教育》,315 页,长春,吉林教育出版社,2000。

学校主要有幼儿学校、初级学校或初等学校，以及预备学校。这几种学校基本上成为 20 世纪后半叶英国初等学校的主要类型，它们在不断地改革和调整中走向成熟。

1. 幼儿学校

幼儿学校招收 5～7 岁的适龄儿童，主要的教育目的在于锻炼儿童的身体，培养儿童的习惯，以及教会儿童最简单的生活常识，认识生活中的相关事物。在幼儿学校中，儿童主要的学习方式是游戏和活动。通过游戏和活动，儿童认识周围的世界，并向周围的世界学习，从而养成健康的体魄，形成良好的性格和习惯。到了 20 世纪 70 年代，幼儿学校中盛行一种称为开放制的教学方式，即让儿童在开放的教室中活动和学习，代替传统的由教师带领儿童统一教学的形式。根据不同的教学内容，在开放的配备有各种设备的空间中，儿童自由地进行活动，自主地学习，进而促进身心自由发展，以及创造力和想象力的发挥。[1]

2. 初级学校

初级学校招收 7～11 岁的适龄儿童，主要目的在于发展儿童的各项基本能力，教授儿童基本知识，培养儿童的习惯、道德和行为。在教学中重视儿童自身的活动与经验的获取。初级学校的课程包括英语、数学、历史、地理、自然、卫生、美术、手工劳动、音乐与体育等，除此之外，还有宗教课程。[2] 20 世纪六七十年代以来，初级学校格外注重外语课程教学，尤其是法语。

3. 初等学校

相较于幼儿学校和初级学校分开设立，分别招收 5～7 岁和 7～11 岁的儿童，初等学校则直接针对 5～11 岁的所有适龄儿童，同时允许学校在内部附设保育班，招收 3～5 岁的儿童。初等学校的教学内容随着儿童年龄的增长逐步增加。幼儿保育方面主要关注幼儿身体的养护，到 5 岁之后逐渐增加对周围事物的认知，以活动和游戏为主。之后逐渐加入知识学习，对英语、数学、历史、地理、音乐、美术、体育等多有涉及。

4. 预备学校

预备学校是英国独立学校体系中的初级教育机构，主要为英国公学提供预备教育。与英国的其他公立和私立学校不同，预备学校前接幼儿园(3～8 岁)，后接公学(13～18 岁)[3]，自成一个独立的学校体系，不接受政府资助，也不受政府管控。在教学中，预备学校主要开设古典课程，如拉丁语、希腊语，以及一些古典文化课程，目的在于为公学提供生源。学生从预备学校毕业后直接进入公学。这种自成体系的独立学校系统在很大程度上是上层子弟的专属教育通道，一般社会阶层的子弟无法也几乎不可能进入这个轨道中。

---

[1] 王天一、夏之莲、朱美玉：《外国教育史》修订本，下册，21 页，北京，北京师范大学出版社，2005。

[2] 王天一、夏之莲、朱美玉：《外国教育史》修订本，下册，21～22 页，北京，北京师范大学出版社，2005。

[3] 王天一、夏之莲、朱美玉：《外国教育史》修订本，下册，22 页，北京，北京师范大学出版社，2005。

(二)初等教育的数次改革与调整

《1944 年教育法》除了明确英国初等学校的基本类型之外，也确立了第二次世界大战后英国初等教育方针与政策的基本方向。比如，成立教育部来统一管理全国教育，且只保留郡和郡级市议会作为唯一的地方教育局来负责初等教育的监督和管理。同时，决定在所有公立小学成立董事会，规定义务教育阶段为 5～15 岁，等等。

在《1944 年教育法》颁布之后，英国初等教育的改革和调整还在进行中。1959 年，通过《克鲁塞报告》，英国对《1944 年教育法》进行了补充，建议到 1969 年实现在全国范围内义务教育年龄达到 16 岁的目标。1963 年，英国提出加强教育改革，在初等教育方面扩充幼儿学校，同时将义务教育延长至 16 岁。1972 年，英国基本上实现了将义务教育延长至 16 岁的目标。1988 年，新的教育法颁布，要求对普通教育(包括初等教育)课程进行统一规定与评价，国家课程的出现将英国初等教育的管理权彻底交给了中央。1992 年，新颁布的教育法明确提出英国实施单一教育督导制，进一步加强中央政府对基础教育的影响，这一规定在很大程度上促进了英国市场化督导体制的形成。

除了义务教育政策的调整和教育管理体制的完善之外，第二次世界大战之后英国初等教育还进行了其他方面的改革。撒切尔夫人领导的保守党执政期间，推行了教育券计划和补助学额计划。教育券计划是由政府发给家长一定数量的教育券，家长可根据学校的质量和自己的意愿为孩子选择学校，并向学校缴纳教育券。学校凭借教育券向地方教育局兑换现金。教育券计划的目的是使学校在家长和社会的压力下适应多方需求，提高教育质量，否则将在激烈的竞争中被淘汰。该计划由于各种原因最终没有施行。

补助学额计划是撒切尔政府的另一项教育改革措施。根据该计划，公立学校的学生可以转入独立学校学习，家长无须负担费用或只需支付较少费用。政府将根据对家庭经济状况的调查为学生支付全部或部分学杂费。根据要求，英格兰和威尔士参与该计划的独立学校每年提供 5000～6000 个学额给"那些有学习才能但家长不能支付全部学费的儿童"。[1] 1980 年，补助学额计划被写入当年通过的教育法中，1981 年 9 月正式实施。在计划实施的第一年(1981—1982 年)，220 所独立学校共提供了 5500 个学额，实际使用了 4200 余个。到 1987 年，参加补助学额计划的独立学校已超过 275 所。[2]

总体来看，第二次世界大战之后英国初等教育的发展和改革比以往更迅速和广泛，各项改革基本上围绕着延长义务教育年限、明确管理和控制权展开。这有利于初等教育沿着更规范、更标准的统一化道路前进，但也削弱了英国初等教育的多样性和多元化。

---

① 徐辉、郑继伟：《英国教育史》，352 页，长春，吉林人民出版社，1993。
② 徐辉、郑继伟：《英国教育史》，352 页，长春，吉林人民出版社，1993。

（三）初等学校内部的课程与教学

按照 1931 年《哈多报告》的建议，英国初等学校内部的课程走向以儿童为中心。报告中提到，初等学校的儿童"活泼好动，好奇心强，喜欢做一些力所能及的小事情，并对所做的小事情感到兴趣无限；他们对周围事物的性质和意义，包括形状、形态、颜色、用途等有着浓厚的兴趣；他们能专心致志地投入自己创造的想象和情感的小天地中，并饶有兴趣地观察通过言语和戏剧性活动所再现出来的事物；他们处在一个掌握一门困难而陌生的语言的阶段……这些活动并非无目的的，它们构成了儿童成长的过程"。[①] 基于对儿童的这种认知，在具体的课程实施方面，报告建议从活动和经验出发进行课程设计，关注儿童的基本能力，包括儿童对生活的兴趣，对自我情感的控制，儿童的责任感、同情心、想象力的培养，等等。在《哈多报告》的建议和指导下，英国初等学校在第二次世界大战前后进行了以儿童为中心的课程改革与教学实践。这种课程改革与教学实践一直延续到 20 世纪 60 年代。

但与此同时，《哈多报告》建议根据儿童智力和能力的高低进行分组教学也在一定程度上阻碍了初等学校的发展。报告认为，由于儿童成绩和能力参差不齐，会对教师的工作造成压力。因此，应该尽可能在人数众多的初等学校设立三轨制的分组，包括智力能力较高的高级组，智力较迟钝的低级组，以及智力能力中等的中级组。这种能力分组从一开始就对儿童进行了分类，在某种程度上造成了初等学校越来越关注高级组，以争取获得更多的中学名额的结果。最终，一种只注重成绩和学生能力，过分强调考试及应对考试的手段与方法的片面发展目标在初等学校蔓延。

总体来说，第二次世界大战后英国还是沿着《哈多报告》的建议在发展，一直持续到 20 世纪 60 年代。20 世纪 60 年代在英国是一个乐观主义和教育大发展的年代。这一时期英国在校学生人数增长得特别快，教育经费也明显增加，课程内容多元化与丰富化。教育综合化、教育民主化、进步主义教学成为这一时期英国教育发展的代名词。在初等学校内部，强调以儿童为中心的教学。这种教学的表现是：对所有儿童因材施教，关注儿童的理解力而不是强制性地灌输知识；在学校内部组织上，放弃能力分组，跳出以班级为主导的教学，支持各种规模的灵活的小组教学；在方法方面，谴责机械式教学和死记硬背，提倡建立在儿童兴趣、主动精神基础上的各种教学方法，如发现式教学、探究式教学等。但对这些方法不加批判地运用也带来了一些后果。20 世纪 70 年代，人们发现初等学校缺乏纪律，读、写、算成绩标准降低，学校中的儿童缺乏基本的语言表达能力和运算能力，学校课程设置无法适应社会需要，进而无法满足社会和企业的需求，等等。

20 世纪 70 年代，对初等学校的批判引起了英国政府的关注。1976 年 10 月 18 日，英国首相卡拉汉发表《通向一场全国性大辩论》的演说，明确指出要提高初等学

---

① Chitty C.，*Towards a New Education System：The Victory of the New Right?*，London，The Falmer Press，1989，p. 55.

校的标准，设立核心课程，"使他们为今后社会中的建设性位置做好准备，并使他们适于从事一项职业……教育的两个基本目的都需要同样的基本工具。这些基本工具就是基本的读写算的能力，对共同生活和工作的理解能力，尊重他人，尊重个人"[①]。1977 年，英国教育和科学部发表关于《学校中的教育：一份咨询文件》的绿皮书，再次指出英国基础教育面临的问题："学校中儿童的成绩标准已经下降，学校课程对读写算的基本技能的关注太少，而学生的边缘学科的负担又过重。教师，不懂得如何训练儿童守纪律，不懂得如何培养他们勤奋学习或良好的举止。所有这一切的背后有这样一种看法，即教育制度已经脱离了英国在高度竞争的世界中维持经济生存的根本需求。"[②]该绿皮书同时表示，为所有学生提供核心课程的时机已经到来。这意味着英国政府对 20 世纪 30 年代以来初等教育领域实行的以儿童为中心的教育和教学理念的反思与批判。在此之后，关于在英国学校中设立核心科目和统一课程的问题成为英国政府和社会着重关心的问题。

1985 年 3 月，英国政府发表题为《更好的学校》的白皮书，再次指出了英国中小学面临的主要问题。其中与初等学校相关的问题包括学生成绩低下，各学校之间质量差异过大，课程规划和实施有待加强，儿童在科学、实践、美术等课程领域的活动机会太少，课堂教学以教师为中心，儿童缺少讨论、提出问题、独立探索、解决问题的机会，初等学校和地方教育局很少制定并实施有关评价和设置学生成绩档案的政策。[③] 白皮书提出了确立中小学课程的一些基本原则，如广博性、平衡性、相关性、适应性等。这为统一英国中小学课程奠定了基础。

1988 年，英国政府颁布《1988 年教育改革法》，开始推行全国统一课程。所谓全国统一课程，指的是由政府规定的课程，适用于义务教育年龄段在公立学校学习的所有学生，包括直接拨款公立学校的学生，但不包括幼儿学校、初等学校中的幼儿班、城市技术学院和独立学校中的学生。法案规定，公立学校的课程应该是平衡的、基础广博的，应能促进学生在精神、道德、文化、智力和体力等各方面的发展，同时使他们为成人生活的机会、责任和精力做好准备。在课程目标方面，法案坚持广博、平衡、相关和分化的原则。[④] 法案规定学校设置基本课程，包括宗教教育和全国统一课程。全国统一课程又分核心科目和基础科目。核心科目包括数学、英语和科学，基础科目包括历史、地理、工艺、音乐、艺术、体育、一门现代外语和威尔士语。总体来看，核心科目和基础科目的教学时间占到 70%～80%，剩下的 20%～30% 的时间主要用于扩大或加深核心科目和基础科目的教学，或者用于讲授全国统

---

① Emerson C. and Goddard I. , *All about the National Curriculum*，Oxford，Heinemann Educational，1989，p. 2.

② Chitty C. , *Towards a New Education System：The Victory of the New Right*?，London，The Falmer Press，1989，p. 64.

③ Emerson C. and Goddard I. , *All about the National Curriculum*，Oxford，Heinemann Educational，1989，p. 10.

④ 徐辉、郑继伟：《英国教育史》，356 页，长春，吉林人民出版社，1993。

一课程以外的学科。[1]

20世纪90年代，英国承续80年代末未竟的教育改革事业，在初等教育方面继续实施《1988年教育改革法》中确立的全国统一课程计划。这一时期，英国初等教育发展主要是追求"共同化的标准"和"多样化的结构"，即通过实施全国统一课程和国家统一考试，实现提高全国基础教育水平的目标。同时，通过《1988年教育改革法》，英国确立了中央权力不能进入市场、不能过多干预基层正常教学活动的原则。[2]

二、《1944年教育法》与国民教育制度的确立

1944年，处于战火中的英国面对国内不断高涨的教育改革呼声，颁布了以教育委员会主席巴特勒为领导的《巴特勒法案》，也称为《1944年教育法》。这是一部针对教育领域各个层面进行改革和重组的综合法案，内容包括教育行政管理、公共教育体制、独立学校、补充条款等，其中包括对初等教育相关制度的进一步说明和确认，主要有以下几点。

第一，加强国家对教育的领导和控制，同时整顿地方教育行政机构。法案决定废除之前只具有监督权力的教育委员会，设立教育部作为全国教育行政领导机构来统一管理全国教育。同时，取消"第三部分地方教育局"，规定郡和郡级市议会是唯一的地方教育局，对地方的公共教育负有管理和资助责任，向教育部提出关于初等教育、中等教育和继续教育的发展计划。地方教育局提出的一切计划都需得到教育部部长的同意和批准。教育部部长有责任"促进英格兰和威尔士人民的教育"，确保"控制和指导"地方教育局"有效地贯彻国家关于在各个领域提供全面多样的教育政策"。

第二，明确法定的公共教育制度体系。法案提出公共教育制度应包括三个相互衔接的阶段：5～11岁为初等教育阶段；11～18岁为中等教育阶段；18岁之后为继续教育阶段。

第三，再次明确义务教育阶段为5～15岁，并提出有条件的地区可以将义务教育延长到16岁。[3]

第四，对学校管理和领导提出统一要求，规定所有公立中小学都要成立董事会，成员由地方教育局任命。

第五，在经费上给予私立和教会学校补助，但它们的工作需符合教育部所规定的标准。在这里，法案明确了不同经费来源的各类学校包括：公立学校，由地方教育局设立并负担经费；私立学校，主要由教会或民间团体设立，以接受地方教育局

---

① 徐辉、郑继伟：《英国教育史》，356～357页，长春，吉林人民出版社，1993。
② 吴式颖、李明德：《外国教育史教程》3版，427页，北京，人民教育出版社，2015。
③ 1972年，英国基本上实现了义务教育延长到16岁。

资助的多少而分为政府完全监督和控制的学校（100％补助）、私办公助的学校（50％补助）和特别协议学校（50％～75％补助）；独立学校，主要指的是英国公学系列，这种学校财政独立，不接受政府补助，在管理上也独立于国家教育行政制度之外，仅接受教育部视察，并向教育部登记注册。

《1944年教育法》在继承之前教育法案的基础上，进一步加强了国家对教育的管理和控制，并使得自1870年《初等教育法》开始的教育国家化进程得以最后完成，英国的国民教育制度最终确立下来。该法案在加强国家对教育的领导和控制的同时，又整顿了地方教育行政管理机构，这对地方教育（包括初等教育）产生了很大影响。在此之后，5～11或12岁作为初等教育阶段被确立下来，5～15岁作为义务教育阶段也被确立为公共教育的基本原则。《1944年教育法》被认为是"英国教育史上最大的一次进步，其主要内容彰显了视野的扩大和对教育的远见卓识"[1]。可以说，它的颁布决定了第二次世界大战后英国教育发展的基本方针与政策，标志着英国新的教育制度的确立。

三、《普洛登报告》与初等教育的改进和提升

《1944年教育法》颁布之后，英国政府教育部门的精力主要集中于中等教育、继续教育和高等教育方面，初等教育则基本上沿袭着之前《哈多报告》的基本思想按部就班地前进。直到1963年，中央教育咨询委员会才开始再次对英格兰和威尔士的初等教育状况进行调查。该调查由普洛登女士任主席，任务是带领委员会"从各个方面考虑初等教育及其向中等教育的过渡"。经过四年的工作，委员会于1967年发布了题为《儿童及其初等学校》的调查报告，又称《普洛登报告》，对初等学校的各项工作和问题进行了改进和解决。报告涉及的主题及主要内容如下。

第一，家庭、教育与社区的关系。报告认为，儿童的智力水平、教育成就与家庭的社会阶级背景、家长的影响及社会环境存在密切联系。针对贫困地区，报告提出：①确定"教育优先发展区"并为其提供特殊帮助，包括增拨资源、资助贫儿、为教师发放额外津贴、增加教辅人员、有效建造和维修校舍、为3～5岁幼儿提供充分的教育设施等。②让家长更深入地参与子女的教育，主要途径是建立教师—家长协会，以及邀请家长到学校参加课外活动，在家庭与学校之间建立更密切的关系。③注重社会工作者的作用，在有条件的地区联合培养教师和社会工作者。

第二，初等教育的结构问题。报告指出：①要发展幼儿教育，使所有3～5岁儿童进入半托性的幼儿园，同时使约15％的儿童进入全托性的幼儿园。②重新对初等教育进行分段，分为幼儿学校（3～5岁，至少是半托性）、第一级学校（5～8岁）、中间学校（8～12岁）。12岁后，儿童从初等学校转入中等学校。③取消11岁智力和成

---

① Evans K. , *The Development and Structure of the English School System*，London，Hodder and Stoughton Ltd，1985，p. 109.

绩选择性考试。

第三，课程和内部组织问题。报告建议，在幼儿和初等教育阶段推行儿童中心主义的方法，放弃能力分组，推行实验性分组、开放教育计划、综合活动日、个别化学习等。报告尤其指出："一所（初等）学校不仅仅是一家教学商场，它还必须传播价值观念和态度。它是一个作为儿童的学生首先学会生活的场所，而不是作为未来的成人所生活学习的场所。"对儿童来说，"发现"的方法被证明是比"灌输"的方法更好的学习方法。[①] 报告还建议初等学校培养友善的气氛，谴责用体罚来维持纪律或刺激学习的做法。除此之外，报告建议以非正式的道德教育代替初等学校的宗教教育。

第四，师资方面的问题。报告指出，要为初等学校的男教师提供更好的经济待遇，以解决初等学校教师短缺和女性教师比例偏高的问题。同时，建议推行教辅人员制度，协助教师工作。在师资培训方面，报告建议加强初等教育的师资培训，确保有相当比例的面向初等教育的师范生攻读教育学学士学位，加强其与初等学校的直接联系。此外，建议重视在职师范教育与培训。

第五，校舍问题。建议在 1971—1978 年提供特别经费，以解决初等教育的困境。

第六，初等学校的地位和管理问题。报告认为，初等教育和中等教育在班级规模、校舍设施、人均津贴、薪资待遇等各个方面应该一视同仁。建议初等学校的校长和教师在各自领域发挥更大的决策作用，以改善初等学校的管理。

在以上事项的行动方面，委员会建议根据轻重缓急进行排序，依次为：确定"教育优先发展区"；招聘教辅人员；改善初等学校校舍条件；发展幼儿教育；统一规划，改变全国的初等学校入学日期及初等学校不同阶段之间的转学年龄；等等。[②]

《普洛登报告》在政府、初等学校、专业人士、家长等群体中发挥了广泛的影响。报告发布不久，教育和科学大臣就着手为"教育优先发展区"提供校舍拨款，截至1972/1973 年共计为"教育优先发展区"提供发展基金 3850 万英镑。1970 年，保守党上台后也将改善初等学校校舍条件作为其教育工作的一项主要内容。同时，英国政府从 1968 年起为困难学校教师提供住房补贴。但与此同时，报告的建议中还有一些问题并未落实或解决，比如教辅人员制度并未实施，初等学校的组织也没有像委员会所期待的那样灵活，体罚依旧存在。在学校与家庭的关系方面，政府和教师并未对报告中的建议有所行动，家校关系直到 20 世纪 70 年代中期之后才有所改善。

四、《1988 年教育改革法》与全国统一课程的设立

1988 年 7 月，英国国会通过了教育大臣贝克提交的教育改革法案，即《1988 年

① 徐辉、郑继伟：《英国教育史》，303 页，长春，吉林人民出版社，1993。
② 徐辉、郑继伟：《英国教育史》，305 页，长春，吉林人民出版社，1993。

教育改革法》。该法案主要是针对普通中小学的课程统一问题，同时涉及教育经费、教师聘任、教育管理、考试制度、高等教育、继续教育等方面的问题。其中与初等教育相关的内容如下。

第一，设立统一的全国课程。打破一直以来教育内容主要由地方教育局和学校自主确定的传统，规定5～16岁义务教育阶段的公立学校开设三类课程，即核心课程、基础课程和附加课程。核心课程和基础课程属于"国家课程"，是中小学的必修课程。核心课程包括数学、英语和科学，基础课程包括历史、地理、工艺、艺术、体育、现代外语等。

第二，建立与统一课程相联系的考试制度。义务教育阶段学生的学习分为四个阶段，每一阶段结束时要对学生进行考核。这四次考试分别是在学生7岁、11岁、14岁、16岁时进行，通过全国性考试来衡量学校的教育质量。

第三，成立全国课程设置委员会、学校考试与评定委员会。前者主要负责对公立学校的课程设置进行全面审查，后者主要负责全国审查考试和评定工作。两个委员会可就相关问题向国务大臣提供咨询。

第四，改革学校管理体制。结束之前中学由地方教育局管理的局面，规定原地方教育局管理的所有中学及规模较大的小学，直接由中央教育机构来管理和指导。

第五，加强家长在选择学校和参与管理上的权力。[①]

《1988年教育改革法》通过统一课程的设立强化了中央对普通教育（包括小学教育）的管理和控制。也正是在这个意义上，该法案被看作继《1944年教育法》颁布以来最重要的一部教育法案，在英国教育史上具有里程碑意义。

本章小结

现代英国的小学教育基本上可以与初等教育画等号，英国在第二次世界大战之前和之后对初等教育的多次改革基本上是以颁布法令的形式完成的。也正是在这些法令实施过程中，英国初等教育的基本制度得以一步步确立下来。

《巴尔福教育法》对英国初等学校的管理权进行了规定，地方教育局的设立使得初等学校有了专门的管理和监督机构。《费舍教育法》对初等学校进行分级，以及禁止雇用学龄儿童的规定，为后来初等学校的改革奠定了基础。《哈多报告》对初等教育概念的明确，廓清了初等学校发展的一些基本问题，同时增强了初等教育与中等教育的连接。《1944年教育法》完成了国家对初等教育的领导和控制，调整了地方初等教育的管理，同时确立了法定的英国公共教育制度体系。《1988年教育改革法》则

---

① 吕达、周满生：《当代外国教育改革著名文献（英国卷·第一册）》，137～317页，北京，人民教育出版社，2004。

通过建立全国统一的课程进一步加强了国家对初等学校的管理和控制。在这个过程中，英国义务教育的年限也不断被讨论和论证，5～16岁的义务教育阶段最终得以确立下来。初等学校的课程也从以儿童为中心的多样化逐渐走向国家统一化。

复习与思考

1. 20世纪初至第二次世界大战之前英国初等学校课程经历了哪些变化？

2.《巴尔福教育法》对英国初等教育的管理权是如何规定的？

3.《费舍教育法》中关于初等教育的主要内容有哪些？它对英国初等教育的发展产生了什么影响？

4.《哈多报告》中对英国初等教育的概念与内涵是如何规定的？

5.《1944年教育法》对英国初等教育的影响是什么？

6.《普洛登报告》是如何对英国初等教育的各项工作和问题进行改进和解决的？

7.《1988年教育改革法》对英国初等教育的影响是什么？

第五章　现代法国的小学教育

【本章要点】▶

　　19世纪后期第二次工业革命、马克思主义迅速传播、法国大革命等重大事件对20世纪法国的政治和社会局面产生了深远影响。虽然在不到50年的时间里，发生了两次破坏性极大的世界大战和一次严重的经济危机，但法国的教育还是在国内外有利因素的影响下，取得了一定的进步，逐步走向现代化。本章主要介绍19世纪末20世纪初至20世纪80年代法国初等教育的发展与改革情况，分为两个时间段进行介绍：第二次世界大战前，主要关注法国19世纪末至20世纪30年代小学教育的基本情况，在这一时段，法国小学教育主要围绕着世俗化、民主化、免费化的主题展开；第二次世界大战后至20世纪80年代，法国义务教育的普及和民主化成为主要议题。

第一节 第二次世界大战前法国的小学教育

19 世纪后期，法国国内政治局势的动荡、阶级矛盾的凸显，以及对外战争的爆发，使其很难集中精力考虑教育问题。事实上，在 19 世纪后期之前的很长一段时间，法国的初等教育基本上由教会控制，发展较为缓慢。直到第三共和国时期费里教育改革之后，法国初等教育才出现了较大的变化，得到较快的发展。"免费、世俗和义务"原则在基础教育领域确立下来，义务教育制度建立起来了。

一、第二次世界大战前法国小学教育发展概况

19 世纪后期至第二次世界大战前的法国基本上处于法兰西第三共和国统治时期。这一时期法国在文化教育、科学技术和思想意识方面取得了较大的成就，产生了广泛而深刻的影响。小学教育也在这一时期走向了新的发展阶段，法国历史学家让-皮埃尔·阿泽马和米歇尔·维诺克认为，第三共和国时期的法国以小学教育为首要手段，以世俗化和爱国主义为主要内容的第三共和国的意识形态，使其有了自己的灵魂。[1]

(一)初等学校发展概况

就像第三共和国前期教育部部长朱尔斯·费里所言，一旦所有法国青年都在免费、义务、世俗这三项教育原则下成长起来，便不必再担心旧日复辟，因为他们有了自己的武装。[2] 20 世纪上半叶，法国小学教育的发展基本上就围绕着免费化、世俗化(去宗教化)、强制性展开。

免费化方面，在费里的努力下，1881 年法国初等教育法案《费里教育法》颁布，明确规定"公立学校不再收取学费"，"在市镇收入不足的情况下，其办学费用由国家提供补贴"。之后，为了落实义务教育，费里还提出将国家预算的 1/7 作为公共教育经费。

世俗化方面，费里认为"为了社会和谐，学校应当代替教会"[3]。1879 年他曾提交过一份法律草案，要求未经政府批准的宗教团体的任何成员不得在私立或公立学校任教和担任领导工作，但最终未被采纳。之后，在 1882 年第二部《费里教育法》颁布后，初等教育的世俗化进程取得了较大进展。按照法律规定，未经核准的宗教团体必须提出申请，未经批准不得从事任何教学活动。所有学校一律实行"三无"政策，

---

[1] 让-皮埃尔·阿泽马、米歇尔·维诺克：《法兰西第三共和国》，沈炼之、郑德弟、张忠其译，106 页，北京，商务印书馆，1994。

[2] 张芝联：《法国通史》，416 页，北京，北京大学出版社，1989。

[3] 让-皮埃尔·阿泽马、米歇尔·维诺克：《法兰西第三共和国》，沈炼之、郑德弟、张忠其译，108 页，北京，商务印书馆，1994。

即无上帝，无神父，无基督教理。宗教教育此后不再属于初等教育的范围，学校原来的"道德与宗教教育"改为"道德与公民教育"，建立在科学基础上的道德取代了昔日宗教的地位，而道德教育主要是向学生灌输爱国主义和民族主义的思想。在费里看来，教育世俗化就是要培养法国青少年的爱国主义精神，这种精神的培养不仅是反对教权所必需的，也是营造社会团结与和谐所必需的。但要指出的是，费里并不是完全反对和取消宗教教育。他认为，宗教教育是家庭的职责，道德教育是学校的职责，因而当时规定除周三外，学校每周另有一天让学生在家中或教堂接受宗教教育。[1]

　　强制性方面，1882 年第二部《费里教育法》明确规定，共和国内所有 6～13 岁的男孩和女孩都应该接受初等教育，这种教育可以在公立学校、私立小学或家庭中进行。在家庭中接受教育的儿童，要定期接受检查和考核，各地市镇的教育委员会要经常检查儿童上学和在家接受教育的情况。另外，法案还提出要对那些擅自不送子女进入学校或不对孩子进行任何形式教育的家长进行处罚，甚至将其投进监狱。以上表明，一种免费、世俗、强制的初等义务教育制度开始在法国建立起来。《费里教育法》也被称为法国的义务教育法。

　　1886 年，费里的继任者戈勃莱继续推进对法国基础教育的改革和完善工作。戈勃莱主持制定了关于初等教育组成机构的法律，即《戈勃莱法案》。该法案被视为法国初等教育的基本法，它确定了国家和地方政府对基础教育的监督和管理权、教师世俗化以及实施初等教育的主要机构等。其中对于在法国实施初等教育的机构（主要包括幼儿学校和小学附属幼儿班、初级小学、高级小学或高小补习班和学徒手工学校等）的确定在很大程度上为法国初等教育长远而持久的发展提供了重要的法律保障。

　　《费里教育法》和《戈勃莱法案》颁布实施之后，法国初等教育得以迅速发展起来。据统计：1876—1886 年，公立小学学生人数从 382.3 万增加到 444.4 万；1850 年全国没有开办小学的市镇有 3213 个，到 1881 年减少到 152 个，到 1886 年《戈勃莱法案》颁布时仅剩下 80 个。1876 年，全国小学的各班级中超过 80 人的班级为 3543 个，到 1886 年减少为 758 个，1890 年，全国 84% 的小学的班级人数减少到 50 人或者 50 人以下，这样就方便更高效地实施教育教学和学生管理。[2] 19 世纪 90 年代，法国公立小学数量已达 68000 所，私立小学（通常被教会控制）达到 15000 所。[3] 而且，这一进程还在继续加快。1936 年年初，让·泽被任命为教育部部长，他是第二次世界大战之前的最后一任法国教育部部长。在任期间，他积极推动法国教育的民主化改革，并取得了较为显著的成效。其中一项重要举措就是在 1936 年 8 月 9 日通

①　邢克超：《法国教育》，104～105 页，长春，吉林教育出版社，2000。
②　Félix Ponte, *Histoire de l'enseignement en France*, 1789—1965, Paris, Sirey, 1968, p.290.
③　张芝联：《法国通史》，417 页，北京，北京大学出版社，1989。

过了一部法案，将法国义务教育延长至 14 岁，使更多的中下层子弟拥有了接受教育的机会。

(二)初等学校中的"新教育"思潮

受 19 世纪末 20 世纪初期欧洲"新教育"思潮的影响，法国于 20 世纪初期也开始了"新教育"改革研究与实验。1921 年，法国成立了新教育协会并出版了《新时代》杂志，介绍国内外的教育改革实验与方法，在很大程度上推动了法国小学教学内容及教学方法的改革。当时法国比较有名的新教育代表人物是弗莱内，他强调学校教育应该与社会紧密联系，关注儿童的自由活动和创造性。在这一思想的指导下，弗莱内鼓励小学生自己办报，创办学校印刷厂，真正做到以儿童为中心。后来这一创举成为法国国内外同行效法和研究的对象。[1]

(三)初等学校教师的管理

为了保障世俗教师队伍的持续发展与进步，19 世纪 80 年代，在义务教育制度建立之后，法国于 1889 年颁布了将公立学校教师列为国家公职人员的法令，使法国成为最早将小学教师作为公职人员的国家之一。以往公立小学的教师都是由地方(市镇)聘任，并由地方为受聘教师提供住房和教学场所，教师工资由市镇和学生缴纳的学费共同负担。1889 年的法令明确规定，初等教育的办学经费主要由国家支付，所有公共初等学校和师范学校的教师、行政和教辅人员的工资，以及师范学校学生的助学金，也一律由国家负担。市镇当局只负责本地公立学校的日常开支，包括提供校舍、教学设施、供暖、照明及维修等费用。公立学校教师列为国家公职人员，对保证初等教育师资队伍的稳定发展起到了非常重要的作用，也在很大程度上为法国初等教育的长远发展提供了人力保障。

进入 20 世纪之后，为保证教育质量，国家还对各级教师资格进行统一规定，要求执教者具备相应的教学能力证书，这在一定程度上推进了法国初等学校教师的专业化发展。

二、《费里教育法》与初等义务教育制度的建立

费里是法兰西第三共和国前期非常重要的一位教育改革者，在他三次担任教育部部长[2]期间，法国基础教育获得了长足的发展。尤其是在他的积极推动下，法国颁布了几部重要的教育法律，对法国义务教育制度的建立起到了决定性作用。

1881 年 6 月 16 日，在费里的努力下，法国议会最终通过并颁布了第一部《费里教育法》。该法案规定，法国的公立学校不再收取学费，在市镇收入不足的情况下，其办学费用由国家提供补贴。它从法律上确立了初等教育的免费性，从而为法国初

---

[1]　邢克超：《法国教育》，113 页，长春，吉林教育出版社，2000。
[2]　费里分别于 1879 年 2 月—1881 年 11 月、1882 年 2 月—1882 年 8 月、1883 年 2 月—1883 年 11 月三次担任法国教育部部长。

等教育的普及提供了法律保障。为了落实义务教育政策，费里提出把国家预算的 1/7 作为公共教育经费，用于扶持各级各类教育，尤其是义务教育，保证义务教育的免费性。除此之外，第一部《费里教育法》还提出公立学校不允许装饰宗教标识，不允许开设宗教课程，这是在法国推行普及、义务、免费和世俗的初等教育的非常重要的一环。[①]

为了更进一步推动义务教育的普及性和世俗化，在第一部《费里教育法》颁布之后，费里继续推动有关义务教育的法律的制定工作。最终，1882 年 3 月 28 日议会颁布了关于在全法国范围内实施强制性世俗义务教育的法律，即第二部《费里教育法》。该法案明确指出，对所有 6～13 岁儿童实施强迫性、义务性的初等教育，且规定了教育的非宗教性原则。

法案规定：6～13 岁儿童进入公立或私立小学，或在家庭中接受教育；对于在家庭中接受教育的儿童自第三学年起，每年必须接受一次公立学校考试，以检查家庭教育的效果；由各地的市镇长和初等教育督学组成的市镇教育委员会要经常检查儿童上学或在家接受教育的情况；一个月内旷课达 4 个半天的儿童，其家长要接受教育委员会的追查，家长应做出解释；对于不按规定送孩子入学的父母将处以罚款、监禁；宗教教育不再作为学校教育的内容，学校不得开展宗教教育。对于想让子女接受宗教教育的家长，每周可以在学校之外的地方进行；公立学校的教学工作全部由世俗教师承担；原来的"道德与宗教教育"课程改为"道德与公民教育"课程。在小学开设法语、历史、地理、生物、自然、物理、算术、历史、道德与公民教育、法政常识、农业常识、卫生、图画、音乐、体育、军训（男生）、缝纫（女生）等课程。法案还规定，设置小学学业证书，取得该证书的学生才被认定为完成义务教育。1881 年和 1882 年颁布的这两部法案在教育史上常常被统称为《费里教育法》。

通过《费里教育法》，法兰西第三共和国就将一切宗教教育排除在了学校之外。《费里教育法》之后，教会在教育领域受到了全面限制。按照法律规定，未经批准的耶稣会教士团体须在 3 个月内自行解散，6 个月内撤离其所在的学校，在当时最终共有 5600 多名耶稣会教士被驱逐。同时，依据法案，宗教团体未经批准不得从事任何教育活动，当时共有 260 个女修道院被查封。至此，宗教教育从法国初等教育领域隔离出去。[②] 1886 年，法国又明令禁止宗教人士在公立学校任教，进而实现了教师队伍的世俗化。

从《费里教育法》的规定中可以看到，该法案推进了法国义务教育的世俗化、强制化和免费化进程。由此，法国建立起了现代化的初等义务教育制度，同时，国家加强了对小学教育的管理和领导，很多科学课程被纳入小学课程体系中，而宗教在

---

① 让-皮埃尔·阿泽马、米歇尔·维诺克：《法兰西第三共和国》，沈炼之、郑德弟、张忠其译，108 页，北京，商务印书馆，1994。

② 邢克超：《法国教育》，105 页，长春，吉林教育出版社，2000。

很大程度上被驱逐出小学。

三、《戈勃莱法案》与初等教育组织管理权的确定

继费里之后，法利埃出任法兰西第三共和国的公共教育部部长，之后是戈勃莱。戈勃莱任职期间主持制定了《戈勃莱法案》。该法案于 1886 年 10 月 30 日获得议会通过，确立了法国初等教育的组织结构、教师队伍的世俗化、国家与地方对教育的管理与监督，以及有关私立学校的若干规定。

根据《戈勃莱法案》的规定，法国初等教育机构包括四类：一是幼儿学校和幼儿班；二是初级小学；三是高级小学、初级小学附属高级班或称为高小补习班；四是学徒手工学校。按照水平划分，可分成三级。第一级是幼儿学校，主要招收 2～6 岁的幼儿，学习内容主要是游戏、体育活动及伴有动作的唱歌。第二级是初级小学，招收 6～13 岁的儿童，主要开设法语、算术、地理、历史、自然、道德与公民教育、农业常识、手工、图画、体育、唱歌等课程。第三级学校包含三种：①高级小学，三年制，设有农、工、商三科，教学内容有法语、几何及应用、绘图与测量、自然科学、物理、法国史、法国地理、唱歌等，毕业后主要进入各种职业学校。据统计，1889—1899 年法国高级小学毕业生进入农、工、商三科学校的人数比例分别为10％、29％、20％。②高小补习班，一年制，学习高于初级小学程度的知识和手工技术，主要为直接就业做准备。③学徒手工学校，主要学习职业技术课程，准备就业。法案对初等学校的这种分类，实际上是法国普通教育双轨制度的开始。[1] 一轨是初级小学、高级小学、高小补习班和学徒手工学校组成的平民职业教育轨道，另一轨是市立中学和国立中学的小学班组成的学术教育轨道。

关于教师世俗化方面，《戈勃莱法案》明确规定：各级公立学校一律由世俗教师任教，教会牧师和教士人员不得在任何世俗教育机构从事教学活动；所有男子教会学校五年内由公立世俗学校代替，女子教会学校也要逐步由世俗学校取代；公立小学教师一律由各省省长经教育部部长授权、征求学区督学意见后任命。几年后，国家规定公立小学教师一律转为国家公职人员，领取国家工资。

除此之外，《戈勃莱法案》还对私立学校的办学和管理提出了要求。法案规定：所有私立学校必须按照国家规定办学，道德品质不良者不得任教，更不能担任校长职位；私立学校教师必须具备《费里教育法》所规定的任教条件。新开办的高级小学的教师应该具备相应的学历证书，并得到所在市镇行政长官的批准。

在教育管理与监督方面，《戈勃莱法案》明确指出，国家有权对所有公立和私立学校实施监督和检查，私立小学必须遵守国家宪法和其他法律及道义。地方教育管理机构以省为单位成立教育委员会，其成员包括省长、学区督学、4 名由选举产生的省议员，以及师范学校校长和 2 名小学教师代表，以保证国家对教育的领导和

---

① 顾明远：《世界教育大事典》，330 页，南京，江苏教育出版社，2000。

监督。

从以上内容可以看出，《戈勃莱法案》的颁布在很大程度上巩固了 1881 年和 1882 年通过《费里教育法》确立起来的义务教育制度，它的实施为全面贯彻落实义务教育制度提供了组织和管理上的保证。

在《戈勃莱法案》之后，法国还分别于 1936 年和 1959 年颁布法令，延长义务教育的年限，扩大义务教育的对象和范围。1936 年 8 月 9 日颁布的法令，明确规定法国义务教育年龄从 6～13 岁延长至 6～14 岁，使更多中下层子弟可以进入学校接受教育。

第二节　第二次世界大战后法国的小学教育

一、第二次世界大战之后法国小学教育的发展概况

第二次世界大战爆发之后，代表法国财政寡头和反动军人集团利益的维希政府实行反动独裁统治，致使法国社会陷入倒退，文化教育方面也受到重创。在文化教育方面，维希政府宣称"国民教育不具有重要性"，强行灌输法西斯教育，为德国提供劳动力。更为严重的是，维希政府宣布不再使用已经用了半个多世纪的国家义务教育法（《费里教育法》），取消学校中的科学课程，而重新恢复宗教教育。至此，长久以来法国在公共教育领域的成果被维希政府破坏殆尽，世俗教育发展受到重创，法国基础教育的民主化进程受阻。第二次世界大战结束后，一切才开始恢复。

(一)初等学校发展概况

第二次世界大战之后，法国的教育逐渐恢复，初等教育也重新复苏，义务教育制度得以恢复。在法兰西第四共和国时期，实施的最有利于法国小学教育发展的举措是取消国立中学和市立中学的小学班，明确规定国立和市立中学只实施中等教育，其下的公立小学应和市镇其他公立小学一样，向所有社会阶层的儿童开放，中学从中择优录取，而不再通过自设小学班来专门为特权阶层服务。这一举措从根本上动摇了法国长久以来的教育双轨制，成为法国初等教育民主化进程中的一件大事。

1958 年 9 月 28 日，法兰西第五共和国建立。1959 年，时任教育部部长让-玛丽-皮埃尔·贝尔端在教育改革中通过了《教育改革法》，继续改革法国教育。虽然此次改革重点是中等教育，但其中也涉及小学教育的相关规定。在改革中，明确指出法国义务教育的年限延长两年，实施 6～16 岁的十年义务教育制度。同时，取消小学升中学的入学考试，以利于中下层子弟就学。改革从 1959 年开始实施，到 1967 年法国基本上完成了十年义务教育的普及工作。

(二)20 世纪 60—70 年代的小学课程与教学改革

1959 年《教育改革法》颁布后，法国初等教育基本上得以统一，小学教育的主要

目的从之前的为就业做准备变为为后续各个阶段的教育奠定基础。这一定位继而影响到教育组织、内容和方法的变革。

20世纪六七十年代，受西方课程改革浪潮的影响，法国初等教育的课程走上了综合化改革道路，教学方面也开始了跨学科教学。1969年8月，法国教育部对小学课程进行改革，决定实行"课时三分制"，即将小学的所有课程分为三个部分。第一部分是基础学科，包括法语和数学；第二部分是知识学科，主要任务是传授自然和人文科学知识，初步开发智力，包括历史、地理、自然、公民教育、手工、图画、音乐等内容；第三部分是体育。基础学科安排在上午授课，知识学科和体育安排在下午授课。同时，规定小学各年级周授课时数为27学时，其中基础学科15学时（法语10学时，数学5学时），知识学科6学时，体育6学时。[①] 这一改革在很大程度上改变了以往小学过于刻板、松散的课程结构，打破了学科之间相互隔绝的状态，使得小学教育与教学更具综合性与灵活性。之后，为了保证改革的顺利实施，法国教育部还对小学的班额提出了要求，规定小学一年级每班不得超过25人，其他年级每班不得超过30人。小班额教学进一步增强了小学教育的灵活性，使得教学更加关注学生个体，有利于学生综合能力和主体意识的培养。但它的问题在于教学质量无法得到有效保证，而这也导致了20世纪80年代法国小学教育领域新的改革。

（三）20世纪80年代的小学课程与教学改革

1984年，法国教育部和初等教育司针对小学教育中存在的教学质量低下、学业失败问题，提出要加强小学教育的连续性以及个别化教学，建议调整教学大纲，改进道德与公民教育。之后，从1985年起，法国小学的课程不再分为三个部分，恢复传统的语文、数学、历史、技术、体育、艺术、公民七门课程，加强知识教学。同时，恢复已经停止多年的家庭作业，以及小学毕业证制度，加强公民教育和艺术教育。[②] 在这些改革举措之下，法国的小学教育质量有所提升。

二、《教育改革法》与小学教育民主化进程

长久以来，法国普通教育带有明显的等级性，表现为分轨制。一轨是普通的幼儿学校、初级小学，以及在此之上增设的高级小学或高小补习班，学生毕业后多直接就业，这一轨主要面向社会下层子弟。另一轨是市立中学和国立中学的小学班。市立中学主要设在小城市，办学经费主要来自地方；国立中学主要设在大城市，经费来自国家拨款。小学班直接与市立中学或国立中学的初中第一年对接，从小学班直接进入市立或国立中学的初中，之后直到高中毕业，形成一个封闭系统。只有后一轨的学生才有可能进入高等教育机构，尤其国立中学几乎成为上层子弟步入上层社会的必经之路。这就意味着双轨制实际上带来了社会结构的分层，以及教育机会

① 邢克超：《法国教育》，131~132页，长春，吉林教育出版社，2000。
② 邢克超：《法国教育》，140页，长春，吉林教育出版社，2000。

的不均等问题。

1945 年 3 月，法国政府颁布法令，指出了国立中学和市立中学小学班的存在导致的教育不民主问题，继而宣布：国立中学和市立中学只实施中等教育，取消它们的小学班，公立小学应该向所有儿童开放，中学从中择优录取，而不再通过自己设立的小学班招收学生，尤其是上层子弟。[①]

取消国立中学和市立中学的小学班，是第二次世界大战后法国在教育方面采取的重要的初等教育改革举措之一，它从根本上动摇了法国长久以来的双轨制。之后，1947 年，著名的《朗之万－瓦隆计划》发布，明确设计了法国义务教育的结构与制度，其中 6～11 岁为义务教育第一阶段，也就是小学教育。它要求小学教育作为幼儿教育的继续，实施统一教育，同时为残疾儿童开设专门学校。

20 世纪 50 年代，随着教育民主化诉求的不断高涨，加之法国出生率的提高和妇女就业比例的增加，人们对教育的需求更高。于是，1959 年 1 月，法国再次通过颁布法令来推进新一轮的教育改革，时任教育部部长贝尔端主持相关工作，该法案也称为《教育改革法》。该法令的主要内容如下。

首先，义务教育延长两年，实施 6～16 岁的义务教育制度。其次，在初中设立"观察阶段"（也就是初中前两年），为学生日后选择方向做准备，以适应学生多样化的能力与志趣差异。再次，取消小学升中学的入学考试，以利于中下层子弟入学。最后，更改中学机构的名称，建立起普通和技术两种类型、长期和短期两个层次四种机构并存的中等教育机构。从此，国立和市立中学的差异就更多地体现在学制和水平方面了。[②]

从以上可以看到，《教育改革法》在一定程度上推进了法国小学教育的民主化进程。从这部法律起，法国所有儿童均可以在小学阶段和初中前两年共接受七年相同的普通教育，义务教育开始逐渐走向单轨。另外，取消小升初的入学考试，以利于中下层子弟入学，实际上也是小学教育民主化的重要表现。

这里需要指出的是，法案虽做出了明确规定，但在实践过程中有一些并未完全落实，比如，按照阶层进行选拔的情况依旧存在，小学之上的高小补习班依旧存在，等等。20 世纪 60 年代之后，这些情况才有根本性的转变。

本章小结

现代法国的小学教育从 19 世纪末开始走向新的发展阶段，普及化、世俗化、免费化等一系列改革成果以法律形式确立下来。在这些法律中，法国初等教育的基本制度得以一步步确立。

[①] 邢克超：《法国教育》，118 页，长春，吉林教育出版社，2000。
[②] 邢克超：《法国教育》，120 页，长春，吉林教育出版社，2000。

《费里教育法》推进了法国义务教育的世俗化、强制化和免费化进程，尤其是国家加强了对小学教育的管理和领导，宗教在很大程度上被驱逐出小学。《戈勃莱法案》明确了法国初等学校的结构与类型，进一步强化了国家对公立和私立学校的监督与管理，巩固了《费里教育法》确立起来的义务教育制度，为全面落实义务教育制度提供了组织和管理上的保证。第二次世界大战之后，义务教育年限延长，小学升中学的入学考试取消，之后课程改革不断推进，小学教育不断走向民主化。

复习与思考

1.《费里教育法》的主要内容是什么？该法案在法国初等教育发展史中的里程碑意义是什么？

2.《戈勃莱法案》的主要内容是什么？该法案在哪些方面巩固和发展了《费里教育法》取得的成果？

3. 20世纪60—70年代，法国小学课程与教学改革主要体现在哪些方面？

4.《教育改革法》对法国小学民主化进程的推进产生了什么影响？

第六章　现代德国的小学教育

【本章要点】▶

19世纪末，德国经济发展速度加快，一种"为国家服务"的民族主义精神成为德国教育的指导思想。进入20世纪，尤其是第一次世界大战后，德国的军国主义和极端民族主义逐渐演变为法西斯专制主义，这种精神也渗透在德国的教育中。到纳粹统治时期，德国教育已完全沦为法西斯政权进行专制统治的工具。第二次世界大战后，美、英、法、苏四国占领德国，德国法西斯彻底宣告失败。第二次世界大战之后，德国教育进入了重建时期，20世纪五六十年代，德国重新采取措施对教育领域进行改革和恢复。1990年德国统一，开始着手进行新一轮的教育改革。本章主要介绍19世纪末20世纪初至20世纪90年代德国小学教育的发展与改革情况，分为两个时间段进行介绍：第二次世界大战前，主要关注德国1870—1939年初等教育的基本情况，在这一时段，德国小学教育从帝国时期进入共和时期，之后又走向法西斯专制主义；第二次世界大战后至20世纪90年代，德国小学从被占领和管制的状态进入恢复和改革阶段。

第一节　第二次世界大战前德国的小学教育

德国自 1871 年统一之后，到第二次世界大战期间，共经历了三个时期：德意志帝国时期（1871—1918 年）、魏玛共和国时期（1919—1933 年）和纳粹统治时期（1933—1945 年）。这三个时期的小学教育有不同的发展样态。

一、德意志帝国时期的小学教育

19 世纪初普鲁士在政治、经济、军事等方面进行了大力改革，为工农业、商业、科学技术的快速发展，以及工业革命的开展奠定了基础。1871 年，普鲁士打败法国，并统一德国，建立起容克地主阶级和资产阶级的联合专政，德意志帝国诞生。随着德国的统一和经济的发展，改革学校教育的呼声逐渐高涨。1872 年 10 月，德国在宗教、教育、卫生事务大臣法尔克的主持下，颁布了《普鲁士国民学校和中间学校的一般规定》，对普鲁士的国民学校和中间学校改革做出具体规定，其中国民学校属于小学教育。

《普鲁士国民学校和中间学校的一般规定》指出，正规的国民学校有以下几种类型：多班制国民学校、单班制国民学校、半日制学校、有两名教师的国民学校等。

多班制国民学校一般有三个以上的班级，低级阶段儿童每周上课 22 学时左右，中级阶段 28 学时左右，高级阶段 30～32 学时；单班制国民学校，一般是同一地区在义务教育阶段内的儿童由一名教师统一授课，儿童数量不超过 80 人；半日制学校，多是儿童超过 80 人，或教室无法容纳所有学生，并且没有条件聘用第二位教师的地方，经政府批准后可建立半日制学校；有两名教师的国民学校，一般分为两个班级上课，若儿童人数超过 120 人，则建立一所三班制学校。在国民学校的结构方面，建议有四个年级的国民学校（包括单班制），中级阶段应有两个年级，有六个年级的国民学校，每个阶段则应包括两个年级。[1]

在课程设置方面，国民学校的课程主要围绕宗教、德语、算术和几何、绘画、自然，以及男孩的体操课和女孩的手工课来开设。所有类型的国民学校的课程基本相同，只是在学时安排上略有差异（见表 6-1 与表 6-2[2]）。

---

[1]　瞿葆奎：《联邦德国教育改革》，10～11 页，北京，人民教育出版社，1991。
[2]　瞿葆奎：《联邦德国教育改革》，13 页，北京，人民教育出版社，1991。

表 6-1　1872 年普鲁士单班制国民学校学时安排　　　　单位：学时

课程	低级阶段	中级阶段	高级阶段
宗教	4	5	5
德语	11	10	8
算术和几何	4	4	5
绘画	—	1	2
自然		6	6
唱歌	1	2	2
体操或手工	—	2	2
周总学时数	20	30	30

表 6-2　1872 年普鲁士多班制国民学校学时安排　　　　单位：学时

课程	低级阶段	中级阶段	高级阶段
宗教	4	4	4
德语	11	8	8
算术	4	4	5
几何	—	—	2
绘画	—	2	2
自然	—	6	6(8)*
唱歌	1	2	2
体操或手工	2	2	2
周总学时数	22	28	31(33)

　　*：代表多班制国民学校中自然课可依据学校师资和教学情况而开设 6 学时或 8 学时，对应的周总学时数就是 31 学时或 33 学时。

　　除了课程，《普鲁士国民学校和中间学校的一般规定》还对国民学校的教室规模、设备、教学用品等做了较为详细的规定。比如，在教室规模方面，明确指出每个学生均有 0.6 平方米的教室面积可使用，教室内部要注意光线、空气、通风设计并配置窗帘等。在设备方面，每个教室必须配置黑板、教师用桌、柜子等。在教学用品方面，要求国民学校：①学校采用的每一种教学用书每人一份；②一个地球仪；③本省挂图；④德国挂图；⑤巴勒斯坦挂图；⑥世界概况课的图标；⑦初级阅读课上使用的贴在木板或硬纸板上的字母表；⑧一把小提琴；⑨尺和圆规；⑩一个计算机；⑪一本《圣经》；⑫赞美歌集。如果是多班制学校，还可以适当补充图表、名册、学校用书和练习本。除此之外，《普鲁士国民学校和中间学校的一般规定》还对学生的用书和学习用品做出了规定。明确要求单班制和有两名教师的国民学校的学生需要使用启蒙读本和学校读本，要有一本歌本，以及用于宗教课的书；需要一本课程笔记簿、一本算术课练习簿、一本书法练习簿、一本正字和作文练习簿，高级阶段还要有一本绘画练习簿。多班制国民学校的学生还需购置自然科学的入门书，以及一套渐进的多卷读本和一本地图手册，等等。[①]

在 1872 年《普鲁士国民学校和中间学校的一般规定》的指导下，德国的小学教育得到了长足的发展。据统计，普鲁士国民学校从 1886 年的 34016 所增加到 1911 年的 39684 所，学生数从 4838247 增加到 6572140。[②]

与此同时，双轨制在德国也得到进一步发展和巩固。这一时期，德国双轨制中的其中一轨是学生从一开始就进入三年制的预备学校，毕业后可升入文科中学、文实中学和实科中学，之后可直接进入大学；另一轨是学生先进入四年制的基础学校（或称国民学校的低级阶段），毕业后升入四年制的国民学校高级阶段或六年制的中间学校，之后只能进入各类职业学校学习，没有机会进入大学。这种双轨制意味着，学生从一开始上学就进行了分轨，走上完全不同的教育和人生道路。

二、魏玛共和国时期的小学教育

1919 年魏玛共和国成立，颁布《宪法》，在第四章专门对德国的教育和学校问题做出了规定。《宪法》首先确定了艺术、科学及教育自由，由国家权力予以保证；其次，规定公立学校的教师享有和履行国家官员的权利和义务，即教师作为公务员，由国家统一管理；最后，《宪法》决定实行普及义务教育，由八年的国民学校和与之衔接直至 18 周岁的进修学校来实施，在所有儿童都进入的基础学校之上设立中间学校和高级中学。[③]

1920 年，魏玛共和国根据《宪法》制定了《关于基础学校和撤销预备学校的法令》，对学制做了改革。其中，有关小学教育的内容是：决定建立统一的初等教育机构——四年制的基础学校（即国民学校的前四年，属于低级阶段），所有年满 6 岁的儿童都必须进入基础学校学习，毕业后经过考试，成绩优秀者可升入各类中学（包括文科中学、文实中学、实科中学），其余则继续在国民学校的高级阶段学习。这样，就将帝国时期儿童一入学就分轨的局面推迟到了基础学校（也就是国民学校的前四年）之后才进行，在很大程度上缓解了双轨制带来的阶层分化和不平等现象。

同时，魏玛共和国还实施了八年义务教育后教育，即从国民学校八年级毕业后，学生可以进入进修学校接受职业义务教育。同时，还增设"上层文科中学"。这种中学与国民学校第六学级衔接，为国民学校中优异者提供一次进入高级中学（包括文科中学、文实中学、实科中学等）和以后进入大学的机会。[④] 在基础学校之上，设立中

① 瞿葆奎：《联邦德国教育改革》，11～12 页，北京，人民教育出版社，1991。
② 李其龙：《德国教育》，95 页，长春，吉林教育出版社，2000。
③ 瞿葆奎：《联邦德国教育改革》，26～27 页，北京，人民教育出版社，1991。
④ 李其龙：《德国教育》，122 页，长春，吉林教育出版社，2000。

间学校和高级中学。同时，决定取消之前只为大学做准备的预备学校。

在课程设置方面，魏玛共和国时期的课程与帝国时期相比增加了绘画课、唱歌课和体操课的学时，而相应地减少了宗教课的学时。乡土课从德语课中单列出来，以便引起重视（见表 6-3 和表 6-4）。同时，在国民学校的高级阶段，增设了历史与公民课、地理课，以及劳作课和女生的针线课。①

表 6-3　1921 年普鲁士基础学校教学计划②　　　　　单位：学时

学　科	学　年			
	一	二	三	四
宗教	—	2(4)*	3	3
乡土或乡土直观教学	综合课	3	3	5(4)
德语		8	8	7
写字		2	2	2
算术		4	4	4
绘画		—	2(1)	2
唱歌		1	2(1)	2
体操		2	2	3(2)
周总学时数	18	22(24)	26(24)	28(26)

＊：表格中的"（　）"代表课时会依据学校具体情况稍有变化，相对应的周总学时数也会不同。

表 6-4　1922 年普鲁士国民学校高级阶段教学计划③　　　　　单位：学时

学科	男生课程				女生课程			
	年级				年级			
	五	六	七	八	五	六	七	八
宗教	4	4	4	4	4	4	4	4
德语	8	7	6～7	6～7	7～8	7	6～7	6～7
历史与公民课	2	2	2	2	2	2	2	2
地理	2	2	2	2	2	2	2	2
自然常识	2	3～4	4	3	2	2～3	3	3
算术	4～5	5～6	5～6	5～6	3～4	4	4	3
几何								

---

① 李其龙：《德国教育》，124 页，长春，吉林教育出版社，2000。
② 转引自李其龙：《德国教育》，124 页，长春，吉林教育出版社，2000。
③ 转引自李其龙：《德国教育》，124～125 页，长春，吉林教育出版社，2000。

续表

学科	男生课程				女生课程			
	年级				年级			
	五	六	七	八	五	六	七	八
绘画	2	2	2	2	2	2	2	2
唱歌	2	2	2	2	2	2	2	2
体操	2～3	3	3	3	2	3	3	3
劳作	2	2	2	2	—	—	—	—
针线	—	—	—	—	2	2～3	2～3	2～3
周总学时数	30～32	32～34	32～34	31～33	28～30	30～32	30～32	29～31

三、纳粹统治时期的小学教育

1933 年希特勒攫取政权，开始在德国推行法西斯专政，德国社会进入纳粹专制统治时期。1934 年，希特勒政权设立国家科学、教育和国民教育部来实行中央集权的学校管理，从课程设置、教科书内容到学校教学安排等一切事务均由该部来决定，至此在纳粹思想的统治下，德国教育逐渐成为法西斯专政的工具，德国小学教育也成为纳粹政权进行道德和军事灌输的场所。

希特勒曾在《关于青年教育》的讲话中宣称"我的教育学是严酷的……我要的是残暴的、专横的、无畏的和冷酷无情的一代青年。青年必须具备这一品质。他们必须忍受痛苦。他们身上不应有软弱和柔情。……我不要智育。以知识进行教育，会毁了青年一代"。[①] 他的这一思想成为德国教育全面改革的指导思想。这一时期，德国大肆鼓吹民族主义和国家主义教育，倡导在学校中培养和巩固青少年的民族主义、国家主义情感，培养青少年强健的体魄和意志力，相应地忽视智育。总体来看，这一时期德国教育的首要任务是身体训练，其次才是智力训练，智力训练中性格发展放在首位，尤其是意志力和决断能力的发展以及责任感的培育，最后才是科学知识的学习。这一切，以政治意识的培育为核心。

在小学教育方面，教育的领导权主要掌握在国家科学、教育和国民教育部手中，校长由纳粹党员担任，取消学校中的家长委员会，不再允许家长和学生参与学校管理。小学教师要有政治背景，比如在冲锋队、劳动服役队或希特勒青年团服务过才能通过资格审查。而且，教师必须进行效忠宣誓。

1938 年，纳粹政权颁布《帝国义务教育法》，规定德国实施八年普通义务教育，所有儿童必须进入统一的国民学校学习，在前四年低级阶段基础上设立四年的国民学校高级阶段，以培养德意志民族共同体意识。在课程设置方面，文化课比例有所

---

① 瞿葆奎：《联邦德国教育改革》，213～214 页，北京，人民教育出版社，1991。

减少，而体育课有了大幅度增加。在国民学校中，体育课占比同算术与几何课差不多（见表6-5），在高级中学里这种情况体现得更明显，文科中学的体育课占比超过其他任何课程。[1]在体育课中，主要对学生进行健康、体力、军事训练、种族意识四个方面的教育。[2] 除了体育课程之外，国民学校还强调德语课程和劳作课程的学习，前者旨在让青少年了解德国的文化，为政治和民族意识的培育奠定基础，后者旨在在国民学校中形成一种为德意志民族服务的劳作精神和共同体意识。

表6-5　1939年普鲁士国民学校教学计划[3]　　　　　单位：学时

学科	年级							
	一	二	三	四	五	六	七	八
体育	总共16	3	3	4	5	5	5	5
德语		11	12	13	7	7	6	7
乡土					—	—	—	—
历史		—	—	—	2	2	3	3
地理		—	—	—	2	2	2	2
自然常识		—	—	—	3	3	4	4
音乐	1	2	2	2	2	2	2	2
绘画与劳作		2	2	3	3	3	3	3
算术与几何		4	4	4	4	4	5	5
不同教派宗教课	2	2	2	2	2	2	2	2
周总学时数	18	21	25	27	30	30	32	33

总体来看，纳粹统治时期德国小学教育基本上处于法西斯专政的轨道中，成为专政统治的工具。第二次世界大战结束，对法西斯主义的彻底清算发展至教育领域，德国教育才获得新的发展。

第二节　第二次世界大战后德国的小学教育

1945年5月8日，德国法西斯政权无条件投降，德国被分割成四个占领区，分别由苏、美、英、法四国占领和管制。1949年9月20日，由美、英、法三国管制的西区成立德意志联邦共和国（即联邦德国），同年10月7日，苏联占领的东区成立

---

① 李其龙：《德国教育》，162页，长春，吉林教育出版社，2000。
② 吴式颖、李明德：《外国教育史教程》3版，363页，北京，人民教育出版社，2015。
③ 转引自李其龙：《德国教育》，162页，长春，吉林教育出版社，2000。

德意志民主共和国（即民主德国）。在联邦德国和民主德国完全不同的意识形态中，德国教育也走上了完全不同的发展轨道。

一、德意志联邦共和国小学教育的重建与复兴

在德意志联邦共和国建立初期，美、英、法在各自占领区实施了不同的教育政策，它们试图将本国的教育方案落实在占领区。美国占领区于 1945 年 10 月 1 日复课，并着手修复校舍和编制教科书。[①] 1946 年，美国专门派出一个教育代表团赴德国开展教育调查并提出教育方案。教育代表团经过调查指出德国双轨制不民主，提出应该建立从初等教育、中等教育到职业教育的民主教育体系，使初等教育与中等教育紧密地衔接起来。在初等教育领域，应该让所有儿童平等地进入小学接受教育。在课程方面，提倡改革课程与教学大纲，尤其要加强公民教育。

英国占领当局以本国《1944 年教育法》为参照，支持德国教育分轨。在小学教育方面，占领当局主张延长基础学校的学制，把之前的四年制基础学校改为六年制，即国民学校的前六年都作为基础学校阶段，进一步推迟学生的分轨。同时，保障私立学校的创设权，允许建立私立学校。

与美国一样，法国也谴责和批判德国教育中非民主的部分，尤其是过早对儿童进行分轨的情况。在占领区，法国也试图延长基础学校的学习年限，但遭到德国人的反对。之后他们便在课程上做出调整，比如在学校减少古典语言的课程，在中学加入法语课程等。

1947 年 7 月，占领区的盟国对德管制委员会综合各占领区对德国教育的改革举措，发布了有关德国教育改革的第 54 号令，即《德国教育民主化的基本方针》，其中与小学教育相关的主要内容如下。

第一，为所有人提供同等的教育机会。

第二，所有实施义务教育的公立学校应当为学生免费提供教育，以及教科书、教学用品等。对于特殊学生，可以提供补助。

第三，对所有 6～15 岁儿童实施全日制义务教育，对所有 18 岁之前不再接受其他教育的青少年实施一定时间的职业义务教育。

第四，国民学校与高级中学应该形成连贯的教育体系，而不是两种独立的学校类型。

第五，所有学校应重视学生的公民责任和民主作风的培育。

第六，教学计划应注意培养学生的民族谅解、尊重其他民族等态度，因此应设置各种现代外语课程。

第七，应向所有学生提供就学与毕业指导。[②]

[①] 李其龙：《德国教育》，175 页，长春，吉林教育出版社，2000。
[②] 李其龙：《德国教育》，178 页，长春，吉林教育出版社，2000。

事实上，虽然各国积极在占领区实施教育改革，试图对德国教育进行民主化改革，但由于并没有强制执行的要求，所以各种民主化举措并未在德国顺利推行。之后，《德意志联邦共和国基本法》明确对联邦德国的教育原则做出规定，指出包括小学教育在内的所有教育均处于国家监督之下，宗教课程可以列为公立学校的正式课程，且保障私立学校的办学权，取消预备学校等。但这些举措从根本上来讲，并未超越魏玛共和国时期的教育政策。关于取消双轨制、延长基础学校学习期限的举措也由于各种原因并未完全落实。一些州重新把六年制的基础学校调整回四年制，双轨制也继续在联邦德国存在。最终，联邦德国的教育体制基本上以魏玛共和国时期的学校体制为蓝本逐渐恢复和发展起来。联邦德国基本上形成了基础学校之后分流，分别进入国民学校高级阶段、中间学校和高级中学的分轨制[1]。20 世纪 60 年代，联邦德国基础学校的入学率有所提升。据统计，1952—1960 年，10 岁儿童的入学率为 99％以上，13 岁儿童的入学率为 98％以上。[2]

1959 年，德国教育委员会提出了诸多教育改革建议，集中体现在《改组和统一公立普通学校教育的总纲计划》（简称《总纲计划》）中。《总纲计划》明确提出要保持三轨制传统，但同时主张在小学教育阶段的四年基础学校之上，建立分流的中间阶段，学制两年，称为"促进阶段"，旨在避免过早分流带来的各种弊端，给予儿童充分的机会发展能力和特长。[3] 同时，取消之前国民学校的高级阶段，代之以"主要学校"，中间学校改称为"实科学校"，高级中学分为"完全中学"和"学术中学"两种类型。[4]

20 世纪 60 年代，针对经济不断发展，教育领域发展却比较落后的情况，联邦德国各州州长于 1964 年制定了《联邦德国各州就教育领域中的统一问题的协定》（简称《汉堡协定》），以适应现代工业发展对教育提出的新要求。该协定明确提出德国普通义务教育延长至至少九年，所有儿童在接受四年基础学校和两年促进阶段的教育之后，可以进入三种不同的中学（主要学校、实科学校或高级中学），继续接受年限不等的中等教育。该协定作为第二次世界大战后联邦德国巩固和发展教育的总纲领，指导了 20 世纪 60 年代之后的教育改革。

1970 年 2 月，联邦和各州政府委任德国教育审议会提出《教育结构计划》（简称

---

① 这里的分轨制指的是在基础学校之后对学生进行三个轨道的分流。基础学校作为国民学校的前四年，属于低级阶段。基础学校之后，有三条轨道：一是国民学校的高级阶段，学制四年，与职业学校和职业专科学校衔接；二是中间学校，学制六年，与各类专科学校衔接；三是高级中学，学习年限一般是九年，与高等学校衔接。三轨基本上相互独立，较难相互转换。

② 李其龙：《西德教育与经济发展》，51 页，北京，人民教育出版社，1982。

③ 瞿葆奎：《联邦德国教育改革》，284～295 页，北京，人民教育出版社，1991。

④ "主要学校"包括 7、8 学级，主要培养学生掌握初步的文化知识和生产技能，为进入职业学校做准备；"实科学校"包括 7～11 学级，涵盖以前的中间学校和实科学校，以及国民学校中旨在获得专科学校入学资格的学生班，主要使学生熟悉科学知识及其应用，为进入专科学校做准备；高级中学中的"完全中学"包括 7～13 学级，旨在为高等学校做准备，"学术中学"包括 5～13 学级，主要针对具有特殊才能的学生，使其跳过促进阶段直接进入，未来也将进入高等学校。具体参见瞿葆奎：《联邦德国教育改革》，294、310 页，北京，人民教育出版社，1991。

《计划》），对联邦德国的教育改革提出了新的思路，其中包括对基础学校的设想。《计划》将学前教育纳入学校体系，形成初步教育、初等教育、中等教育、高等教育、继续教育的完整体系。在初等教育方面，建议基础学校的入学年龄从之前的 6 岁提前至 5 岁，同时为 5～6 岁儿童设立"入门阶段"，之后 7～8 岁作为"基础阶段"。入门阶段和基础阶段合称为"初等教育领域"。《计划》指出，在初等教育入门阶段的两年应该通过各种措施消除儿童在学习方面表现出的差异性，使所有儿童适应新的学习情境和目标。基础阶段不再有任何拣选或筛选问题，所有儿童都将升入"定向阶段"，即五、六年级。这两个年级也可以归入初等教育领域，或者归入中等教育领域。它的目的在于使学生为未来的分流做好准备，通过在不同课程和作业中检验自己的能力，了解自己的兴趣爱好，进而确定继续接受教育的方向。由此可以看到，《计划》试图从多个方面消除学生在初等教育领域的差异性，实现教育机会均等；同时，尽力推延学生的分流，并且使学生为分流做好充分的准备。

《计划》颁布之后，20 世纪 70 年代上半叶联邦德国出现了经济衰退的情况，导致各级各类学校的毕业生在就业市场上供过于求，进而整个社会对教育改革的兴趣逐渐式微，退回到保守主义的立场。之前提出《计划》的教育审议会于 1975 年解散，一些民主教育改革的实验也逐渐搁置。20 世纪 80—90 年代，联邦德国在基础教育领域的改革只是零星开展。比如，80 年代，在基础学校开始开设外语课和计算机课，以更好地满足社会发展需求。同时，关注学前教育与基础学校的有效衔接等。

二、德意志民主共和国小学教育的重建与复兴

1945 年 10 月，德国共产党中央委员会与社会民主党中央委员会发出了实行教育民主化改革的号召，强调要在民主德国建立统一的学校制度。这一号召得到苏联驻德军事管制委员会的支持。[1] 1946 年，《德国学校民主化法律》颁布，对民主德国的教育民主化改革做了具体规定，其中包括对小学教育的规定。

《德国学校民主化法律》明确提出，民主德国实行民主统一的学制，将整个学校系统分为相互衔接的四个阶段，分别是：学前教育阶段（幼儿园）、基础教育阶段（基础学校）、中等教育阶段和高等教育阶段。其中基础教育阶段的基础学校学制八年，分两个阶段，一至四年级为低级阶段，五至八年级为高级阶段。基础学校毕业的学生可以通过继续接受中等教育之后进入大学，或者是通过 2～3 年的义务职业教育之后进入专科学校，之后进入大学。同时，《德国学校民主化法律》明确了教育与宗教相分离的原则，取消学校中的宗教课，禁止创办私立学校，将基础学校作为实施免费义务教育的学校。[2]

为了提高农村地区的教育水平，1946 年苏联占领区又通过《实施农村学校改革

---

① 李其龙：《德国教育》，191 页，长春，吉林教育出版社，2000。
② 李其龙：《德国教育》，192 页，长春，吉林教育出版社，2000。

的方针》，试图消除农村的单班制学校，代之以多班制的中心学校。1947 年 9 月又通过了《德国民主学校教育原则》，继续强化苏联占领区的教育民主化改革。总体来看，民主德国通过建立统一的学校制度，基本完成了教育重建。

在教育重建之后，民主德国建立起中央一级的教育行政机构——国民教育部，对教育实施中央集权制统一领导，试图对民主德国的教育进行全面的社会主义改造。其主要行动原则就是向苏联学习，引进苏联的教育模式。在学校结构方面，从 20 世纪 50 年代起，将民主德国原先的八年制基础学校改为十年一贯制学校。1959 年 12 月，通过《关于学校教育事业社会主义发展的法律》在十年制普通义务教育的基础上，增加了两年的职业义务教育。1965 年，民主德国又通过了《关于统一社会主义教育制度法律》（简称《1965 年教育法》），对各级各类学校做了规定。1975 年，通过召开国民教育会议再次对基础教育进行改革。总体而言，到德国统一之前，民主德国在基础教育方面基本就是实施十年制的普通义务教育，同时各级各类学校均免费实施。

三、德国统一以来的小学教育改革

1990 年 10 月，分裂四十多年的德国重新统一，之后便着手将民主德国与联邦德国的教育体制进行统一。其实，从 1989 年开始，民主德国就已经开始与联邦德国教育进行接轨了。中小学教育领域的接轨主要体现在课程改革上，比如：民主德国取消了明显带有意识形态倾向的军事课和公民课，代之以社会常识课；历史课中删除了政治上有争议的问题；外语课中，不再以俄语为首选的必修外语，规定英语和法语也可作为必修课，三门课程属于并列必选课程，学生从五年级起就可以在三门外语中任选一门；等等。[①]

1990 年统一之后，东部地区的五个州对学制结构、义务教育等遵照原联邦德国基本法的规定做了与西部各州基本一致的规定。其中关涉小学教育的内容是，规定初等教育统一由基础学校实施，儿童 6 岁入学，接受九年普通义务教育（勃兰登堡除外，该州实行十年义务教育）。

为了保证统一后的德国的基础教育能够适应国内外经济和社会发展需求，20 世纪之后德国政府继续开展基础教育改革，如改革课程内容、完善教学大纲、改进教学方法，关注学生的外语能力、创造能力及现代信息技术应用能力的培养，等等。[②] 进入 21 世纪，德国更是通过制定全国统一的基础教育标准，来解决基础教育质量低下的问题。

---

① 李其龙：《德国教育》，226 页，长春，吉林教育出版社，2000。
② 吴式颖、李明德：《外国教育史教程》3 版，444 页，北京，人民教育出版社，2015。

本章小结

德国教育在整个 20 世纪经历了诸多变革，小学教育也随着时局变化在不同时期有不同的发展。第二次世界大战之前，德意志帝国时期的国民学校类型多样，课程及办学要求较为统一。魏玛共和国时期，四年制基础学校建立，要求所有年满 6 岁的儿童必须进入学校学习。到了纳粹统治时期，德国小学教育成了纳粹政权进行道德和军事灌输的场所。第二次世界大战之后，不同国家在占领区实施了不同的教育改革。在联邦德国和民主德国完全不同的意识形态中，德国小学教育走上了完全不同的发展轨道。1990 年，德国统一之后，小学教育领域的相关改革才逐渐统一起来。

复习与思考

1. 德意志帝国时期德国国民学校的发展概况如何？

2. 魏玛共和国时期德国国民学校进行了哪些改革？

3. 纳粹统治时期德国小学教育的发展概况如何？

4. 第二次世界大战后，美、英、法在各自占领区分别采取了哪些措施恢复德国的小学教育？

5.《德国教育民主化的基本方针》对德国小学教育是如何规定的？

6. 德意志民主共和国是如何恢复与重建德国的小学教育的？

7. 20 世纪 90 年代以来德国的小学教育经历了哪些改革？

第七章　现代美国的小学教育

经过 19 世纪下半叶的迅速发展，到 19 世纪末，美国已经从一个农业国家转向工业国家。20 世纪初，美国工业总产值已经跃居世界首位。在经济得到迅猛发展的同时，美国教育也得到了较快的发展。经由 19 世纪上半叶的公立学校运动，以及 19 世纪后半叶的强制入学运动，小学教育已经基本在美国得到普及。到了 20 世纪，在进一步推进普及免费义务教育的基础上，美国小学教育更关注课程内容、教学方法等内部变革。比如，20 世纪上半叶进步主义实验学校的相关改革，可以说引领了当时整个世界范围内的教育改革浪潮。第二次世界大战之后随着政治与经济时局的变化，美国小学又进行了相应的调整与改革。20 世纪 60 年代课程内容的调整，以及对弱势群体的教育问题所做的努力，70 年代的"返回基础运动"，80—90 年代以来全国性课程标准的提出，21 世纪提高质量的要求，等等，都是美国小学教育走向新时代的重要节点。本章主要介绍 19 世纪末 20 世纪初至 20 世纪 90 年代美国小学教育的发展与改革情况，分为两个时间段进行介绍：第二次世界大战前，主要关注美国 19 世纪末 20 世纪初至 20 世纪 30 年代小学教育的基本情况，在这一时段，美国小学教育主要围绕强制入学运动、进步主义教育实验等展开；第二次世界大战后，即 20 世纪中叶到 90 年代，教育民主化、机会均等、课程改革、课程标准建设、提高质量等成为主要议题。

第一节　第二次世界大战前美国的小学教育

自 19 世纪的公立学校运动之后，关于普及教育的思想就在美国确立下来。之后到 19 世纪末，工业化、城市化进程的推进，以及移民的涌入，对美国学校教育提出了更高的要求。19 世纪末 20 世纪初的改革者们要求将儿童强制性地送进学校，以免儿童进入工厂做不适合其年龄的工作。同时，要求学校教给儿童适当的读、写、算及其他知识，为儿童未来更好地走上职业岗位做准备。到了 20 世纪上半叶，一种关于改进美国教育的进步主义思想在小学教育领域发展起来，一些进步主义改革者践行进步主义教育思想，一批教育实验在美国多地开展起来。

一、强制入学运动与美国小学教育的进一步普及

19 世纪后期，在美国工业化和城市化浪潮的冲击下，越来越多的中下层儿童以童工身份进入工厂，提前成为工厂劳工。据统计，1880 年，美国已有童工 1118356 人，20 年后，这一数量增至 1750178 人。到 1910 年，又增至 1990225 人，占全国儿童总数的约 18.4%。[1] 童工普遍年龄较小，多不满 15 岁，有的甚至还不满 10 岁。由于知识水平和工作能力有限，他们多在工厂中工时最长、作业环境最差、技术要求和报酬最低的工段作业。罗伯特·欧文曾描述这一时期童工的生存状态：在大多数情况下，那是活着的人类骨架的收容所，这些人几乎被剥夺了智力。[2]

童工恶劣的生存状况先后引起一些社会团体、组织及个人的关注，其不遗余力的揭露和抵制行为引发了公共舆论的关注。全国童工委员会除了调查童工发展现状，协助各州颁布童工法保护童工及其合法权利之外，还致力于增加儿童的入学机会，即强制儿童进入学校。在改革者们看来，强制儿童入学可以在一定程度上延缓儿童进入工厂的时间。同时，强制措施可以避免父母隐瞒、虚报儿童年龄进入工厂。而且，如不采取强制措施，工厂主常常对一般性建议置若罔闻，儿童自己也常常因心智不成熟而选择进入工厂。强制儿童入学可以在很大程度上缓解以上问题，同时可以让儿童习得一些知识、技能、纪律、道德等，为将来更好地进入各种职业做准备。从 19 世纪 70 年代起，全美掀起了一场"强制入学运动"。

1870—1915 年，全美共有 44 个州通过了首部强制入学法，加上之前已经颁布强制入学法的一些州在此期间重新修订和完善法令，据统计，这一时期全美共颁布

---

[1]　这里统计的童工，是指 10～15 岁通过工作获取酬劳的儿童。事实上，当时美国 10 岁以下童工的数量也很多，且 15 岁以下的童工数量远比统计通报出来的多。数据来源于维维安娜·泽利泽：《给无价的孩子定价：变迁中的儿童社会价值》，王水雄译，61 页，上海，华东师范大学出版社，2017。

[2]　John Spargo, *The Bitter Cry of the Children*, London, Macmillan & Co., Ltd., 1916, p. 153.

和修订了 237 部强制入学法。① 在强制入学法中，大都明确规定了儿童的入学年龄、在校时间、学习时间、学习内容等，同时会对违反法令的行为予以处罚。

在这一时期，共有 32 个州在首部强制入学法中规定 8～14 岁儿童必须入学接受教育，2 个州将入学年龄设在 12 岁以下，5 个州设在 15 岁以下，6 个州设在 16 岁以下。到 1915 年，将强制入学年龄设定在 16 岁以下的州增至 15 个，有 2 个州要求 17 岁以下的儿童必须入学接受教育，还有一个州甚至将入学年龄延长到了 18 岁以下。由此可见，各州在不断延长儿童的入学年限，对强制入学的要求越来越高。同时，规定儿童在校学习时间。多数州在首部强制入学法中规定儿童在校时间为 12 周（或 3 个月），到 1915 年，有 70% 的州要求儿童至少在学校接受一个学期（4～5 个月）的教育，还有个别州要求儿童接受至少半年的教育。可见，随着强制入学法的颁布和修订，各州对儿童接受教育的时间要求也不断提高。②

在颁布和修订强制入学法的同时，全美各州还通过延长学期时间、增加财政资助等方式使儿童更长时间地待在学校里。据统计，从 1880 年到 1915 年，美国学校的学期长度从 130.3 天延长至 159.4 天，生均支出从 6.05 美元增至 23.72 美元，增长了近 3 倍③，这从侧面为强制入学法的贯彻执行提供了支持。

通过强制入学法的推进及各种保障措施的施行，全美各州的儿童入学率明显提升。1870 年，仅有不足 5% 的人遵守强制入学法，到了 1910 年，超过 72% 的人自觉遵守强制入学法，进入学校接受教育。④ 纽约州作为较早实施强制入学的州，更是取得了显著成效。据统计，从 1898 年至 1917 年，仅纽约市的小学登记入学人数就从 388860 增长至 729992，毕业人数从 9695 增至 48690，且中学登记入学人数也从 9373 增长至 63699。⑤

美国通过强制儿童入学，改善了童工的生存状态。大量学龄儿童进入学校接受规定时间的教育，有效抑制了童工数量的增长，保护了儿童身心健康。在这种意义上，可以说强制入学运动进一步巩固了之前公立学校运动的成果，将强制性、免费性、义务性的原则在美国小学教育中确立下来。但随着越来越多的儿童进入学校，美国人发现很多小学无法满足他们的教育需求，强制入学运动又在某种程度上间接推进了美国小学（包括体制和课程等）的改革。

---

① Eisenberg M. J., "Compulsory Attendance Legislation in America, 1870 to 1915," PhD diss., University of Pennsylvania, 1988.

② 吴婵：《19 世纪末 20 世纪初美国强制入学运动研究》，载《教育学报》，2021(2)。

③ Eisenberg M. J., "Compulsory Attendance Legislation in America, 1870 to 1915," PhD diss., University of Pennsylvania, 1988, p. 2.

④ Lovejoy O. R., "The Function of Education in Abolishing Child Labor," *The Annals of the American Academy, of Political and Social Science*, 1908(22 Suppl), p. 82.

⑤ Stambler M., "The Effect of Compulsory Education and Child Labor Laws on High School Attendance in New York City, 1898—1917," *History of Education Quarterly*, 1968(2), pp. 189-214.

二、进步主义教育实验与小学教育的新思想、新方法

进步主义教育运动是 19 世纪末至 20 世纪 50 年代在美国兴起的进步主义运动的一部分。进步主义运动旨在通过社会改良来应对工业社会的各种政治、经济弊病，促进社会进步。进步主义教育运动作为其中的重要组成部分，则试图通过揭露美国学校中存在的诸多问题来改革学校制度、调整教学内容与方法，以适应美国社会发展的新要求。总体来看，这一时期的进步主义教育运动格外关注儿童在教育运动活动中的主体地位，强调儿童在做中学，关注教育与社会、教育与生活的紧密联系，以及教育的民主化问题。在这些思想指导下开展的各种教育实验也基本上以儿童为中心，或者以社会为中心，或者两者兼具。

(一)约翰逊的有机教育学校

玛格丽特·约翰逊(Marietta Johnson)是美国进步主义教育运动的先驱。1907年，她在亚拉巴马州费尔霍普创办的"有机教育学校"作为进步主义教育运动早期的实验学校之一，是儿童中心学校的典范，在当时闻名遐迩。

之所以说约翰逊创办的学校是"有机的"，是因为在约翰逊看来，儿童是作为有机整体存在的，儿童的身体、心灵和精神是统一的、协调的，只有同时达成三者的目标才是完满的教育。[①] 约翰逊强调儿童作为人的整体性与环境的相互作用。她认为，任何只关注心灵、精神或身体的做法都会失败，因为有机体不是单独发展的。儿童的生长是教育的根本目的，这种生长包括两个方面：一是儿童作为有机整体自身的协调和统一发展；二是儿童之间及儿童与社会之间的有机联系。在她看来，有机教育的目的是"尽力使儿童身体健康，最好地发展智力，并保证富有情感的生活的真实和自然"[②]，学校和社会的责任在于为儿童的有机生长提供良好的环境。在有机教育学校，约翰逊主张为儿童的自然生长和整体发展创造条件，提供必要的作业和活动来组织教学。

在教学组织方面，有机教育学校并没有像当时多数学校那样按照成绩对学生进行分班，而是主张按照儿童的年龄来分组，称为"生活班"，而非年级。在学校中，儿童分为六个生活班：幼儿园(6 岁以下)、第一生活班(6～7 岁)、第二生活班(8～9 岁)、第三生活班(10～11 岁)、初级中学(12～13 岁)、高级中学(14～18 岁)。这种按照自然年龄分班的理念在一定程度上打破了按照智力、成绩等对儿童进行评价的传统。

在课程设置方面，有机教育学校强调"灵活性"和"自发性"的原则，不设置固定的课程表，不规定固定的上课时间，不限定固定的上课地点。学校以灵活的活动代替固定的课程。在小学教育阶段，也就是第一、二、三生活班中开设的主要活动有

---

① 徐惠：《约翰逊和她的有机教育学校》，硕士学位论文，南京师范大学，2014。
② 转引自克雷明：《学校的变革》，单中惠、马晓斌译，133 页，济南，山东教育出版社，2009。

音乐、舞蹈、体育、游戏、讲故事、戏剧表演、语言、园艺、自然研究、手工、数的基本概念等。在一种平等、自由、无私的环境中，有机教育学校的学习完全成为学生的"内在需要"。在有机教育学校中，约翰逊坚持"没有考试、没有测验、没有失败、没有奖赏、没有不自然"。由此，约翰逊的有机教育学校的确将儿童中心落实到极致。正是在这种意义上，克雷明称这所学校是"教育乌托邦"。①

在学校与社会的关系方面，有机教育学校与当地社区、家庭等有着紧密的联系，学校的精神与社区的精神非常一致。在学校中，大部分的教师和学生来自当地社区，学校中的手工、舞蹈等课程也常常向当地居民开放。除此之外，有机教育学校还向社区居民开设冬季课程，而学生也常常参加社区的一些集体活动。② 在这种意义上，有机教育学校不仅是进步主义教育运动的一场教育实验，也是费尔霍普社区实验的一部分。③

（二）沃特的葛雷制实验

威廉·沃特（William A. Wirt）是美国教育家，葛雷制实验的创始人。沃特被任命为印第安纳州葛雷市（今译"加里"）的公立学校督学后，于1908年，开展了名为"葛雷计划"的教育实验。

在教学组织与管理制度方面，针对传统教室利用效率不高的问题，葛雷学校在"二部制"下招收了比普通学校多出一倍的学生，把学生编为X、Y两个平行学级，相当于两所学校。X、Y学校的学生轮流使用教室，即当X学校的学生在教室上课时，Y学校的学生就到礼堂、运动场、工厂和商店、实验室等开展特殊活动，上下午对调。这种设计可以在不增加新的校舍的情况下多培养一倍以上的学生，大大节省了学校的开支，尤其对教育资源紧张却浪费严重的公立学校来讲，具有积极的意义。

作为约翰·杜威（John Dewey）的仰慕者，沃特以杜威的"学校即社会""做中学"等原则为指导思想来设计学校的课程和教学工作。在课程设置方面，葛雷学校的课程共分为四组：①学术性课程，即传统学科课程，包括阅读、拼写、文法、算术、地理、历史等；②特殊课程，包括手工、绘画、科学、烹饪、缝纫、手工训练、锻造、印刷等；③礼堂活动，包括唱歌、留声机音乐、儿童乐器表演、戏剧表演以及个人或班级活动等；④体育和游戏，包括体操训练以及游戏室、操场和体育场的游戏等。在课程的时间分配方面，学术性课程每天有120～180分钟，特殊课程每天120分钟，礼堂活动每天60分钟，体育和游戏每天60～120分钟。④ 由此可以看到，在葛雷学校中，特殊课程、礼堂活动、体育和游戏与传统的学术课程是同等重要的，而这些课程在传统学校中要么较少涉及，要么时间无法保证。也是在这种意义上，

---

① 克雷明：《学校的变革》，单中惠、马晓斌译，134页，济南，山东教育出版社，2009。
② 钱晓菲、张斌贤：《以儿童为中心：有机教育学校实验》，载《教育科学研究》，2016(7)。
③ 钱晓菲、张斌贤：《以儿童为中心：有机教育学校实验》，载《教育科学研究》，2016(7)。
④ Strayer G. D. and Bachman F.，*The Grey Public Schools：Organization and Administration*，New York，General Education Board，1918，pp. 10-17.

沃特称葛雷学校是一所"工作—学习—游戏学校"。

葛雷学校一方面满足了20世纪初学校教育对于提高效率的要求，另一方面通过具有社会性质的作业设计满足了学生的兴趣需求，因而在当时被作为进步主义教育实验中的典范，受到来自美国乃至世界各地参观者的追捧。人们纷纷到葛雷市来考察、学习，葛雷市学校董事会当局甚至从1915年起每年专门留出4周时间供参观者学习和考察。葛雷学校的实验也被各地竞相采纳和实施，据统计，截至1929年，仅美国就有41个州202座城市的1068所学校采用了葛雷制。①

（三）库克的帕克学校实验

弗洛拉·库克（Flora J. Cooke）是美国进步主义教育家，1901—1934年任进步主义标兵——帕克学校的第一任校长，致力于将进步主义先驱弗朗西斯·帕克（Francis W. Parker）的教育理想付诸实践。在帕克学校，以儿童为中心是教育实验的起点和途径，学校对社会改良和进步的能动作用是归宿和目的。

帕克学校在成立之初，宗旨就非常明确，就是坚持儿童个体发展的整体性和自主性。库克主要从两个方面落实这一思想：一是关注儿童对自我的正确态度；二是关注儿童的主动性。② 在学校中，坚持让儿童自己来塑造真实的自己，通过内在心灵的滋养、吸收和生长，形成思考的兴趣和能力，而非从外在附加于儿童，因为外在的强制力量无法让儿童达成真正的成长。③ 通过接触自然和社会两种环境，儿童实现整体性与自主性的成长。

在关注儿童自身的同时，帕克学校也关注学校对社会改良和进步的促进功能。学校将自身的功能定位于创造条件使儿童稳定地发展成理想的公民，所以在学校中关注忠诚、自制、勇气、耐心、乐于助人、合作精神、责任感等品质的培育。④ 帕克学校格外强调学生的责任感，这种责任感有两层含义：一是个人对整所学校的责任，以及学校对社会的责任；二是个人对周围的人，以及不认识却同为社会成员的其他人的责任。⑤ 通过一系列社会性实践活动的开展，帕克学校成功培养了儿童的社会意识。这些社会性实践活动主要有社会动机的培养、晨会、表达、经验训练、创造性努力等。

在课程设置方面，帕克学校以儿童为中心，按照"集中"原则设计了以研究主题为中心的核心科目。帕克学校的所有科目分为科学课程和人文课程。科学课程主要涵盖地理、生物、物理、数学等科目，人文课程主要涵盖技能、文学、戏剧艺术、英语、历史、外语等科目。帕克学校打破了传统的分科教学制度，采取"主题"或"问

---

① Case R. D. , *The Platoon School in America* , Stanford，Stanford University Press，1931，p. 27.

② Blaine，"Origin and Aims of the Francis W. Parker School，" *Francis W. Parker School Year Book* ，1912(1)，p. 7.

③ 吴婵：《进步主义教育的标兵：帕克学校》，载《教育科学研究》，2016(4)。

④ 吴婵：《进步主义教育的标兵：帕克学校》，载《教育科学研究》，2016(4)。

⑤ 吴婵：《进步主义教育的标兵：帕克学校》，载《教育科学研究》，2016(4)。

题"研究的方式组织教学。科学课程和人文课程常常同时关注某个主题,以使儿童对研究问题有全面、完整的认识。[1] 帕克学校各个年级的研究主题都不同,教师根据主题来选择不同的课程和活动(见表7-1)。

表 7-1　帕克学校各年级研究主题以及课程和活动设计[2]

年级	研究主题	课程和活动设计
一年级	家庭生活的具体经验	家政、生物、物理、化学、自然地理、建筑、测量、泥塑、手工训练、艺术、缝纫、种植、烹饪等
二年级	养殖、种植、收割、碾磨、制布	饲养动物、实地观察农作物收割、参观磨坊、烤面包等
三年级	芝加哥发展史	历史、地理、物理、工程学、建筑、参观遗迹和博物馆等
四年级	希腊雅典	科学、地理、解剖学、生理学、文学、历史、缝纫、戏剧、语言、音乐、舞蹈、手工制作、绘画、泥塑等
五年级	美国	历史、文学、艺术、地理、数学、语言、写作、远足、讲故事、读诗等
六年级	美国西进运动	历史、文学、艺术、地理、远足、讲故事、音乐等
七年级	中世纪	宗教、艺术、文学、历史、语言、戏剧等
八年级	当代美国	税收、货币、移民、奴隶制、独立宣言、宪法、民权法案等

帕克学校继承了帕克的进步主义理想,为教学方法论的两大中心(个体发展与社会动机)提供了实践土壤,成为全美进步主义教育实验的标兵。大学学科评估团在对帕克学校进行评估后认为,该校的教育是"快乐的、实用的、重要的"。在帕克学校,库克培养了一批以后在进步主义教育中颇有名望的教育家,如华虚朋、泰勒等,他们以后成为进步主义教育的中流砥柱,将帕克学校的教育实验推广至更广泛的领域和地区。

(四)克伯屈的设计教学法

克伯屈(W. H. Kilpatrick)是美国教育家,杜威教育思想杰出的诠释者和宣传者。他的设计教学法、学习理论不仅发展了杜威的教育思想,而且具有独立的价值和意义。1918年《设计教学法》的发表让克伯屈在国内外享有盛誉,他被称为"设计教学法之父"。

在克伯屈看来,教育过程应该围绕着"有目的的活动"展开,设计教学法的核心就是在社会环境中进行的、能使个体全心全意投入的、有内在目的的、有努力、有意义的活动。[3] 在"有目的的活动"之下,儿童自动地、自发地、有目的地学习,培

---

①　吴婵:《进步主义教育的标兵:帕克学校》,载《教育科学研究》,2016(4)。

②　Stone M. K., *The Progressive Legacy: Chicago's Francis W. Parker School*, New York, Peter Lang Publishing, Inc., 2001, pp.154-158.

③　Kilpatrick, The Project Method: The Use of the Purposeful Act in the Educative Process, Teachers College Record, 1918, 19(4), pp.319-335.

养兴趣、态度和抱负，学习知识和技能。这也就是克伯屈所说的通过有目的的方式对待儿童，以便激发儿童身上最好的东西，然后尽可能放手让他们自己管理自己。[①]

克伯屈认为，教育目的有三：一是为民主社会培养公民；二是通过教育使儿童适应未来不断变化的社会；三是教育要立足于儿童的幸福。[②] 由此可以看到，在克伯屈这里，通过教育实现社会的民主化和儿童的主体性是并存的。克伯屈试图通过在社会环境中的有目的的活动，达成社会改造与儿童中心的双重目的。

在教材与课程的编制方面，克伯屈在杜威的"经验"概念的基础上提出了"行为方式"的概念。他认为，行为方式是一种可推广的、普遍化的、活跃的个体经验。学科内容只有提供了好的行为方式，才是有价值的。学习的结果是获得各种行为方式。任何学科内容只有转化为一个人实际的行为方式，才算是被掌握了。[③] 在这种意义上，行为方式是评价课程内容的标准，也是评价学校效果的标准。在这里，克伯屈特别提到，意义是行为方式的核心，它意味着一个事物本质上指向另外的事物，以使原事物完整和充实。个体的实际经验是意义的最丰富的激发物，同时也是检验意义的最佳手段。教师应审慎地选择和指导经验，使意义的积累不断丰富，意义的组织不断完善。[④] 在教材编制中，既要考虑到儿童的行为方式，尤其是可以利用的先天的和习得的兴趣，又要考虑到如何将这些兴趣调动起来，使它们具有意义。克伯屈提出了四类教材来将儿童个体的兴趣和知识系统结合起来：一是单纯阅读的书籍；二是可供查询的参考纲要和系统知识；三是提出问题、激发探讨与活动的书籍；四是可供自我检测与指导的练习材料。[⑤] 其中，一、三类更关注个体兴趣，二、四类更强调系统知识。教材可以提前编订，但是教师在利用教材上课时，必须依据学生的个体经验，也就是说，课程即经验和意义，它是不断生成、变化的。[⑥]

在具体的课程内容和教学方法方面，克伯屈主张取消传统的固定课程，打破学科界限，而将儿童有目的的活动作为学习单元，完全基于问题进行设计。他将具体的设计分为生产者设计、消费者设计、问题设计和练习设计。生产者设计主要指向教育的社会化，比如儿童从用沙子堆砌小屋，到建立一个国家或由多个国家组成的国际组织；消费者设计即以某种方式使用和享受，比如儿童观看一场焰火或欣赏一幅画、一曲音乐等；问题设计的目的在于解决一个问题、澄清某种理性的困境；练习设计指向学生主动规划、乐于参与，是以巩固某一种技能或知识为目的的具体学习设计。基于杜威的"思维五步法"，克伯屈提出了设计教学法的四个步骤，即确定目的、制订计划、实施计划、评价结果。整个学习过程以儿童为中心，由儿童自己

---

① Kilpatrick，The Project Method：The Use of the Purposeful Act in the Educative Process，Teachers College Record，1918，19(4)，pp. 319-335.

② 涂诗万：《"儿童中心"与"社会改造"的抉择：克伯屈教育思想新论》，载《教育研究》，2018(7)。

③ 涂诗万：《"儿童中心"与"社会改造"的抉择：克伯屈教育思想新论》，载《教育研究》，2018(7)。

④ 涂诗万：《"儿童中心"与"社会改造"的抉择：克伯屈教育思想新论》，载《教育研究》，2018(7)。

⑤ 克伯屈：《教学方法原理——教育漫谈》，王建新译，316页，北京，人民教育出版社，1991。

⑥ 涂诗万：《"儿童中心"与"社会改造"的抉择：克伯屈教育思想新论》，载《教育研究》，2018(7)。

找素材，自己解决问题，自己探究并得出结论。

设计教学法充分关注了儿童的主体性、自发性、积极性，使儿童成为学习和问题解决的主体，同时关注儿童与现实社会和实际生活的联系，并兼顾了儿童中心和社会中心。设计教学法一经提出，迅速在美国及世界各国获得了众多受众。到20世纪30年代，设计教学法已经在美国、中国、印度、埃及以及西欧多国的学校教育中得到实施。

第二节　第二次世界大战后美国的小学教育

第二次世界大战结束后，世界进入了相对和平时期，各主要发达国家开始进行新一轮的经济、军事、科技竞争。为了满足社会政治、经济发展的需要，美国加入国际竞争中，和其他发达国家一样开始了新的教育改革。

一、《中小学教育法》与 20 世纪 60 年代小学教育的改革

20世纪中期以来，美国社会各界对学校教育的批评越来越多，批评的焦点集中于美国教育质量低下，尤其是在国际教育评估中美国学生的成绩较差，与其他世界大国之间存在较大差距。1957年苏联发射第一颗人造卫星后，美国极为震惊，批评者们将美国落后的原因归结为美国教育的失败，教育改革的呼声愈发高涨。

1958年9月，美国颁布《国防教育法》，共计十章，其中与小学教育相关的内容有：①加强普通学校的自然科学、书写、现代外语的学习。更新教学内容，配备实验室、视听设备、计算机等现代教学设备，提高教学质量。②强调"天才教育"，鼓励有才能的学生完成中等教育。③增加教育经费的投入。《国防教育法》的颁布为第二次世界大战后美国小学教育的发展提供了法律保障，有利于美国小学教育质量的提升。

到了20世纪60年代，美国继续新一轮的教育改革，在小学阶段注重教育机会均等的同时，进一步推进课程与教学改革。1965年，美国国会通过《中小学教育法》，一方面，重申黑人和白人学生的合校政策，制定对处境不利儿童的特殊教育政策，尤其是帮助学校里低收入家庭儿童完成学业。另一方面，强调小学教育的目标在于强化普通文化科学知识教育，为将来接受专业教育奠定基础。除此之外，还特别强调给予学区、州教育厅等经济援助或拨款，使其能够完成教育儿童和加强教育领导权的任务。该法在一定程度上改善了处境不利儿童（包括黑人儿童）的教育状况，同时促进了美国小学教育的发展。之后1966年和1967年，美国两次颁布了《中小学教育法》的修正案，1970年又颁布了《中小学教育辅助计划》，对美国小学教育改革做了进一步的调整与完善。

二、"返回基础运动"与 20 世纪 70 年代小学教育的改革

第二次世界大战后经过二十多年的发展，美国教育已经跃居世界前列。但是，20 世纪 70 年代美国教育又暴露出一些新的问题，比如普通教育的基础训练不足，学生基础薄弱、社会适应力差等。学生家长认为，这些问题的原因在于学校课程对基础知识的关注不够。社会方面也有声音谴责是教育者把学校变成了开展各种教育实验的舞台，不关注知识学习本身。美国民众这一时期也要求学校减少选修课，把注意力放在基础课程上，以减少教育成本。① 于是，一种强烈要求学校回归基本教育的情绪在教育领域蔓延。1976 年，在美国基础教育委员会的推动下，"返回基础运动"在美国开展起来，成为 20 世纪 70 年代后期美国教育改革的主流。

"返回基础运动"的基本主张可以归纳为五个方面：第一，强调基础课程教学，注重传统教育；第二，采用传统的教学和评估方法；第三，确定教师主导权；第四，注重传统道德培养；第五，严明纪律。具体到小学教育阶段，"返回基础运动"要求强化传统科目在小学阶段的重要性：加强阅读、写作和算术教学，强调算术计算、阅读中的语音练习和严格的家庭作业；要求小学阶段提高学业标准，更多地加强练习、复述、作业、评定；提升教师的指导作用；取消"新教学"等教学方法的革新；规定学生升级应该按照成绩，而不是年龄或在班级里的时间长短。除此之外，要将学生的学习行为建立在秩序、安静和控制的基础上。② 美国还在小学实施教育问责制和最低能力测试制度，来确保教育质量和效率的提升。

由以上内容可以看到，美国小学已经一改往日面貌，在"返回基础运动"中走向了传统。之后，随着 20 世纪 80 年代社会形势的变化，"返回基础运动"逐渐式微，美国小学教育又走向了新的改革道路。

三、20 世纪 80 年代小学教育的改革

20 世纪 80 年代初期，随着国际和国内形势的变化，人们对教育的认知发生了新的变化。一些与社会发展紧密相关的话题，如环境教育、消费教育、多元文化教育、多种族教育、反毒品教育、性教育和心理健康教育等逐渐进入美国学校中，成为中小学课程的一部分。小学开始重新强调个体与社会、国家、世界的关系，开始关注教育与社会、国家的发展问题。与此同时，随着计算机语言与技术的发展，电子计算机已经在全美学校中迅速普及，成为学生学习的重要手段。但此时，关于教育质量的问题依旧是美国教育面临的最大问题。1983 年，美国中小学教育质量调查委员会发布报告《国家处在危险之中：教育改革势在必行》。该报告得到联邦教育部

---

① Brodinsky B.，"Back to the Basics：The Movement and Its Meaning," *Phi Delta Kappan*，1977(7)，pp. 522-527.

② Morgan and Robinson，"The 'Back to the Basics' Movement in Education," *Canadian Journal of Education*，1976(2)，pp. 1-11.

的高度重视，要求各州按照报告精神立马开展教育改革。

报告指出了美国教育面临的 13 个危机迹象，建议全美学校进行以下几个方面的改革：第一，加强美国中学在五门"新基础课"方面的教育，即数学、英语、自然科学、社会科学、计算机课程。第二，提高教育标准。要求小学、中学、学院和大学都要对学生的学业成绩和行为表现采取更严格的和可测量的标准。第三，改进师资培养。第四，联邦政府、州和地方官员，以及学校校长和督学，必须发挥领导作用，负责领导学校教育改革的实施。该报告成为 20 世纪 80 年代美国教育改革的纲领性文件，引领了美国各级各类教育改革，小学教育也包括在内。

之后，20 世纪 80 年代末美国又发布了《普及科学——美国 2061 计划》，再次强调美国基础教育改革的必要性，尤其是将科学最新成就纳入科学教育课程的价值和意义，要求在小学教育阶段就要开始落实科学教育，并将这一精神贯彻到中学乃至大学中。

四、20 世纪 90 年代以来的小学教育改革

进入 20 世纪 90 年代，美国更加关注教育在社会改革以及国际竞争中的重要作用，因而积极推行一系列改革举措，试图使美国在 21 世纪来临之前继续保持世界领先地位。这一时期，美国发布了多份对未来教育改革有重要指导意义的法案与文件。

（一）《美国 2000 年教育战略》

随着之前提到的教育问责制和最低能力测试制度在美国迅速得以应用，人们发现在关于学生究竟应该学什么的问题上缺乏一种全国性的统一标准。1989 年，布什总统在弗吉尼亚州召集各州州长开会商讨改进教育的措施。会议决定，各州应该在学校教育所应达到的目标上达成某种共识，并制定国家教育目标。这一共识的达成使得全国性课程标准的建立成为可能。1991 年 4 月 18 日，美国总统布什签发《美国 2000 年教育战略》。1994 年 3 月，克林顿总统签发《美国 2000 年教育目标法》，使得全国性统一课程标准在美国建立起来。

《美国 2000 年教育战略》分析了美国教育存在的诸多问题，并在分析问题的基础上提出了未来美国教育改革的基本目标，主要包括如下内容。

第一，所有美国学龄儿童做好入学学习准备。

第二，中学毕业率至少提高到 90%。

第三，每所学校要保证所有儿童具有应付挑战的能力，合理用脑，成为有责任感的公民，并为进一步学习和胜任富有创造性和挑战性的职业做好准备。

第四，美国学生在自然科学和数学方面的成绩要居世界首位。

第五，成年美国人能读书识字，并掌握参与全球经济竞争的本领。

第六，力争使每所美国学校杜绝毒品和暴力，为学生提供秩序井然的良好学习

环境。[1]

从以上内容可以看到，在小学教育阶段，要求儿童能够对学习抱有较高的期待和兴趣，保证儿童有一定的应对能力，成为有责任感的公民。在学习方面，要求儿童在自然科学、数学等领域有所发展；在教育环境方面，要求净化学校环境，为儿童学习提供良好的氛围。

(二)《美国2000年教育目标法》

1994年3月，《美国2000年教育目标法》发布，批准成立国家教育标准和改进委员会，确立了国家和州一级的课程内容标准、操作标准、学习机会标准以及评价标准。

法案明确了美国教育要实现的八大目标，其中与小学教育相关的目标是：在入学准备方面，到2000年，所有美国儿童都要做好相关准备，开始上学。为此，所有儿童都要参加高质量的、适应其发展水平的学前教育计划。在学生成就和公民职责方面，所有四年级、八年级和十二年级的学生在学年结束时在具有挑战性的学科，如英语、数学、科学、外语、公民与政府、经济、艺术、历史、地理等，要表现出一定的能力。同时，初等和中等教育阶段所有学生的学业成绩都要得到提高，具有思考、解决问题、运用知识、有效写作与交流的能力。所有学生都要参加有助于培养和展示良好的公民职责、健康的身体、社区服务意识、个人责任感的活动，参加体育和健康教育。在数学与科学方面，到2000年，美国学生的数学与科学成绩在世界上要居于首位。在安全、纪律方面，到2000年，美国每一所学校都没有毒品、暴力，没有未经授权带入的枪支，没有含酒精的饮料，要为学生创造纪律严明的、有利于学习的环境。[2]

总体来看，《美国2000年教育目标法》正式将确立全国性中小学课程标准作为一项重要任务，要求每个州的教育改革计划都包括课程内容标准的建立。比如，某一阶段学生在英语、数学、科学及其他科目中应掌握哪些知识，达到什么标准，以及如何评估学生是否达到相关标准，等等。法案把教育标准从层次上分为国家教育标准和州教育标准，从内涵上分为课程内容标准、学生操作标准。[3] 这就表明，美国已经在各阶段教育应该达到什么标准的问题上基本达成了共识。之后，美国各州基本上在国家教育标准的基础上制定了自己的标准，英语、数学、科学、历史、地理、社会研究等各科目的专业化标准运动在全美轰轰烈烈地展开。

(三)国情咨文中的教育目标及纲领

1997年2月，美国总统克林顿签署国情咨文，指出美国要在21世纪继续保持国际竞争的优势地位，因此必须建立一流的教育制度，培养一流的人才。国情咨文

---

① 国家教育发展研究中心：《发达国家教育改革的动向和趋势》第四集，546页，北京，人民教育出版社，1992。

② 贺国庆等：《战后美国教育史》，74～75页，上海，上海交通大学出版社，2014。

③ 吴式颖、李明德：《外国教育史教程》3版，416页，北京，人民教育出版社，2015。

特别提到了未来美国教育发展的三大目标及其行动纲领。具体来讲，三大目标分别是：①每个 8 岁的孩子必须能阅读；②每个 12 岁的孩子必须能上互联网；③每个 18 岁的孩子必须能上大学，并且每一个美国成年人必须坚持终身学习。从三大目标来看，前两个都是与小学教育相关的，它们的提出与 20 世纪末世界发展对人的要求紧密相关，阅读能力与计算机操作能力成为世纪之交美国小学教育发展的具体旨归。

为了达成上述目标，美国还确定了十大行动纲领，其中与小学教育相关的内容有：①制定国家教育标准；②开展阅读运动，确保美国学生在二年级结束前掌握独立阅读的能力；③赋予家长为孩子选择合适的公立学校就读的权利；④建构校园文明；⑤更新校舍；⑥加强学校图书馆信息网络建设。[①] 从这些与小学教育相关的纲领中可以看到，有一些是同时面向各级各类学校的，有一些是专门针对小学教育的，比如开展阅读运动就是专门针对小学阶段的。所以，总结来看，其实整个 20 世纪 80 年代和 90 年代，尤其是 90 年代以来，美国小学教育主要围绕着全国性和地方性标准的建立这一核心问题展开。

(四)《不让一个孩子掉队法》

进入 21 世纪，美国教育改革又转入了新的方向，就是提升基础教育质量。2002年，《不让一个孩子掉队法》的颁布与实施就是证明，它明确提出美国基础教育改革的总目标是：确保所有公立学校的每个孩子都能在安全的学习环境中学习基于科学研究的课程，能够接受高素质教师的指导和教学服务。

《不让一个孩子掉队法》要求每个州对于学生应该知道什么和学习什么建立起标准，并要求对三至八年级的学生进行评估测验，将测验结果以年度报告的形式提供给家长。全州范围内的报告则要对所有学生的进步情况做说明，努力弥合优势和弱势学生群体之间的鸿沟，学校要对所有学生的成绩负责，争取在 12 年内都达到优异。

法案提出：首先，要在中小学实行责任制，以确保全美所有学生的数学、科学、阅读达到熟练水平；其次，要将中小学教学工作建立在科学研究的基础上，以提高中小学数学和科学教学质量；再次，各州和各学区为家长提供学校和学区报告单，在择校中给予家长更多的选择；最后，授权州和学区在使用联邦教育资金方面享有更广泛的灵活性和自由度。

《不让一个孩子掉队法》的颁布与实施为新时代美国基础教育的改革与发展提供了指引。法案中对学生阅读、数学、科学素养的重视，对全国和地方标准的强调，对不同群体学生学业差距的关注，对学业质量的重视，等等，可以说是对 20 世纪 80 年代以来美国基础教育改革精神的延续。进入 21 世纪，美国在基础教育领域的改革还在继续，但增效提质的宗旨基本上没有改变。

---

① 吴式颖、李明德：《外国教育史教程》3 版，417 页，北京，人民教育出版社，2015。

本章小结

现代美国小学教育的发展基本上是作为基础教育的一部分展开的，在整个 20 世纪，美国小学教育改革多数是与幼儿园和中学一起开展的。比如，20 世纪上半叶开展的进步主义教育实验中，一些实验学校就是同时在学前教育和小学阶段或者小学阶段和中学阶段开展的，当然也有一些仅在小学阶段开展。这在某种程度上表明，美国基础教育不同阶段的联系是较为紧密的，基本精神是较为一致的。

19 世纪末至 20 世纪初的强制入学运动进一步巩固了 19 世纪美国公立学校运动的成果，将免费性、义务性、强制性的小学教育原则进一步强化和普及。进步主义教育实验的开展意味着美国基础教育改革的新动向，它向美国长久以来坚守的教育传统发起挑战，试图在基础教育领域渗透一种以儿童为中心的、学校与社会紧密联系的教育哲学。20 世纪中期，随着国际竞争的日益加剧，美国更关注教育为社会、政治、经济服务，基础教育也不例外。60 年代的《中小学教育法》，70 年代的"返回基础运动"，80 年代的《国家处在危险之中：教育改革势在必行》，90 年代的《美国 2000 年教育战略》、《美国 2000 年教育目标法》、国情咨文、《不让一个孩子掉队法》等都是新时期美国应对国内外局势变换的产物。值得指出的是，随着一系列教育改革举措的实施，对学生基础知识和能力的要求，对全国和地方课程标准的坚守，对不同群体学生学业差距的关注，对学业质量的重视等共识基本达成，它们共同推进了美国基础教育的发展。

复习与思考

1. 强制入学运动对美国小学教育的发展产生了什么影响？
2. 约翰逊的有机教育学校是如何开展教育改革的？
3. 沃特在公立学校的组织与管理方面进行了哪些改革？
4. 帕克学校改革的主要内容是什么？
5. 克伯屈设计教学法的主要内容是什么？
6. "返回基础运动"对美国小学教育的影响有哪些？
7. 20 世纪 80—90 年代美国在小学教育方面进行了哪些改革？

第八章　现代日本的小学教育

【本章要点】▶

　　明治维新之后，日本通过政治、经济、文化和教育改革，走上了历史发展的新阶段，小学教育在教育改革中也有了新的发展与进步。第一次世界大战之后，日本教育走向了军国主义、法西斯主义，成为日本军国主义统治的工具。第二次世界大战以后，在以美国为首的盟军部队控制之下的日本宣布放弃军国主义政策，实施和平建设方针。之后，日本继承明治时期优先发展教育的传统，日本教育进入了新的阶段。本章主要介绍19世纪末20世纪初至21世纪初期日本小学教育的发展与改革情况，分为两个时间段进行介绍：第二次世界大战前，主要关注日本19世纪末至第二次世界大战之前日本小学教育的基本情况，在这一时段，日本小学教育主要围绕确立六年制义务教育以及小学课程改革等方面展开，之后走向了军国主义、法西斯主义；第二次世界大战后，即20世纪中叶到21世纪以来，体制改革、课程调整、质量提升等成为主要议题。

第一节　第二次世界大战前日本的小学教育

19世纪末20世纪初，随着资本主义经济的快速发展，日本初步迈进了工业化国家的行列。经济的快速发展为普及义务教育奠定了基础，从20世纪初期开始，日本通过修订法令，完善之前的义务教育制度。同时，通过课程改革，日本小学阶段的课程设置也得到进一步修改和完善。但是20世纪20年代中期之后，日本军国主义、法西斯势力抬头，日本开始对外加强军事扩张，对内加强思想控制，日本小学成了法西斯专制统治的工具。

一、修订《小学校令》与确立六年制义务教育制度

随着免费义务教育的实施，到20世纪初日本学龄儿童的入学率大幅度提升。据统计，1900年日本学龄儿童的入学率已经达到了81.67%，1907年提升至97.38%。[1] 加上1900年《改正小学》的颁布，将寻常小学修业年限改为4年，在此之上附设两年制的寻常高等学校，日本的小学教育取得了长足的进步。1900年，日本颁布《市町村立小学教育费用国库补助法》，明确表示要对小学教育实行国库补助，每年从国库中拨出100万日元用于小学教师的教龄津贴及特别加薪。[2] 之后，国库及市町村对小学教育的投入比例不断加大。这一切为延长日本义务教育年限奠定了基础。

1906年秋，文部省开始着手修改小学校令，目的在于延长义务教育年限，同时对小学课程进行调整。最终，1907年3月，《小学校令》修正案以敕令的形式公开发布，主要内容如下。

①将寻常小学的修业年限由四年改为六年，实施六年制免费义务教育。高等小学修业年限改为两年或三年。

② 寻常小学的必修科目增加了日本历史、地理、理科、绘画、唱歌。女生课程增加了手工，为选修课。高等小学可以在手工、农业、商业、英语等科目中选修一门或几门，也可以将农业、商业课程进行合并。

③ 废除私立小学，一律改为公立小学。[3]

新修订的《小学校令》明确提出日本实施六年制义务教育，为20世纪初期日本小学教育的发展奠定了强有力的法律基础。与此同时，文部省在其训令中强调，学龄儿童的父母或其他监护人有监督儿童就学的义务，明确了父母或其他监护人在贯彻

---

① 刘山：《日本近代普及义务教育研究》，179页，石家庄，河北教育出版社，2016。
② 刘山：《日本近代普及义务教育研究》，179页，石家庄，河北教育出版社，2016。
③ 王桂：《日本教育史》，199页，长春，吉林教育出版社，1987。

执行义务教育制度中的责任。随着日本经济与社会的快速发展，国库及市町对义务教育的投入逐步增多，加上义务教育免费，民众送子女入学的热情高涨起来。据统计，1907 年，日本学龄儿童有 7024930 人，就学人数为 6841083 人，到 1917 年，学龄儿童 8104815 人，就学人数达到 8001703 人。① 20 世纪 20 年代初期，日本基本完成了普及六年制义务教育的任务，日本小学教育迈入了一个新的阶段。1935 年，寻常小学入学率达到 99.59％，此后便一直保持在 99％以上。高等小学的入学率也从 1918 年的 40.62％提高到 1935 年的 56.83％。②

二、修订《小学校令》之后日本小学的课程改革

1907 年《小学校令》修正案颁布之后，日本小学开始进行课程调整。寻常小学必修科目包括修身、国语、算术、日本历史、地理、理科、绘画、唱歌、体操，为女生增设了缝纫课；增设手工课作为选修科目；日本历史、地理、理科作为必修科目从寻常小学五年级开始学习。③ 1908 年，文部省决定算术课增加初级分数、混合运算，历史课增加建国体制、皇统无穷、历代天皇的伟业、忠良贤明的事迹等内容，地理课增加日本的地势、气候、区域划分、城市、交通、物产、地球及其运动等内容，理科增加植物、动物、矿物等内容，体操课开始实行男女分开授课，绘画课要求学生能够绘制简单的形体、实物以及彩色图画等。④

需要指出的是，日本社会在发展的同时也受到来自西方各种文化和教育思潮的影响。为了寻找一条能够继承日本传统文化、抵御西方文化侵蚀的道路，从 19 世纪末开始，日本格外注意培养学生忠君爱国的思想。1890 年，通过颁布《教育敕语》，重申了忠孝作为日本国体之精华、日本教育之渊源的重要性，要求日本小学强化道德教育。在小学中，道德教育主要通过修身课来开展。1904—1909 年，修身课教科书共有 163 篇关于道德行为的，涉及家庭、个人、学校、社会、国家等各个领域的道德规范。1910—1917 年，修身课中国家道德和家庭道德的篇目增加，个人与社会的篇目相应稍微减少。国家道德和家庭道德方面强调对天皇、家庭尽忠尽孝，"忠孝一体"成为日本的国家道德。与此同时，日本小学通过学校仪式、讲堂训谕、集会、入学式、作业、毕业典礼、纪元节、天长节等形式开展对小学生的训育，培养学生的爱国主义、民族主义和集体主义精神。1925 年，修身课研究会召开，重申了修身课的目的是进行国家主义的道德教育。⑤ 除了修身课，日本小学还改革了国语课，要求国语课教科书的语言整齐划一，减少汉字的使用量，等等。⑥

---

① 刘山：《日本近代普及义务教育研究》，188 页，石家庄，河北教育出版社，2016。
② 刘山：《日本近代普及义务教育研究》，188 页，石家庄，河北教育出版社，2016。
③ 刘山：《日本近代普及义务教育研究》，190 页，石家庄，河北教育出版社，2016。
④ 刘山：《日本近代普及义务教育研究》，190～191 页，石家庄，河北教育出版社，2016。
⑤ 刘山：《日本近代普及义务教育研究》，195～196 页，石家庄，河北教育出版社，2016。
⑥ 刘山：《日本近代普及义务教育研究》，191、196 页，石家庄，河北教育出版社，2016。

　　除了对寻常小学的课程进行改革之外，日本也着手对作为寻常小学的延续的高等小学的课程进行改革，将其与社会接轨。1910 年，为了使高等小学的课程与现实生活的联系更加紧密，日本文部省发布《重视高等小学设置事业科目（农业·商业）的训令》，鼓励高等小学增设农业、商业等选修课，使学生学习更多的实用知识，与现实社会接轨。1911 年，文部省修订《小学校令实施规则》，进一步强化高等小学课程的实用性。之前在高等小学中增设手工、农业、商业课程作为选修课，此时已经全部改为必修课。同时，增加手工、农业、商业课程的授课时间，由每周 2 小时增加至 6 小时。在手工课方面，增加了制图课。在女生的理科课程中，注重与家政方面相结合。[①]

　　在改革课程的同时，日本逐渐加强了对教科书的编撰与管理。自 1903 年日本开始实施小学教科书国定制度之后，1904—1905 年，日本小学的修身、国语、日本历史、地理、算术、绘画等科目的教科书转由文部省编写。之后到 1910 年，日本小学所有学科的教科书都由文部省编写。至此，日本完成了小学教科书由检定制到国定制的转变，各地小学统一使用由文部省编写的教科书。[②]

三、军国主义统治下的日本小学及小学教育

　　20 世纪初，随着资本主义经济的发展，日本逐渐走向垄断资本主义，成为军事封建性帝国主义国家。1926 年，裕仁天皇即位后，更加强调道德教育和民族主义教育，大肆鼓吹军国主义和对外扩张的思想。之后，日本逐渐走上了军国主义道路，相应地，日本教育也逐渐沦为军国主义、法西斯主义的工具。

　　20 世纪 20 年代后期，在世界经济危机和日本经济危机的双重打击下，日本军国主义和法西斯势力逐渐抬头并加紧扩张，对外实施军事扩张，对内加强对民众思想的控制。在教育方面，1930 年，日本文部省成立学生管理局，专门负责调查和控制学生的思想，以清除自由主义、民主主义思想对学生的影响。1931 年，日本又成立学生思想问题调查委员会，进一步加强对学生的控制。

　　在小学管理方面，1934 年，日本文部省专门召开"全国小学教师精神动员大会"，强调把培养日本精神作为小学的首要任务。同时，还成立思想局，建立警察对教师的监督制度。1937 年，文部省又设立教学局，加强对学校教学工作的监督和控制，强调学校教学的一切环节都应当体现大日本帝国的国体观念和军国主义思想。[③]

　　1935 年，日本成立了一个教育改革委员会，专门负责提供如何培养"日本精神"的方法咨询，以加强学校的民族主义和军国主义教育。1937 年，该委员会印制《日本民族实体的基本原则》一书，作为日本推行军国主义教育的重要指导。该书的主要

①　刘山：《日本近代普及义务教育研究》，182～183 页，石家庄，河北教育出版社，2016。
②　刘山：《日本近代普及义务教育研究》，191 页，石家庄，河北教育出版社，2016。
③　吴式颖：《外国现代教育史》，306～307 页，北京，人民教育出版社，1997。

内容在于论证日本民族和帝国与天皇的同一性及其至高无上的地位。书中指出，日本国民与日本天皇同出于一个神圣渊源。教育的目的不是培养个人和实现自我，而是在民族实体的基础上，实现保卫和维护天皇权威的使命。在学校内部，尤其是中小学，主要以道德教育的形式来贯彻执行这一目的，进行关于忠孝仁义的教育。1941 年，日本文部省发表《臣民之道》，继续宣传日本臣民的主要职责是追随天皇，为天皇效力。至此，从 1890 年的《教育救语》到 1937 年的《日本民族实体的基本原则》，再到 1941 年的《臣民之道》，民族主义和军国主义思想在日本中小学得到了广泛传播。据调查，到 1941 年，日本中小学课程中有近 40% 的内容与日本民族主义和军国主义思想相关。①

1941 年，为了适应战争需要，日本颁布了《国民学校令》，决定从 1944 年开始实施八年制义务教育。同时决定，从 1941 年 4 月 1 日开始实施国民学校制度，将明治以来沿用七十多年的"小学校"改称国民学校。总体来看，《国民学校令》的主要内容如下。

①国民学校的目的在于以"皇国之道"为准则，给国民以基础训练。

②将义务教育年限延长至八年，其中初等科六年，高等科两年。

③废除因儿童监护人贫困可免除儿童入学义务或休学的制度。对身心残疾儿童设立特别教育抚养机构，废除在家庭接受义务教育的制度。

④改善国民学校教员待遇，国民学校设立教头和养护训导。

⑤将国民学校课程合并为 5 科，分别是国民科、数理科、体练科、艺能科、实业科。

其中，国民科包括修身、国语、国史和地理，目的在于培养国民精神和国民道德，以自觉完成皇国使命。数理科包括算术和理科，意在让学生能够正确观察和处理一般事物，培养合理的创造精神，为国家发展贡献力量。体练科包括体操和武道（女生可免修），意在增强体质、磨炼意志，投身国家。艺能科包括音乐、习字、图画和手工等，陶冶情操，提高国民素质。国民初等科为女生增设缝纫课，高等科增设实业科、外语等②，意在让学生了解国家产业情况，培养为国贡献力量的品质。从以上内容来看，通过课程合并，日本其实意在统一各领域知识，培养学生各方面的素养，提高国民素质，实现培养"皇国国民"的目的。除此之外，《国民学校令》还规定，国民学校一律使用由文部省指定的教材，国家规定教科书之外的教材一律实行统一管理，乡土教材或学校自编教材则需要得到文部省的认可，这表明国家加强了对义务教育教学内容的控制。

在《国民学校令实施细则》中，日本还对学校教学提出了十条要求：①遵照《教育救语》和天皇颁发的相关诏书修炼"皇国之道"，对国家有强烈的信心；②对国民生活

---

① 吴式颖、李明德：《外国教育史教程》3 版，375 页，北京，人民教育出版社，2015。
② 王桂：《日本教育史》，243 页，长春，吉林教育出版社，1987。

有基本的认知，培养情操，健全身心；③了解本国文化，了解东亚乃至全世界形势，认清自己的使命，提高国民素质；④做到身心统一，避免教育、训练、养护相分离；⑤注意各种教科书之间的紧密联系；⑥注重仪式和学校活动，做到教学和活动仪式相统一；⑦加强学校与家庭和社会的紧密联系，共同教育学生；⑧注重教育对国民生活的作用，高等科的教育内容要适应学生未来的职业需要；⑨关注学生的身心发育，根据男女生特点和个性进行教育；⑩唤起学生的学习兴趣，培养自学的习惯。文部省要求，国民学校要强化授课、训育和养护。授课意在让学生掌握知识和技能，训育意在用实践表达和培育情感，养护意在对身体进行保育和锻炼，授课、训育和养护要做到合而为一。① 由此可以看到，日本国民学校以"国民精神"为核心，全面加强"国体观念"的培育，要求小学生在学校完成忠君爱国、忠孝一体观念的培育。

1943 年，为了防备美军空袭，日本还颁布了《疏散少年儿童安置措施纲要》和《帝国首都儿童集体疏散实施要领》，要求对国民学校的学生进行集体疏散，由教员陪伴学生转移，指导学生学习和生活。但事实上，在战时体制之下，日本小学因为集体疏散，教学处于停滞状态，国民学校变成了兵舍，学校陷入了瘫痪状态。

综上，随着对外侵略扩张和第二次世界大战的全面爆发，日本义务教育实际上走上了畸形发展的道路。《国民学校令》虽然提出了八年义务教育制度，但目的在于提高国民素质，以增强国家军事力量；将小学校改称国民学校，实行课程合并，意在培养国民精神，培育"皇国国民"；对国民学校实行军事化管理，意在围绕军国主义开展教育。总体来看，从 20 世纪 20 年代后期开始，日本小学就成了军国主义和法西斯主义进行思想控制的工具。后期，随着太平洋战争的爆发，日本全面进入战时状态，普及八年制义务教育的计划未能真正付诸实践。

第二节　第二次世界大战后日本的小学教育

第二次世界大战在东方战场以日本帝国主义的失败而告终。战后，日本在以美国为首的盟军部队控制下宣布放弃军国主义政策，实施和平建设方针。1946 年 11 月，《日本国宪法》颁布，为第二次世界大战后日本的发展奠定了基础。在和平发展的方针之下，日本教育逐渐走向复兴。通过《教育基本法》《学校教育法》等法令，日本小学教育也逐渐发展起来。

一、《教育基本法》和《学校教育法》对日本小学教育制度的新规定

在 1946 年颁布的《日本国宪法》的指导下，1947 年 3 月 31 日，日本颁布了《教育基本法》和《学校教育法》，为第二次世界大战后日本教育的发展指明了方向。

---

① 刘山：《日本近代普及义务教育研究》，233 页，石家庄，河北教育出版社，2016。

在《教育基本法》中，关涉到小学教育的主要内容有：①全体国民均享有接受与其能力相应的教育的平等机会；②实施九年制义务教育，并在国立、公立义务教育各类学校中免收学费；③教育机会均等，男女同校；④尊重学术自由；⑤国立、公立学校禁止开展宗教教育；⑥教育要以国民人格的陶冶为目的，培养充满独立自主精神的、身心健康的国民，以及和平国家及社会的建设者。① 从法令内容来看，它与第二次世界大战期间日本的军国主义教育政策截然不同，重申了教育本身的重要性，以及教育在培养国民方面的价值。它为第二次世界大战之后日本教育的发展指明了方向，在日本教育史上具有里程碑意义。在此之后，日本教育基本上围绕着《教育基本法》的要求在一步步地走向新的发展阶段。

需要特别指出的是，由于日本政府对《教育敕语》的暧昧态度，《教育基本法》在得到实施的同时，《教育敕语》依然被作为中小学培养国民道德的指导原理而发挥着作用。直到 1948 年 6 月 19 日，日本众参两院宣布《教育敕语》建立在神话国家观的基础上，从根本上违反主权在民原则，才彻底决定废除之。② 最终，1948 年 6 月 25 日，日本彻底废止《教育敕语》，终止了天皇敕令所制定的教育准则。

与《教育基本法》同时颁布的还有《学校教育法》，共 9 章 108 条，旨在建立新的学校教育制度，其中与小学教育相关的内容有：①废除中央集权，实行地方分权，设立教育委员会管理各地学校事务；②实行六三三四学制，延长义务教育年限，原六年义务教育延长至九年；③儿童 6 岁入学，男女儿童教育机会均等，一律实行男女同校。如此，作为《教育基本法》的补充，《学校教育法》为日本学校教育制度的确立提供了法律保障。在此之后，日本的小学基本上遵照这两部法令向前发展。尤其是在学制方面，依据两部法令，日本开始了九年制义务教育的实施，将旧制寻常小学改称"小学校"，将旧制高等小学改称三年制初中。新制的小学和初中由市、镇、村教育委员会组织和管理。在小学校中，增设社会、家政和自由研究等新课程。

1949 年，通过《教师许可证法》，日本又要求中小学教师必须修习完规定的课程与学分，尤其小学教师必须有两年以上的大学教育证明，方可获得教师许可证。这些工作的落实都为第二次世界大战后日本小学教育的复苏和发展奠定了基础。

二、20 世纪 50—70 年代日本小学教育的改革与发展

经过调整，到 20 世纪 50 年代后期，日本经济已经恢复到第二次世界大战前最高水平。从 20 世纪 50 年代后期开始到 20 世纪 70 年代初期，日本经济一直维持在高速发展的水平。这一时期，日本超过英、法、德，跃居世界第二强国的位置。需要指出的是，日本在制定每一次经济发展计划时都将教育纳入其中，旨在通过调整教育结构或者课程设置来适应经济社会发展对人才和劳动力的需求。可以发现，伴

① 大田尧：《战后日本教育史》，王智新译，79～81 页，北京，教育科学出版社，1993。
② 大田尧：《战后日本教育史》，王智新译，83～84 页，北京，教育科学出版社，1993。

随着经济的腾飞，日本的教育也飞快地发展起来了。

20 世纪 50 年代，日本提出"经济自立五年计划"（1956—1960 年）之后，1957 年日本通过《新长期计划》，首次将教育发展纳入国民经济计划中，强调科学技术教育。1958 年，文部省提出《充实基础学力，提高科学技术教育》的教育改革计划，在全国范围内修订中小学教学大纲。此次改革主要集中于教学内容的更新与调整上，以使其适应现代化社会的需求，重点放在数学和理科教学方面，增加数理科的教学时数。但最终由于教学内容过于深奥，学生负担过重，此次改革以失败告终。

20 世纪 60 年代，日本颁布"国民收入倍增计划"（1961—1970 年）、"经济社会发展计划"（1967—1971 年），强调普及和提高中等教育，加强科学技术教育和职业教育。20 世纪 70 年代，通过"经济社会发展计划"（1967—1971 年），日本再次强调在学校教育中科学、数学等课程的重要性。整体来看，日本经济复苏与腾飞时期也是日本学校教育高速发展时期。但与此同时，学校中应试教育模式也带来了一定的弊端，使得日本中小学生压力过大，民众纷纷抱怨应试教育给儿童身心带来的伤害。

1971 年，日本中央教育审议会提交《关于今后学校教育综合扩充、整顿的基本措施》的咨询报告，其中的很多改革建议被文部省采纳并实施。其中与小学教育相关的条目有：①开展教育示范性实验，推进学校改革；②加强学校教育各阶段课程的一体化改革，提供公民教育必需的基础知识与技能教育，满足学生个体发展需要；③在家庭、社区以及学校内部提供咨询服务，为学生的课程选择提供帮助；④尝试采用分组教学、个别教学，以及灵活学年制度等；⑤改善教育条件，实现教育机会均等，不断提高教育水平；⑥制定多样化的特殊教育政策；⑦建立专门的教育研究机构，为教育改革提供理论依据。

根据该咨询报告，1977 年日本文部省颁布《关于改善中小学教学计划的标准》和《小学、初中教学大纲》：强调关注德育和体育，培养德智体全面发展的儿童；精选教育内容，使儿童掌握各学科的基础知识，并培养一定的创造力；减少教学时数，增加课外活动，培养协调发展的儿童，使儿童在轻松、愉快的学习生活中健康成长。到 20 世纪 80 年代，日本小学又面临新的改革局面。

三、20 世纪 80—90 年代日本小学教育的改革与发展

20 世纪 80 年代，日本进入经济发展的新时期，经济全球化的推进、综合国力竞争的加剧使得日本教育进入新一轮的改革浪潮中。在这一轮的改革浪潮中，日本中小学改革的重点在于改变传统整齐划一的教育体制，以及偏重成绩、考试、竞争、纪律等的僵化体制，走向个性化的、自由的教育，以及国际化教育。

1984 年，日本成立临时教育审议会，对教育问题进行诊断，并发布多份审议报告。诊断认为：日本教育培养了以死记硬背为中心的、缺乏主见和创造能力的、没有个性的模式化人才；激烈的入学考试竞争、欺负弱小、逃学、校内暴力、道德行

为缺乏等，导致了日本学校的"教育荒废"；偏重学历，高等教育质量堪忧。[1] 审议报告认为造成这些局面的原因在于：学校教育只重分数、偏重智育，而忽视对学生个性发展的指导以及对创造性、思维能力、表现能力的关注；学校教育整齐划一，强求一律；缺少对学生自身需求的关注。[2]

针对上述情况，审议会提出了日本学校教育改革的方向与原则：一是重视个性的原则，消除学校教育中的划一性、僵死性、封闭性和非国际性等弊病，树立尊重个人、尊重个性、自由、自律的风气；二是重视基础，强调德智体协调发展；三是培养创造性思考能力和表达能力，使学生不仅单纯地获得知识和信息，而且重视自如地运用知识和技能，培养创造性、逻辑性思维；四是扩大选择受教育的机会，实行分权性、灵活的教育制度；五是加强教育环境中个人、学校、家庭、社区的联系，探索家庭和社会教育的新方式；六是向终身教育体系过渡，以适应信息化、国际化社会发展需求，建设"终身教育社会"；七是适应国际化社会，建立能够理解外国文化、外国传统的新的教育体系；八是适应信息化社会。[3]

在第四次审议报告中，日本临时教育审议会尤其提到初、中等教育的充实与改革。它主张：首先，改进教育内容，一方面充实德育，另一方面贯彻基础教育与发展个性，重视读、写、算基础知识学习和涵养社会性，重视学生创造能力、思维能力、判断能力的培育；其次，建议改革教科书制度，重新研究审定标准；再次，提高教师素质，改革教师培训、认可、任用制度，建立出任教师研修制度、在职进修体系化制度等；最后，改善教育条件，从培养品德和适应教学多样化出发改善教育教学条件。[4]

20世纪90年代以来，日本政府继续推出新的改革举措。总体来看教育改革的主题包括：一是加强学生的国家观念与社会道德观念的培养；二是推行教育地方分权制改革；三是精选教育内容，重视体验学习；四是推进学校与入学考试制度多样化改革；五是学校教育与社会教育的结合。日本临时教育审议会于1996年发表《关于面向21世纪的我国教育》的咨询报告，指出了改革学校课程的相应措施：严格筛选教育内容，削减课时；革新教学方法，推进个性化教育；加强道德教育；设定"综合学习时间"，满足学生综合学习和课题学习的需要。之后，1998年，文部省公布了日本中小学课程标准修订及学习指导纲要，为咨询报告中的课程与教学改革建议提供明确、具体的落实意见。

---

[1] 吕达、周满生：《当代外国教育改革著名文献（日本、澳大利亚卷）》，4～5，67页，北京，人民教育出版社，2004。
[2] 吕达、周满生：《当代外国教育改革著名文献（日本、澳大利亚卷）》，5页，北京，人民教育出版社，2004。
[3] 吕达、周满生：《当代外国教育改革著名文献（日本、澳大利亚卷）》，8～11页，北京，人民教育出版社，2004。
[4] 吕达、周满生：《当代外国教育改革著名文献（日本、澳大利亚卷）》，69页，北京，人民教育出版社，2004。

四、21 世纪以来日本小学教育的改革与发展

进入 21 世纪，日本继续推行 1996 年《关于面向 21 世纪的我国教育》中的相关规定。与此同时，2001 年，日本政府发布《21 世纪教育新生计划》（也称为"彩虹计划"），将教育改革作为重要的国策，以达到"学校变好，教育变样"的目标。具体而言，21 世纪日本教育的战略重点有：①通过学生容易理解的课堂教学，提高学生的基础学习能力；②通过多样的社会服务和社会体验活动，培育人性丰富的日本人；③创造愉快安心的学习环境；④创造父母和社区信赖的学校；⑤以培养"教育专家"为目标加强师资培养；⑥推进世界一流大学的建设；⑦确立符合 21 世纪要求的教育理念，加强教育的基础环境建设。[①]

针对每一项战略重点，又具体提出了实施建议。比如，针对第一个战略重点提出的具体建议是：实现主课 20 人小班上课，并且可以根据学生的掌握程度分别上课；建立适于多样化个性和能力发展的教育体系；改造教室以便于 IT 教学和 20 人上课；进行全国性学习能力调查；等等。[②] 从以上可以看到，21 世纪的日本教育改革依然非常重视小学阶段，战略重点中有多项任务涉及小学阶段。新时期，日本试图通过基础教育法令的有效实施改革学校，提升教育质量，促进家庭、学校和社区复兴，进而实现日本的复兴。

本章小结

明治维新之后，日本小学教育继续走向现代化。19 世纪末 20 世纪初，在前期教育免费化、强制化改革的基础上，日本继续通过《小学校令》修正案建立起六年制义务教育，通过课程改革完成适应经济发展与培养国民的任务。之后便走向了军国主义和法西斯专制主义。第二次世界大战之后，日本开始推进教育现代化的第二次和第三次改革浪潮。其中第二次改革浪潮集中于第二次世界大战后初期，通过《教育基本法》和《学校教育法》等法令实现了战后日本教育的复兴。第三次教育改革浪潮集中于 20 世纪 70 年代初期，通过改革小学课程与教学来消除僵化的应试教育体制给日本教育带来的负面影响，适应新时期经济社会发展与国际竞争的需要。进入 21 世纪，日本继续对学校教育中出现的问题进行诊断并提出相应的改革举措，力图通过教育改革实现国家复兴。

---

① 吕达、周满生：《当代外国教育改革著名文献（日本、澳大利亚卷）》，352～353 页，北京，人民教育出版社，2004。

② 吕达、周满生：《当代外国教育改革著名文献（日本、澳大利亚卷）》，353 页，北京，人民教育出版社，2004。

复习与思考

 1. 1907 年《小学校令》修正案的主要内容是什么？

 2. 1941 年《国民学校令》的主要内容是什么？

 3.《学校教育法》中关于小学教育的主要内容有哪些？它对日本初等教育的发展产生了什么影响？

 4. 20 世纪 80 年代，日本临时教育审议会提出的日本学校教育改革的方向和原则是什么？

 5. 21 世纪日本教育的战略重点是什么？

第九章　现代苏联及俄罗斯的小学教育

【本章要点】▶

　　1917 年俄国十月革命爆发之后，苏维埃俄国进入政治、经济、文化发展的新阶段。在教育领域，苏联于 20 世纪 20 年代建立起统一的劳动学校制度，对课程、教学、教师教育等方面进行了规划和落实。到 20 世纪 30 年代，苏联针对前一阶段改革中的问题进行整顿，巩固了小学教育的发展。40 年代，卫国战争时期进一步调整义务教育的普及工作。第二次世界大战之后，从 50 年代后期至 80 年代，苏联通过数次改革，不断调整小学教育的制度、管理、纪律等，同时提高教育质量，以适应科学技术发展的需要。90 年代苏联解体之后，通过一系列教育法律法规的颁布，俄罗斯联邦建立起新的国民教育体系和管理体系。本章主要介绍 20 世纪初至 20 世纪 90 年代苏联和俄罗斯小学教育的发展与改革情况，分为两个时间段进行介绍：第二次世界大战前，主要关注苏联小学教育制度的建立与整顿，以及学校结构、教学大纲、教科书制度、教学方法的改革情况；第二次世界大战后至 20 世纪 90 年代，主要关注解体前苏联小学的一系列改革，以及解体后俄罗斯新国民教育制度的建立。

第一节 第二次世界大战前苏联的小学教育

1917 年 11 月 7 日，俄国爆发十月社会主义革命，使俄国进入政治、经济、教育发展的新阶段。革命胜利之后，苏维埃俄国就颁布关于教育改革的宣言，对教育体制进行改革。20 世纪 20 年代《统一劳动宣言》指导下学校教育教学的调整与改革，30 年代对学校教育的重新整顿，40 年代普及战时义务教育工作的开展，都为苏联基础教育的发展奠定了基础。

一、十月革命初期苏联教育体制的初创

1917 年 11 月 7 日，十月革命推翻了资产阶级临时政府，建立起了世界上第一个无产阶级专政的社会主义国家，为彻底改造俄国教育，重建新的社会教育体制奠定了基础。革命成功后，苏维埃政权即刻就开始了改造旧教育、创建新的社会主义教育制度的伟大事业。

1917 年 11 月 8 日，全俄工农代表苏维埃第二次代表大会通过《关于成立工农政府的决定》，设立教育人民委员部。11 月 9 日，通过了《关于成立国家教育委员会的法令》，规定由国家教育委员会取代过去的国民教育部，作为全国的教育领导机关。11 月 11 日，教育人民委员部发布《关于国民教育的宣言》，确定了建立面向所有公民的、分阶段的、统一的世俗学校的教育目标。

1917 年 12 月，发布《关于将教育和教养事业从宗教部门移交给教育人民委员部的管理的决定》，1918 年 1 月又发布《关于信仰自由、教会和宗教团体的法令》，撤销沙皇时代的各种教会学校，明确提出政教分离、学校同教会分离。在学校里禁止教授任何宗教教义，禁止举行任何宗教仪式，清除教会对学校的影响。同时明确规定，教会不能干涉学校事务。

1918 年 1 月，苏维埃俄国开始废除沙皇时代旧的国民教育管理体制，废止学区制，撤销学区督学、国民学校校长和学监等职位，将各地中小学交由当地工农代表苏维埃领导。1918 年 6 月，通过《关于把各部门的教学和教育机构移交给教育人民委员部管理的法令》，将一切大、中、小学校，走读学校和寄宿学校，普通教育学校和专业学校，以及学前教育和校外教育机构，国立的、公立的和私立的教育机构，均交给教育人民委员部管理。[1] 同年，教育人民委员部还通过《关于一律实行男女合校制的决定》，在所有学校实行男女合校，并决定所有学校均得根据平等原则招收男女学生入学。[2] 除此之外，苏维埃政权机关还通过了《俄国各民族权利宣言》，宣布

---

[1] 瞿葆奎：《苏联教育改革》上册，19 页，北京，人民教育出版社，1993。
[2] 瞿葆奎：《苏联教育改革》上册，17 页，北京，人民教育出版社，1993。

各民族、各阶层一律平等，各民族有使用本民族语言进行教育的权利。

二、《统一劳动学校宣言》与 20 世纪 20 年代苏联小学教育改革

1918 年 10 月 16 日，国家教育委员会发布《统一劳动学校规程》和《统一劳动学校基本原则》，统称为《统一劳动学校宣言》。《统一劳动学校宣言》提出了一些基本教育原则，主要包括：①人人均可接受免费的义务教育；② 保证各级学校之间的衔接与过渡；③ 新学校必须是劳动学校，围绕劳动提出第一级、第二级的学校设置；④学校自治；⑤国家努力解决教育经费、编写教科书和教学参考书问题，培养新的教师队伍。

根据规定，凡属教育人民委员部管理的苏维埃社会主义共和国的一切学校，一律命名为"统一劳动学校"。其中，"统一"的对象包括从幼儿园到大学各个阶段的学校，所有儿童都应进入同一类型的学校，阶梯似的由低至高升入高一级学校。"劳动"主要是针对以往学校专注于"读书"而言的，强调"新学校应该是劳动的"，将劳动纳入各级各类学校中。

在统一劳动学校中，8～13 岁属于第一学级，学制五年，13～17 岁属于第二学级，学制四年。两个阶段相互衔接，均为免费教育。在第一学级，也就是相当于小学阶段，主要围绕劳动过程集中进行百科全书式的教学。[①] 但实际上，因为过于强调体力劳动对学生的塑造作用，用劳动生产代替教学过程，否定传统教学中合理的常规教育，学校中忽视科学文化知识学习的情况普遍存在。

《统一劳动学校宣言》颁布之后，苏联就致力于教学内容和方法的改革。1925 年，苏联公布了小学综合教学大纲，决定打破学科界限，各学年按照自然、劳动和人类社会三个方面选定学习材料，并按照季节、节日和地区情况组成单元，开展单元教学。[②] 从这里可以看到当时欧美流行的教育革新运动对苏联的影响。但它与欧美教育不同之处在于，苏联的小学在实施综合教学大纲时，主要采用劳动教学法，即在劳动中开展教学的方式，主张废除教科书教学，甚至还一度在小学教育中提出"打倒教科书"的口号。由此，苏联为了克服传统旧学校教学与生活相分离的缺点，走向了抛弃教科书，抛弃直接经验与间接经验之间的联系的另一个极端，这是对教学与现实生活相联系、通过劳动开展教育的曲解。

三、20 世纪 30 年代苏联小学教育的调整与巩固

20 世纪 30 年代，苏联经济发展进入了新时期，在基本上完成了生产资料所有制的社会主义改造之后，便着手进行各个领域的改革，以适应社会主义制度的发展。在教育领域，由于长期以来受错误思想的干扰，以及对一些教育理论与实践问题的

---

① 瞿葆奎：《苏联教育改革》上册，41 页，北京，人民教育出版社，1993。
② 周采：《外国教育史》2 版，343 页，上海，华东师范大学出版社，2020。

曲解，苏联教育面临着严峻的形势。中小学教育领域主要是教育质量低下，导致中学毕业生数量少且质量低；高等教育领域主要是高等教育结构与社会经济建设不协调导致的教育质量低下和学校混乱。基于此，从 1931 年起，苏联开始重点对教育领域进行整顿。

在初等教育方面，苏联早在 1919 年中央第八次代表大会上就曾明确提出对 16 岁以下男女儿童一律实行免费的义务教育和综合技术教育的要求，但由于各种原因并未得到有效执行。到 20 世纪 30 年代，苏联再次将普及义务教育工作提上议程。1930 年 7 月 25 日，苏联颁布《关于普及初等义务教育的决定》，提出自 1930—1931 年度起，对 8～10 岁男女儿童实施普及初等义务教育，在 1931—1932 年度对 11 岁儿童实施初等义务教育。另外，依靠两年制和一年制的短期学校的形式完成对 11～15 岁超龄儿童的速成式义务教育。在工业城市、工厂地区和工人住宅区对男女儿童实施七年制学校课程的初等义务教育。据此，凡在第一学级毕业的全体儿童，必须继续学完七年制学校的全部课程。为了保证普及初等义务教育的实施，还提出了增加预算拨款、修建校舍、购置设备、配备教育干部等要求。[①]《关于普及初等义务教育的决定》颁布不到一个月，1930 年 8 月 14 日，苏联执行委员会和人民委员会对其进行了补充修订，明确指出，从 1930—1931 年度起对 8～10 岁的儿童实施不少于四年小学课程的普及义务教育，针对没有在劳动学校学习完四年课程的 11～15 岁儿童，通过两年制和一年制的短期学校完成速成式义务教育。同时，大力发展集体农庄青年学校，通过全日制或夜校制使得集体农庄的青年群众都可以进入其中接受初等教育。[②] 由于政府的大力推进，到 1934 年苏联基本上完成了四年的义务教育普及工作，在工业城市、工厂区和工人居住区完成了七年制的普及义务教育。[③]

除了义务教育的普及工作，在 20 世纪 30 年代还进一步完善中小学的学校结构、教学大纲、教科书制度、教学方法等。1931 年 8 月 21 日，苏联颁布了非常重要的基础教育改革文件《关于小学和中学的决定》（史称"九·五决定"），为 20 世纪 30 年代苏联国民教育的改革和发展提供了指导性原则。文件明确指出，苏维埃学校的任务是"培养全面发展的共产主义社会的成员"[④]，虽然前一阶段已经在扩大学校网点和改造学校方面取得了一些进展，但还远远不符合社会主义建设阶段对学校提出的各种要求。"九·五决定"对中小学的基本任务、教学领导、干部培育、中小学的物质基础等方面提出了明确、具体的要求。建议立刻组织对教学大纲进行马克思主义的科学研究工作，保证大纲所列学科（语文、数学、物理、化学、地理、历史）都要精确地划分范围；建议采用各种新的教学方法培养主动的、积极的、社会主义建设的参加者，同时开展斗争以反对教学法上的轻率和空洞；要求将教学与生产劳动相

①　瞿葆奎：《苏联教育改革》上册，233～236 页，北京，人民教育出版社，1993。
②　瞿葆奎：《苏联教育改革》上册，237～238 页，北京，人民教育出版社，1993。
③　吴式颖、李明德：《外国教育史教程》3 版，394 页，北京，人民教育出版社，2015。
④　瞿葆奎：《苏联教育改革》上册，241 页，北京，人民教育出版社，1993。

结合建立在服从学校教学和教育目的的基础上；强调在学校中进行坚定的共产主义教育，反对任何反无产阶级的思想意识因素对苏维埃学校的腐蚀。[1]

"九·五决定"在总结经验教训的基础上对苏联学校工作做了进一步的指示，对进一步改进和完善学校教育，使之更适合社会主义建设需要提供了指引。为了进一步贯彻"九·五决定"的相关要求，苏联陆续又发布了一系列关于中小学教育的文件，包括《关于中小学教学大纲和教学制度的决定》(1932 年 8 月 25 日)、《关于中小学教科书的决定》(1933 年 2 月 12 日)、《关于准备实施普及七年制综合技术义务教育的决定》(1934 年 3 月 13 日)、《关于苏联中小学结构的决定》(1934 年 5 月 15 日)、《关于苏联学校本国史教学的决定》(1934 年 5 月 15 日)、《关于苏联中小学地理教学的决定》(1934 年 5 月 15 日)、《关于小学和不完全中学开设世界史和苏联史的初级课程的决定》(1934 年 6 月 9 日)等。

在有关教学大纲和教学制度改革方面，认为教学大纲不完备是导致学校没有提供足够的普通教育知识的主要原因，应该保证儿童能真正牢固而又系统地掌握科学知识，学到正确说话和做数学习题的技巧。同时，应该分班上课，每个班有严格排定的课程表，适当采用全班活动、小组活动、个别活动。教师可适当对学生进行一些检查性测验等。[2] 在教科书方面，提出应当立刻停止出版"工作手册"和"活页课本"，因为它们顶替了行之有效的教科书，却不能提供系统的知识。同时，每一门学科都必须有俄罗斯联邦教育人民委员部批准和国家教育出版社出版的统一教科书。[3] 在中小学结构方面，规定普通学校类型为小学、不完全中学和中学。小学 4 年，设一至四年级，招收 7～11 岁儿童；不完全中学设 7 个年级，招收 7～14 岁儿童，中学 10 个年级招收 7～17 岁儿童。[4]

综上，在 20 世纪 30 年代的教育改革中，通过对中小学教学大纲的修订、教学制度的改革、教育结构的调整、教科书的出版等，苏联改进了中小学教育教学，提高了教学质量。在这种意义上，"九·五决定"是具有里程碑意义的。但与此同时，改革中也存在着教学大纲较为庞杂、忽视儿童科学研究等问题。

四、卫国战争时期苏联小学教育政策的调整

1941 年 6 月，德国法西斯主义的突然进攻使得苏联的社会主义和平建设与发展进程被迫中断，文化教育领域也遭到了破坏和影响。苏联按照战时要求对各级各类学校的教育工作进行了调整。

在小学教育领域，苏联调整了义务教育政策。按照 1939 年苏联共产党第十八次代表大会通过的第三个五年计划，苏联本应于 1942 年在城市地区普及中等教育，在

---

① 瞿葆奎：《苏联教育改革》上册，244～246 页，北京，人民教育出版社，1993。
② 瞿葆奎：《苏联教育改革》上册，251～256 页，北京，人民教育出版社，1993。
③ 瞿葆奎：《苏联教育改革》上册，261～262 页，北京，人民教育出版社，1993。
④ 瞿葆奎：《苏联教育改革》上册，265 页，北京，人民教育出版社，1993。

农村地区普及七年制义务教育。但卫国战争的爆发使得原定计划不得不有所调整，苏联一方面坚持维系正常的教育教学秩序，采取各种措施保证青少年不受战争影响继续接受教育。另一方面调整目标，改为在农村地区实施普及小学义务教育，在城市、工厂区、工人居住区实施七年制义务教育。

除了调整义务教育政策之外，苏联在卫国战争期间还加强了中小学课程建设，强化思想政治教育和爱国主义教育。在学校的地理课程教学中，强调对苏联本国地理地貌、自然资源等的教学；在历史课程中，强调对苏联历史的讲授，尤其是爱国主义传统、光辉历史等方面的教育。

第二节　第二次世界大战后苏联和俄罗斯的小学教育

第二次世界大战结束之后，苏联开始了恢复与发展国民经济。1946 年通过《关于恢复与发展国民经济的五年计划（1946—1950）》，苏联开始实施相应的恢复计划，而教育事业的恢复也被纳入计划之中。在这一时期，国家对教育的投入大幅增加，小学教育得到进一步发展。

一、20 世纪 50—80 年代苏联小学教育的发展

在第二次世界大战后第一个五年计划（即苏联的第四个五年计划）中，明确提出要保证城市和农村 7 岁以上儿童都能够接受义务教育。经过五年计划的发展，到 20 世纪 50 年代初期，已基本完成任务。1950—1951 年度，苏联的小学、七年制学校和完全中学已经达到 201628 所，在校学生达到了 3331.4 万人。[1] 与此同时，第二次世界大战后第一个五年计划还加强了对中小学教师的培养，到该五年计划完成的时候，苏联的中小学教师达到了 147.5 万人。[2]

1952 年 10 月，苏联共产党第十九次代表大会通过了第二次世界大战后国家发展的第二个五年计划，其中提出了普通教育的目标是，在中心城市和大工业中心完成由普及七年制义务教育向普及十年制义务教育的过渡。[3] 到 1955 年，各加盟国基本上完成了在大城市和工业中心普及十年制义务教育的任务。

在普及教育的同时，苏联还注意巩固学校制度和加强学生纪律建设。1952 年通过《关于学校加强纪律的命令》，明确指出学校要建立固定制度和内部规则，贯彻《学生守则》，使儿童自觉执行和遵守，养成有组织行动的习惯。同时，要使学生团结一致，发挥学生的主动性，在学生中形成一种舆论，任何破坏秩序和纪律的现象都是

---

① 吴式颖、李明德：《外国教育史教程》3 版，456 页，北京，人民教育出版社，2015。
② 吴式颖、李明德：《外国教育史教程》3 版，456 页，北京，人民教育出版社，2015。
③ 吴式颖、李明德：《外国教育史教程》3 版，457 页，北京，人民教育出版社，2015。

损害学校、班级和学生本人荣誉的。提醒教师要善于将说服和强制的方法结合起来使用，在学校里，通过评分制对学生的操行进行评定。另外，还要注意利用少先队、共产主义青年团来开展纪律和思想教育，广泛吸纳共青团组织、工会、助导单位、各种文化教育团体及学生家长开展各种课外活动。

1958 年 12 月，苏联通过了《关于加强学校同生活的联系和进一步发展苏联国民教育制度的法律》，为新时期苏联的教育改革指明了方向。其中明确提出了学校教育的主要任务是使青年走向生活，参与劳动，将学校与生活联系起来。在小学阶段，继续调整普及义务教育的年限，规定普及义务教育年限从七年延长至八年，其中初等教育仍然是四年，之后是中等教育。中等教育的前四年为第一阶段，称为不完全中学，也属于义务教育的范畴。在义务教育阶段，主要是学习基础知识，同时做好劳动准备。法律颁布之后全苏联就开始落实八年制义务教育。1964 年，八年制义务教育彻底取代七年制义务教育。但改革也存在一定的问题，就是将教育与生活、生产劳动相结合占用了学生的学习时间与精力，而且学习与劳动的组织和管理也存在较多问题。

20 世纪六七十年代，随着国际竞争的加剧，尤其是美苏争霸的白热化，苏联重新调整了教育政策，以适应国际竞争的需要，同时消除 1958 年改革带来的消极影响。1966 年，苏联通过了《关于进一步改进普通中学工作的措施》，强调中小学的主要任务是使学生牢固掌握科学基础知识，拥有高度的共产主义觉悟，以及面向生活的能力。建议缩减一至四年级的周学时，同时注意科学基础知识的有效衔接，从七年级起开设选修课以加强自然、人文、数理知识的学习。1966 年之后，苏联学校开始大幅度增加选修课，同时缩减劳动教学课时。至 1974—1975 年度，苏联所有中小学都按照新的教学计划、教学大纲开展教学工作。经过十多年的发展，到 20 世纪 70 年代后期，苏联的中小学已经基本实现了教学内容的现代化，并且基本实现了普及九年义务教育。值得一提的是，这一时期苏联还意识到了儿童研究的重要性，苏维埃教育学杂志社曾专门撰文《要全面而深入地研究儿童》指出儿童研究对教育教学的重要价值和意义，并建议坚决改革教育科学，系统地收集关于儿童心理的实际资料，深入地了解儿童的年龄特点，深入地解释儿童的个性特点，并且认真研究马克思主义关于人的精神和心理发展的理论以及关于人的个性的理论和将其纳入教育科学的研究范畴，以利于教育实践，最终提升教育学的一般水平和教学法水平，加快马克思主义的儿童科学的建立。[1]

20 世纪 80 年代，苏联的教育改革方针主要体现在 1984 年颁布的《普通学校和职业学校改革的基本方针》中。其中，关于小学教育改革的主要内容是对义务教育起始年龄的调整。文件明确提出，从 1986 年起，逐步实行学龄儿童 6 岁入学，改变过去 7 岁入学的传统。同时，初等学校由之前的三年延长至四年，形成小学四年、不

---

① 瞿葆奎：《苏联教育改革》上册，676～677 页，北京，人民教育出版社，1993。

完全中学五年的九年制普通教育。

二、苏联解体后俄罗斯小学教育的改革与发展

1991 年 12 月，苏联解体后，大部分主权由新的俄罗斯联邦继承。俄罗斯在解散苏联共产党的同时，宣布以市场经济取代社会主义经济，由此，俄罗斯整个社会进入转型时期，而国民教育在政治、经济、文化的转型中也走上了新的发展方向。

1992 年，俄罗斯颁布《俄罗斯联邦教育法》，奠定了俄罗斯国家教育政策的基础。同年，俄罗斯成立教育部，对各级各类学校进行管理。《俄罗斯联邦教育法》将国民教育体系分为普通教育和职业教育两大部分。普通教育部分包括幼儿园阶段、初等教育阶段（即小学阶段）、初中阶段和高中阶段。初等教育阶段，包括一至三或一至四年级，主要任务是为儿童的全面发展奠定初步的文化基础和道德养成基础，开展读、写、算的教育，同时进行劳动和思想政治教育。[①]

除了初等教育基本制度之外，俄罗斯也放宽了初等教育的办学主体，明确指出除了国家政权管理机构和地方自治机构之外，本国和外国企业、社会和个人基金会、宗教组织、公民个人等也可以办学。20 世纪 90 年代俄罗斯出现了私立学校、教会学校，而且数量不断增多。与此同时，通过颁布《关于俄罗斯联邦国家教育管理体制的决议》《俄罗斯联邦教育发展国家纲要》等相关法令和政策文件，俄罗斯的小学教育又有了新的发展。

进入 21 世纪，俄罗斯在总统普京的领导下相继又发布了一系列有关教育的法律文件，对国民教育进行改革。《2000—2010 年俄联邦政府在社会政策和经济现代化方面的行动纲领》《联邦教育发展纲要》《俄罗斯联邦民族教育方针》《俄联邦国民教育要义》《关于 2010 年实现教育现代化的构想》等文件的颁布和实施都意在强调教育对国家发展的重要作用，重申教育优先发展的战略意义。在继承 20 世纪 90 年代教育改革成果的基础上，新时期俄罗斯小学教育在强化基础知识和能力的同时，关注学生信息技术水平的提升、科学和创新思维的提升、强国意识的培育、社会团结和集体精神的培育等。

本章小结

现代苏联及俄罗斯的小学教育制度从 1917 年俄国十月革命爆发之后走向了新的发展阶段。20 世纪 20 年代，通过统一劳动学校，对小学阶段（第一学级）的课程设置、教学方法等进行了改革。20 世纪 30 年代，苏联针对前一阶段改革中的问题进行整顿，在学校结构、教学大纲、教科书制度、教学方法等方面巩固了小学教育的发展。40 年代卫国战争时期进一步调整义务教育的普及工作，将重心调整至农村义

---

① 吴式颖、李明德：《外国教育史教程》3 版，496 页，北京，人民教育出版社，2015。

务教育的普及。第二次世界大战后，从 50 年代后期至 80 年代，苏联通过数次改革，不断调整小学教育的制度、管理、纪律等，同时提高教育质量，以适应科学技术发展的需要。90 年代苏联解体之后，通过一系列教育法律法规的颁布，俄罗斯联邦建立起新的国民教育体系和管理体系。

复习与思考

1. 《统一劳动学校宣言》对苏联的小学教育是如何规定的？

2. "九·五决定"为 20 世纪 30 年代苏联国民教育改革提出了哪些指导性原则？

3. 苏联普及义务教育的历程大致经过了哪几个阶段？

4. 20 世纪 50 年代苏联是如何加强学校的纪律建设的？

5. 1992 年《俄罗斯联邦教育法》对初等教育的相关制度是如何规定的？

第十章　外国现代小学教育思想

　　随着各个国家国民教育体系的建立，小学教育的发展也进入了新时期。现代各国小学教育在改革与发展的过程中，涌现出了一批小学教育思想家。他们有的强调劳作，认为劳作应该成为国民学校的必修课；有的强调儿童的经验和兴趣，提倡以儿童为中心组织课程和教学；有的强调儿童的自由发展，提倡教育要为儿童的发展提供有准备的教具和环境；有的提倡对小学教学观念与方法进行改革，为儿童的一般性发展做尽可能大的努力。无论秉持哪种教育思想，他们都不可避免地成为那个时代那个国家小学教育革新运动的领导者。本章摘选的是现代小学教育史中具有代表性的四位教育家，他们分别是：德国的凯兴斯泰纳、美国的杜威、意大利的蒙台梭利和苏联的赞科夫。通过对他们的小学教育思想与实践的介绍，我们进一步加深对现代小学教育史的理解。

第一节　凯兴斯泰纳的小学教育思想

凯兴斯泰纳(Georg Kerschensteiner，1854—1932)，德国教育家，19 世纪劳作教育思潮的代表人物和推动者。他所倡导的公民教育及劳作学校为德国职业教育的发展奠定了坚实的基础。由于他提倡在国民学校各个阶段推行公民教育和劳作教育[①]，并建议将国民学校改为"劳作学校"，因而，在某种程度上可以说，凯兴斯泰纳的小学教育思想就是他的公民教育思想和劳作学校思想。

一、凯兴斯泰纳小学教育思想的基础

凯兴斯泰纳于 1854 年出生于德国慕尼黑的一个普通市民家庭。童年时，由于家境贫困，读完小学之后便直接进入师范预备科学习，并于 1871 年毕业，随即从事教育工作。1877 年，凯兴斯泰纳进入慕尼黑大学和高等工业学校学习数学和物理学，并于 1881 年顺利毕业，之后到中央气象局任职。两年后，凯兴斯泰纳重新回到教育领域，到米兰多文科中学任教。1885—1890 年，他到纽伦堡商业学校任教，担任数学和物理教师。1890 年之后，又相继转入史温福特文科中学、路德维希文科中学任教。

直到 1895 年，凯兴斯泰纳担任慕尼黑国民学校督学，才开始了为期 15 年的职业教育实践。1895—1909 年，凯兴斯泰纳主持制定了慕尼黑"工业教育制度"，并在初等国民学校里设置特别班级，开展手工训练，将学校生活和社会职业联系起来。在这期间，他还对继续教育学校进行改造，将其打造为专业分科的职业学校。与此同时，他还对国民学校已有的劳作课程设置进行改革。

1896 年，凯兴斯泰纳提出要在小学八年级女生班级开设烹饪课，并将其作为必修课。1900 年，他又提出在小学八年级男生班级开设木工课，并将其作为必修课。[②]1901 年，凯兴斯泰纳出版《德国青年的公民教育》，提出将职业工作作为公民教育的一种方式的合理性。1905 年，凯兴斯泰纳在汉堡做演讲《小学校的改造》，正式提出"劳作学校"的名称，主张为了实现公民教育的目的，应该将德国的国民学校由"书本学校"改造成"劳作学校"。[③] 1911 年，《公民教育要义》发表，凯兴斯泰纳进一步辨析和梳理了"公民教育"概念的历史、内涵与外延。

1912—1919 年，凯兴斯泰纳担任德国进步人民党国会议员。也是在此期间，他

---

① 关于公民教育的对象，凯兴斯泰纳的思想前后有变化。1901 年在《德国青年的公民教育》中，他指出公民教育的对象是制造业中 14～20 岁的人。但后来，凯兴斯泰纳对此做了修正，认为各个阶层都需要接受公民教育，包括小学阶段的学生。在小学阶段，劳作教育是实现公民教育的手段和方式。

② 凯兴斯泰纳：《凯兴斯泰纳教育论著选》，郑惠卿选译，297 页，北京，人民教育出版社，2004。

③ 吴式颖、李明德：《外国教育史教程》3 版，313 页，北京，人民教育出版社，2015。

的劳作学校理论更加成熟和系统化，出版了一系列相关著作。1912 年，《性格与性格教育》《劳作学校要义》相继出版。1914 年，《理工课的性质和价值》问世。1917 年，《教育过程的基本公理及其对学校管理的影响》出版。

1918 年，凯兴斯泰纳关于劳作学校的主张正式被国家采纳实施，并在法律上得到认可。1920 年，凯兴斯泰纳被慕尼黑大学聘为教授，主讲教育原理和学校组织等课程。在此期间，他继续推行教育改革，主张将文科学习与手工劳动相结合。除此之外，凯兴斯泰纳还在慕尼黑发展了职业学校体制，成为发展德国职业教育的先驱之一。[①]

1920 年之后，《教育者的灵魂与教师培训的问题》《教育理论》《教育组织的理论》等相继出版。1932 年 1 月，凯兴斯泰纳逝世。

凯兴斯泰纳教育思想的形成，除了受他成长和生活经历的影响之外，还受到他所处的时代和社会背景的影响，以及他对瑞士教育家裴斯泰洛齐的敬仰和追随。

凯兴斯泰纳所处的时代是 19 世纪后半叶至 20 世纪初，随着工业革命的推进，欧美各国进入崭新的历史时期。在经济上，此时的德国已经从资本主义自由竞争时期进入垄断资本主义时期。经济转型带来的是政治上的重大变化。自独立战争开始，德国的民族意识便不断增强，到俾斯麦统治时期达到高潮，之后民族主义、沙文主义和军国主义逐渐在德国抬头并发展起来。这些反映在教育领域，主要表现为要求学校为民族主义和国家服务，培养青年一代为德意志民族主义者和效忠国家的公民。此时的国民学校，事实上已经成为实现国家目标的手段和工具。凯兴斯泰纳倡导的劳作学校从根本上讲，也是国家机器，是为国家培养有用公民的工具，是那个时代背景催生的产物。

除了外部环境的影响，对瑞士教育家裴斯泰洛齐的敬仰和追随是凯兴斯泰纳教育思想得以形成的另一个重要因素。裴斯泰洛齐作为 19 世纪欧洲伟大的教育家，他的教育顺应自然、教育心理学化、要素教育、教育与生产劳动相结合等思想对后来的教育改革者们（包括凯兴斯泰纳）产生了极大的影响。首先，凯兴斯泰纳汲取了裴斯泰洛齐的"教育与生产劳动相结合""参加劳动的过程是体力、智力和道德同时提升的过程"的观点，且这些观点成为凯兴斯泰纳论证劳作学校及其精神实质的理论来源与重要支撑。在著作《劳作学校要义》《性格与性格教育》及多次公开演讲中，凯兴斯泰纳多次提到并引用裴斯泰洛齐的这些观点。其次，凯兴斯泰纳吸纳了裴斯泰洛齐"从儿童的客观兴趣和心理规律出发"的观点，将其发展为劳作学校的教学原则。再次，裴斯泰洛齐关于"传递知识与培养德行相统一"的观点也对凯兴斯泰纳的公民教育理论和性格陶冶观有所启发。最后，裴斯泰洛齐将个人自由成长和完善与社会的改革和进步结合起来，也在一定程度上启发了凯兴斯泰纳。除此之外，关于低年级学生的感官教育及教具，关于儿童的自由活动与创造性活动，等等，在劳作学校中

---

① 凯兴斯泰纳：《凯兴斯泰纳教育论著选》，郑惠卿选译，297～298 页，北京，人民教育出版社，2004。

随处可见裴斯泰洛齐教育理论与实践的影子。所以，凯兴斯泰纳不仅从不避讳他对裴斯泰洛齐的敬仰，而且在多个场合提及要继承裴斯泰洛齐的教育事业，发扬裴斯泰洛齐的精神。以上，足见裴斯泰洛齐对他的影响之深。

二、论公民教育

作为 19 世纪社会本位主义的代表人物，凯兴斯泰纳认为教育应该为国家培养有用的公民。在凯兴斯泰纳看来，国家是引导人们进入道德生活的一种组织和集团，它承担着双重任务：一是考虑内在与外在的安全及其公民的身体与精神健康；二是通过国家自身向伦理集团的发展，逐渐建立起人道主义国家。[①] 要完成这双重任务，就需要依靠教育，依靠教育培养有用的、伦理化的国家公民。因此，凯兴斯泰纳明确地将培养有用的国家公民作为教育的目标，并且是国民教育的根本目标。[②]

国民学校如何培养有用的国家公民呢？在凯兴斯泰纳看来，"有用的国家公民"应具备三项品质：一是具备关于国家的本质与任务的知识；二是具备从事某种职业，为国家服务的能力；三是具备国家所要求的道德品质。对应地，国民学校应该承担以下几项任务：第一，帮助每个受教育者在集体中从事某项劳动或选择一种职业，并尽其全力做好这项职业；第二，使每个受教育者养成将其职业视为一种职责的习惯；第三，开发受教育者的兴趣和能力，使其在从事职业劳动的同时，为国家的伦理化目标做出贡献。[③]

凯兴斯泰纳进而提出了公民教育的方法：一是对受教育者进行有关公民知识的教育；二是加强职业训练，开展职业教育，培养受教育者的职业技能，并通过这些养成一丝不苟的作风和良好的道德品质；三是对受教育者开展道德教育和性格训练，培养他们的判断力、思维力和应变力，以及爱国精神、忠诚品质和责任意识。

总体来看，凯兴斯泰纳所提倡的公民教育的核心内容，就是通过教育为国家培养有用的公民，将教育作为陶冶性格和进行思想控制的工具。

三、论劳作学校

劳作学校是凯兴斯泰纳公民教育理论的有机组成部分。在他看来，实施国民教育的最佳手段就是建立劳作学校。公立学校（包括国民学校、继续教育学校和高年级学校）的首要和最紧迫的任务就是发展职业教育，或者说是就业前的准备教育。[④] 他把劳作学校作为一种最理想的学校组织形式，作为为国家培养有用公民的最重要的机构。所以，公民教育、劳作学校、职业教育之间是目的、场所机构和手段的关系，它们是"三位一体"的。

---

① 凯兴斯泰纳：《凯兴斯泰纳教育论著选》，郑惠卿选译，13 页，北京，人民教育出版社，2004。
② 凯兴斯泰纳：《凯兴斯泰纳教育论著选》，郑惠卿选译，14 页，北京，人民教育出版社，2004。
③ 凯兴斯泰纳：《凯兴斯泰纳教育论著选》，郑惠卿选译，15～16 页，北京，人民教育出版社，2004。
④ 凯兴斯泰纳：《凯兴斯泰纳教育论著选》，郑惠卿选译，19 页，北京，人民教育出版社，2004。

前文提到，凯兴斯泰纳在 1905 年《小学校的改造》演讲中正式提出"劳作学校"这一名称。但他自己也提到，劳作学校的思想其实早已有之，只是长久以来由于人们对这一概念的内涵未能真正把握，因而导致了将劳作视为单纯手工或体力劳动的情况，"不考虑劳动过程中内在的、细微的生理和心理的关系，不考虑与之有关的、系统的意志训练和判断力的训练，而只单纯地从事手工劳动，尽管这种劳动从表面看来也是一种劳动，但却不是我们想称为劳作学校这种学校所要求的标准"①。他在批判单纯劳动观点的同时，指出了劳作及劳作学校的精神实质和使命任务。

"劳作"在教育学上的意义及内涵是：首先，"劳作"不仅是体力上的劳动，而且是身体和精神相结合的活动。其次，"劳作"从根本上区别于游戏和运动，它是一种既有客观目的，又需经受艰辛，因而富有教育意义的活动。再次，"劳作"应能唤起个人客观兴趣，使学生内心有需求，按照自己的计划想方设法去完成，并检验自己的劳动成果。② 最后，"劳作"不仅指向职业技能的习得，而且指向身心和意志力的持续发展，以及共同体性格的养成。通过学校中的共同劳作，发展学生的身体和精神，提升学生的意志力和判断力，丰富学生的精神生活，培养学生为集体、他人服务和献身的精神，以及集体主义的原则。在这种意义上，劳作成为劳作学校里最主要的教育活动，具有发展个体内在价值，同时创造集体文化财富的外在价值。

进而，凯兴斯泰纳确定了劳作学校的使命或任务。劳作学校的任务有三项：第一，进行"职业的陶冶"或"职业陶冶的准备"，意在帮助学生习得在国家或集团中从事某项工作或职业的能力。第二，"职业陶冶的伦理化"，意指在教育中不仅将职业训练作为个人谋生的手段，而且将个人与社会和集体的进步联系在一起，将职业陶冶与性格陶冶联系在一起。第三，"个人所在团体的伦理化"，意指教育学生不仅关注个人的智力、技能和品德，而且要在个人伦理化的基础上培养团体的精神，在劳作团体内部形成互助互爱、团结合作的氛围，之后在此基础上追求国家或集团的伦理化。

在具体落实劳作学校的任务时，劳作学校的精神实质也得以明确：第一，劳作课作为必修课程；第二，实践兴趣的教学原则；第三，性格教育作为教育目标。具体而言，在第一点上，凯兴斯泰纳建议把国民学校改为劳作学校，在每所国民学校增设实习工厂、苗圃、学校厨房、缝纫间、实验室等③，以便系统地培养学生劳作的兴趣、习惯和技能，为后期的职业教育打下基础。在劳作学校里，把劳动课作为一门独立的学科，聘请受过技术训练的专业教师进行具体指导，以达到更好的教学效果。改革传统灌输式科目教学方式，缩减课堂教材和内容，代之以引导学生进入适宜的、需要独立思维的劳作场所和历史、地理、自然科学以及天文学的图书馆，

---

① 凯兴斯泰纳：《凯兴斯泰纳教育论著选》，郑惠卿选译，42 页，北京，人民教育出版社，2004。
② 吴式颖、李明德：《外国教育史教程》3 版，313 页，北京，人民教育出版社，2015。
③ 凯兴斯泰纳：《凯兴斯泰纳教育论著选》，郑惠卿选译，21 页，北京，人民教育出版社，2004。

使学生养成独立思考的习惯、较好的适应力、工作的兴趣和本领。劳作课作为必修课安排进正常课程体系中，并将其视为全面办学的原则。为了完成以上任务，凯兴斯泰纳认为劳作学校应该具备两个方面的条件：一是外部条件，即社会条件，包括增加教师工资、缩短劳动时间等；二是内部条件，即运用儿童的心理特点开展教育。[①]

关于实践兴趣的教学原则，凯兴斯泰纳认为它是课堂活动的中心，是国民学校学生——未来的社会劳动者——的精神生活。[②] 国民学校应该让实践兴趣在学校中得到发展和增强，以利于学生未来的职业生活。同时，要让实践兴趣过渡到理论兴趣，以利于那些具有发展天资的学生的发展。凯兴斯泰纳批判当时德国大部分国民学校的教育教学极少与学生的实践生活和兴趣相联系，更遑论从实践兴趣转向理论兴趣了。在他看来，只有当儿童对某件事感兴趣时，他们才在实践中"自己动手"，而且才会在其整体中进行"自我教育"。[③] 像一般学校所理解的那种"独立活动"，涉及的仅仅是"活动"，只不过这种"活动"是儿童"自己"从事的而已，儿童很难从中获得有益的东西。劳作学校所提倡的"自己动手"，目的不在于让儿童"自己"动手，而是让他们从内心感到动手的必要。[④] 这时的实践兴趣不是因为受他人影响，也不是因为对活动目标有兴趣，而是出于作为人的内在短暂或持久的天性。[⑤] 这里凯兴斯泰纳意义上的实践兴趣并不是简单地布置和完成劳作任务，而是在了解学生的身心特点和内在需求的基础上，从学生的实际生活和客观兴趣出发，组织与日常生活、社会职业相关的劳作活动，学生通过运用自己的经验，主动地、独立地、创造性地、想方设法地完成实践活动或劳作任务，检验自己的能力和成果。在这个过程中，健全职业教育所必需的机构，适应公正的劳动方法，培养越来越细心、越来越彻底和越来越严谨的习惯，唤起真正的劳动热情[⑥]，同时开展性格陶冶和道德教育。

关于性格教育作为教育目标，凯兴斯泰纳也有他自己的观点。在他看来，性格教育主要是对学生进行公民教育和道德训练。劳动集体是进行性格教育的最好场所，所以劳作学校必须以性格训练为主要目标，通过在劳动集体中开展性格训练，培养学生的意志力、判断力、思维力和应变力[⑦]，严谨的、一丝不苟的作风，分析、判断、解决问题的能力，互助互爱、团结协作的品质，以及善于思考和实事求是的精神。这种性格教育观点与凯兴斯泰纳所提出的公民教育思想是相通的，即只有个体

---

① 凯兴斯泰纳：《凯兴斯泰纳教育论著选》，郑惠卿选译，凯兴斯泰纳教育思想评介6页，北京，人民教育出版社，2004。

② 凯兴斯泰纳：《凯兴斯泰纳教育论著选》，郑惠卿选译，25页，北京，人民教育出版社，2004。

③ 凯兴斯泰纳：《凯兴斯泰纳教育论著选》，郑惠卿选译，103页，北京，人民教育出版社，2004。

④ 凯兴斯泰纳：《凯兴斯泰纳教育论著选》，郑惠卿选译，103页，北京，人民教育出版社，2004。

⑤ 凯兴斯泰纳：《凯兴斯泰纳教育论著选》，郑惠卿选译，104页，北京，人民教育出版社，2004。

⑥ 凯兴斯泰纳：《凯兴斯泰纳教育论著选》，郑惠卿选译，23页，北京，人民教育出版社，2004。

⑦ 凯兴斯泰纳：《凯兴斯泰纳教育论著选》，郑惠卿选译，凯兴斯泰纳教育思想评介7页，北京，人民教育出版社，2004。

的学生具有了相应的性格和品质，集体才具有形成某种气质和品格的基础，进而国家作为一个集团的伦理化理想才能实现。

以上提到的劳作学校和劳作教育，凯兴斯泰纳认为其适合于中小学，但这并不意味着学校之外的群体就无法接受劳作教育。事实上，凯兴斯泰纳还在慕尼黑创办了一些补习学校，对象是工厂或企业劳工，为其提供为期 2～3 年的补习教育，内容包括职业知识、公民教育和道德训练。由于这种补习学校适应了当时德国需要更多有知识和技能的、高效的、守纪律的、能创造更多经济利润的劳工的要求，因而得到了当局和工厂主的支持。

总体来看，劳作学校的基本精神是，让学生在创造性的劳作活动中得到性格的陶冶，进而为国家服务。在凯兴斯泰纳看来，未来公民所应具备的性格特质只有通过持续的劳作活动才能得到发展。当时德国的大部分国民学校更像是"书本学校"，缺乏活力和激情，缺乏主动性和创造性，更忽视学生的内在价值和兴趣，不仅不能培养为国家服务的性格特质，还会阻碍个体的性格发展，进而影响团体和集团的伦理化。相较于僵化的知识，工作的本领、身体和精神的健康发展以及伦理的适应力更重要。凯兴斯泰纳认为："只要让孩子们从一年级到八年级始终都有系统的专业劳作课，并严格要求他们，认真地、一丝不苟地对待适于他们能力的劳动……将孩子们纳入劳作课轻松而又不可忽视的培养轨道中……孩子们就会把获得的精神、道德和手工劳动的习惯，很自然地转移到其他各种课堂的手工劳作上，并且必然会将那些仅为爱好艺术而劳动的有害思想排斥掉……他们会努力将在专业课上养成的那种认真表现的良好习惯，用于对待其他课堂所给他们提出的并符合他们的能力和兴趣的任务。"①

四、劳作学校的具体实践

前文提到凯兴斯泰纳建议将德国的国民学校改为劳作学校，给未来的国家公民提供有用的职业教育。为了确保这一思想具有可操作性，凯兴斯泰纳在《劳作学校要义》中提供了一个可供国民学校各年级参考的劳作学校实验案例。

（一）课程设置

凯兴斯泰纳为劳作学校的一至四年级制定了教学大纲。一年级的课程主要有算术、字形阅读、直观课、体操、宗教课、音乐，每周 17 小时的课程（见表 10-1）。二年级的课程主要有算术、阅读、书法、正字法、木工、手工（女生）、体操、音乐、宗教课，每周 18 小时的课程（见表 10-2）。三、四年级在低年级基础上增加了数学、国家概况、语言学等（见表 10-3）。由于女生每周增加了 2 小时的手工课，所以周课时数为 24 小时，男生则为 22 小时。

---

① 凯兴斯泰纳：《凯兴斯泰纳教育论著选》，郑惠卿选译，45 页，北京，人民教育出版社，2004。

表 10-1　劳作学校一年级周课时表①

时间	星期一	星期二	星期三	星期四	星期五	星期六
9:00—10:00	算术(30) 字形阅读(30)	直观课(60)	字形阅读(30) 音乐(30)	算术(30) 字形阅读(30)	直观课(60)	字形阅读(30) 音乐(30)
10:00—11:00	宗教课(60)	字形阅读(40) 体操(20)	算术(40) 体操(20)	宗教课(60)	字形阅读(40) 体操(20)	算术(40) 体操(20)
11:00—12:00	直观课(30)	算术(30)	直观课(30) 算术(30)	直观课(60)	算术(30)	直观课(30)
14:00—15:00	字形阅读(10) 体操(20)	—	—	字形阅读(10) 体操(20)	—	—

注：表格中课程后面的数字代表课程的上课时长，单位为分钟。前后两门课程之间有短暂的休息时间，表中未标出。

表 10-2　劳作学校二年级周课时表②

时间	星期一		星期二		星期三		星期四		星期五		星期六	
	A	B	A	B	A	B	A	B	A	B	A	B
8:00—9:00	宗教课(60)		木工(60)	—	宗教课(60)		— 体操(30)	算术(30)	算术(30) 阅读(30)	—	— 阅读(30)	算术(30)
9:00—10:00	正字法(30) 音乐(30)		木工(60)	算术(30)	阅读(30) 正字法(30)		直观课(30) 音乐(30)		体操(30) 正字法(30)		正字法(30) 体操(30)	
10:00—11:00	阅读(30) 书法(30)		算术(30)	木工(60)	体操(30) 直观课(30)		书法(30) 算术(30)	—	直观课(30)	算术(30)	直观课(30) 算术(30)	—
11:00—12:00	—	算术(30)	—	木工(60)	算术(30)	—	—	—	—	—	—	—
14:30—15:00	算术(30)	—	—	—	—	—	—	算术(30)	—	—	—	—
15:00—16:00	剪纸(60)	—	—	—	—	—	—	手工(女生,60)	—	—	—	—

注：表格中课程后面的数字代表课程的上课时长，单位为分钟。前后两门课程之间有短暂的休息时间，表中未标出。

表格中 A、B 指的是分组，即两个平行组。

---

① 凯兴斯泰纳：《凯兴斯泰纳教育论著选》，郑惠卿选译，64 页，北京，人民教育出版社，2004。
② 凯兴斯泰纳：《凯兴斯泰纳教育论著选》，郑惠卿选译，65 页，北京，人民教育出版社，2004。

表 10-3　劳作学校三、四年级周课时表①

时间	星期一		星期二		星期三		星期四		星期五		星期六	
	A	B	A	B	A	B	A	B	A	B	A	B
8:00—9:00	宗教课(60)		数学(60)	—	木工(60)	—	宗教课(60)		—	数学(60)	阅读(60)	
9:00—10:00	正字法(60)		写作(60)		木工(60)	数学(60)	正字法(60)		体操(30) 国家概况(30)	体操(30) 语言学(30)		
10:00—11:00	国家概况(30) 阅读(30)	语言学(30) 体操(30)			数学(60)	木工(60)	体操(30) 阅读(30)		写作(60)		国家概况(60)	
11:00—12:00	手工(女生,60)		书法(30) 圣经(30)		—	木工(60)	手工(女生,60)		音乐(60)		书法(30) 圣经(30)	
14:00—15:00	—	数学(60)	—		—		数学(60)	—	—		—	
15:00—16:00	—	国家概况(60)	—		—		国家概况(60)	—	—		—	

注：表格中课程后面的数字代表课程的上课时长，单位为分钟。前后两门课程之间有短暂的休息时间，表中未标出。

表格中 A、B 指的是分组，即两个平行组。

从表格中可以看到，随着年级的升高，除了课程和课时相应地有所变化之外，有的课程是大班额，A、B 两组同时上课，有的课程则分开上课，进行小班教学。这样安排主要是由课程本身是否适合大班额，以及教育开支的情况来决定的。比如算术、木工等需要教师个别指导或学生动手操作的课程，一般会分组授课，而像宗教课、语言学等则多采取大班额同时授课。另外，劳作课在不同年级有不同的安排，一年级以直观课（绘画、手工劳作）为主；二年级则除了直观课之外，新增木工、剪纸、女生手工课（包括编织、刺绣和缝纫）；三、四年级则是以动手为主的木工和女生手工。这表明劳作课程是相对丰富的，各年级劳作课在满足本年级学生需求的同时，保证与上一年级劳作课的连续性。

(二)课程实施

关于每门课程的具体实施，凯兴斯泰纳做了充分的阐释，以绘图、手工、木工劳作课为例进行说明。按照凯兴斯泰纳的观点，一、二年级开设直观课的任务在于：在强化和训练感官活动的基础上，唤起并促进学生思维能力的发展。除此之外，对现有的概念进行解释、补充和整理，并提出新的、基本的设想和概念。② 因此，学

---

① 凯兴斯泰纳：《凯兴斯泰纳教育论著选》，郑惠卿选译，67 页，北京，人民教育出版社，2004。

② 凯兴斯泰纳：《凯兴斯泰纳教育论著选》，郑惠卿选译，69 页，北京，人民教育出版社，2004。

年开始时，就首先让一年级学生进行实地手工劳作练习，强化感官。具体的练习内容包括：辨认颜色和形状，根据高度和强度辨别声音，估计物料的质量，获得对各种物料的手感印象，训练嗅觉和味觉的印象，等等。这些练习内容均在劳作课中具体实现。

凯兴斯泰纳为一、二年级劳作课制定了具体的任务清单。一年级的任务如下。

①用锉过的圆木条制作体操棒、梯子、跳绳的木柄——跳绳用线轴编织。（用于体操房和游戏场）

②制作木方块、木栏杆，用线轴和小木板制作简单的小货车。（用于马路上）

③用木料制作支撑花木的木杆，用纱布缝制种子袋。（用于秋季庭院）

④为圣诞节制作小餐巾和餐纸袋，用长方形和三角形木料制作工具箱。（用于圣诞节）

⑤编结垫子，制作滑雪板。（用于冰雪季）

⑥制作厘米尺，制作画图表用的丁字尺，绘制布娃娃的上衣、衬裙和连衣裙的纸样，按照纸样裁剪和缝制布娃娃的服装。（用于缝纫）

⑦染制复活节彩蛋。（用于复活节时的教堂）

⑧制作花箱：为花箱制作木栅栏；将种子撒在花箱里，移植幼苗；编制花篮；用拉菲亚棕榈植物纤维编制水果筐。（用于春季校园）

⑨制作各种水果模型。（供卖水果的女商贩使用）①

从任务清单可以看到，一年级劳作课主要涉及缝纫、编织、木工、园艺。除此之外，凯兴斯泰纳认为简单家务性劳动如扫地、擦桌子和玻璃、洗衣服等也可纳入一年级劳作课。相比之下，二年级的劳作课则更复杂一些，具体清单如下。

①在校园的大黑板上，绘出校园草图；在编织课上制作板擦；绘制板画、钢笔画和石笔画。（用于校舍）

②通过在车间劳动集体制作木板房，包括板房绘图和按图样锯制。（用于新建筑）

③一年级制作的花箱中所栽种的球根花此时已开放。二年级的学生要画出花的形状，经过裁剪，拼成贴花。（用于秋季校园）

④用硬纸板制作带活动指针的数字表盘；用木板制作数字表盘，并将购置的金属表针安装到表盘上；制作太阳钟并装上气象日历（用于钟表）。女生编织防寒腕套。

---

① 凯兴斯泰纳：《凯兴斯泰纳教育论著选》，郑惠卿选译，71页，北京，人民教育出版社，2004。

⑤在木工车间制作面板和擀面杖；女生编织擦碗布，男生绘制灶台。（用于厨房）

⑥在木工车间制作带网子的木工凳，参观为最高年级兴建的且规模较大的学生劳作车间，绘制各种工具。（用于木工室）

⑦洗衣、晾衣、编制针线筐。（与洗漱间有关的活动）

⑧感官活动的训练，参考一年级在这方面的练习。

⑨让学生参观水族馆的布置；学生在车间里制作虫蛹箱，观察蛹的生长发育过程，绘出不同的蝴蝶。（与学校水族馆和爬行动物馆有关的活动）

⑩在车间里，以劳动集体的形式制作木桥。男女生一起缝制去伊萨峡峪郊游用的旗子。（与伊萨河畔郊游有关的活动）

⑪进行校园美化劳动，管理由种子长成的凤仙花、葵花、秋海棠，管理菩提树、针叶松、松果树等，画出所观察的叶子的形状、花和果实，绘制看守棚。①

从以上看到，二年级的木工、手工、剪纸、绘画、园艺及其管理等劳作课相比于一年级要更复杂，需要更多知识和技能的支撑。这里面尤其要关注的是，二年级的绘画和手工劳作课与一年级在内部是有很强的联系和连续性的。比如，一年级种的花开放后，二年级时就让学生观察和绘画花的形状，裁剪和拼贴花朵；再比如，二年级延续一年级继续对学生进行感官训练；等等。

到了三年级，手工劳作课延续一、二年级的直观课，但此时常常伴随着郊游短足、观察活动、实验演示等。比如，短足中测出峡谷的距离，郊游中采集各类岩石标本，对江河湖海及各种贝壳类生物的观察，对蚕箱里蚕蛹的观察，对河流的出现、三角洲的生成、岛屿的形成、河口的淤塞、地下水的出现等现象进行实验演示②，等等。这个阶段已经过渡到更复杂的劳作内容，有了专门的木工课，且常常与国家概况课、数学课紧密结合。具体而言，三年级劳作课共计78小时，具体内容如下。

①为国家概况课制作50厘米×35厘米×6厘米的砂模。每两个学生负责一个。（10小时）

②为国家概况课制作50厘米×35厘米×31厘米的蚕箱。以组为单位，一组做一个。以后各年级每两个学生负责制作一个蚕箱，尺寸为27厘米×17.5厘米×15厘米。（20小时）

③制作标语牌框架。个人包干。（4小时）

④制作带祈祷凳的露天十字架。十字架高36厘米，顶盖突出部分为19厘

---

① 凯兴斯泰纳：《凯兴斯泰纳教育论著选》，郑惠卿选译，72~73页，北京，人民教育出版社，2004。

② 凯兴斯泰纳：《凯兴斯泰纳教育论著选》，郑惠卿选译，92页，北京，人民教育出版社，2004。

米，底座和祈祷凳为 20 厘米×20 厘米。个人包干。（17 小时）

　　⑤制作木栅栏。尺寸为 79 厘米×46 厘米。个人包干。（15 小时）

　　⑥制作闸板。闸高 23 厘米，底座 24 厘米×25 厘米。个人包干。（12 小时）①

　　到了四年级，安排 79 小时的劳作，但劳作程序和工种更复杂。在与数学课、国家概况课结合的同时，四年级过渡到讲授理论和传统知识。比如，郊游前期用来表示纵、横断面的砂模，此时可以逐渐改为放大的图片，之后利用国家概况课，传授图片上的文化知识。② 具体而言，四年级的劳作课内容如下。

　　①制作运木材用的筏子。用自己制作的钢丝绳将排列好的树干捆在一起。制作船桨。为木筏安装木箍。木筏为 28 厘米×14 厘米。个人包干。（17 小时）

　　②用赤杨木制作米尺，尺寸为 100 厘米×10 厘米×2.8 厘米。学生自己刻制分米和厘米的刻度。提供给学生的木条的长短和宽窄要适宜。分米处锯出的刻度与板条宽度一样，半分米处为板条宽度的一半。厘米刻度的刻制应先用画线规画线，线画至板条宽度的三分之一处。用钢刀片刻槽，再刷清漆，并涂上一层褐色媒染剂。这样，刻度的深处颜色会变深。个人包干。（10 小时）

　　③制作装鸟食的小房子。底座为 40 厘米×28 厘米。底座至上椽的高度为 15 厘米。顶盖高 15 厘米。栋和梁用 2 厘米×2 厘米的细方木条制作。椽的横截面为 2 厘米×1 厘米。椽上盖有木板。个人包干。（16 小时）

　　④制作椋鸟巢。高 35 厘米，宽与深均为 16 厘米。个人包干。（14 小时）

　　⑤制作五朔节花柱。柱高 70 厘米。柱的底座均为 16 厘米×16 厘米，周围是围栅。花柱分为三节装饰。第一节饰有巴伐利亚州旗，第二节饰有实验学校用的工具，第三节饰有教堂和学校模型。所有的装饰物都是按照玩具的式样，由学生自己制成的。柱的顶端还有两面象征慕尼黑城徽颜色的彩旗。个人包干。（22 小时）③

　　以上案例作为劳作课的缩影，我们可以看到劳作学校课程设置与实施的基本情况。除了劳作课之外，凯兴斯泰纳还对算术、语言学、阅读、体操、宗教课的具体内容与实施进行了阐释和说明。凯兴斯泰纳认为，课程组织和实施应该抓住儿童在每一年龄段所表现出的主要实践性兴趣，进而才能把握儿童完整个性的发展。只靠外界因素而使儿童感兴趣的事，根本不会产生出受自我兴趣支配的事物所产生的那

①　凯兴斯泰纳：《凯兴斯泰纳教育论著选》，郑惠卿选译，101 页，北京，人民教育出版社，2004。
②　凯兴斯泰纳：《凯兴斯泰纳教育论著选》，郑惠卿选译，92 页，北京，人民教育出版社，2004。
③　凯兴斯泰纳：《凯兴斯泰纳教育论著选》，郑惠卿选译，102 页，北京，人民教育出版社，2004。

种力量。只有从内心深处迸发出对创造某一客观事物的需要，继而"独立活动"时，才能把握住一切可以与真正创造相关的事物，如演算、绘图，甚至阅读和写作都会有同样的内在强制力，迫使人们以全部精力去满足这种需要。[①]

（三）操作建议

在具体实践过程中，凯兴斯泰纳为劳作学校提出了一系列操作建议。

在组织实践劳动时，建议尽量从劳动集体出发，以培养儿童之间互助互爱、齐心合作的品质为出发点。

在实践要求方面，建议劳作学校高于幼儿园的要求，着眼于系统提高儿童的手工技巧，锻炼他们的意志，使幼儿园游戏性的活动逐渐转变为国民学校劳动性的活动。

在劳作内容的选择方面，以多数儿童在没有监督的情况下，凭借自己的模仿能力，在做游戏和家务活时能否发现并采用类似方式作为所选内容是否适合儿童身心基础的标准。[②]

关于两种活动或课程能否相互结合展开教学，凯兴斯泰纳也提供了操作建议，认为"当这两种训练活动能够使学生对某一事物及其充满价值的结构获得清楚的概念并具备自己独立设计的技能时，它们才有可能作为劳作学校这一意义上的劳作原则的表现形式而受到青睐"[③]。

1918 年，凯兴斯泰纳关于劳作学校的主张正式被德国采纳后，德国各地都设立了劳作学校，形成了一场新的教育运动。它极大推动了 20 世纪德国职业教育的发展，进而推动了德国经济和社会的进步。不仅如此，劳作学校理论对世界许多国家的教育改革产生了广泛的影响，英国、瑞士、法国等也采纳了"劳作学校"的做法。

他的劳作学校及劳作学校精神对当今我国职业教育改革也有一定的启示意义。尊重劳动是提升职业教育地位的根本，职业教育改革要遵循实践兴趣的原则，关注学生的内在价值与性格教育。

与此同时，也要警惕凯兴斯泰纳的局限性。他坚定地支持德国双轨制，认为不同阶层应该接受不同的教育，国民学校的多数学生未来是体力劳动者，所以应该将国民学校改为劳作学校。他所讨论的职业教育也主要是指从事手工劳动的职业，他认为人的才能首先表现在体力劳动领域，每一个国家都不同程度地需要比脑力劳动者更多的体力劳动者。国民教育一定要让儿童从一开始就知道他们未来的位置和与这一位置有关的各种关系，以及即将从事的事业。这意味着，凯兴斯泰纳从一开始就对社会进行了阶级划分。另外，他的公民教育和劳作学校理论主要服务于当时的德国经济与政治环境，在很大程度上成了国家对国民进行思想控制的工具。

---

① 凯兴斯泰纳：《凯兴斯泰纳教育论著选》，郑惠卿选译，104 页，北京，人民教育出版社，2004。

② 凯兴斯泰纳：《凯兴斯泰纳教育论著选》，郑惠卿选译，70～71 页，北京，人民教育出版社，2004。

③ 凯兴斯泰纳：《凯兴斯泰纳教育论著选》，郑惠卿选译，93 页，北京，人民教育出版社，2004。

第二节　杜威的小学教育思想

约翰·杜威(John Dewey，1859—1952)，美国进步主义时代教育革新运动的代表人物之一。他以实用主义哲学、机能主义心理学为基础，立足于美国现代工业民主社会讨论教育问题，建立起严密的教育理论体系。他曾通过创办实验学校来验证自己的哲学和心理学思想，著有《我的教育信条》《学校与社会》《儿童与课程》《明日之学校》《民主主义与教育》等一系列著作来阐释他的教育学思想。除此之外，杜威后期主要专注于哲学研究，成为美国古典实用主义哲学的集大成者，著有《经验与教育》《确定性的寻求》《经验与自然》《人的问题》等。杜威的教育思想对美国乃至世界教育改革都产生过深远影响。

一、杜威小学教育思想的基础

杜威1859年出生于美国佛蒙特州的一个零售商家庭。在早期，杜威的学术思想活动主要集中在哲学、心理学和伦理学领域。1875—1879年在佛蒙特州立大学学习期间建立起了对哲学的浓厚兴趣。大学毕业后先后做过中学和小学教师，但依然保持哲学思考与写作。

1882—1884年在约翰斯·霍普金斯大学攻读哲学博士学位，转向对心理学、伦理学的研究。毕业后，杜威先后应邀至密歇根大学和明尼苏达大学任教，后又回到密歇根大学工作至1894年。这一时期，杜威开始对教育问题产生兴趣，并发表教育论文。但他对教育问题的研究是建立在对哲学、心理学和伦理学的基础之上的。

1894年，杜威应邀到芝加哥大学任哲学、心理学和教育学系系主任，讲授哲学、心理学、教育学等课程。1896年，他创办了芝加哥大学附属初等学校，开展教育实验研究来研究教育问题。八年之后，1904年，杜威辞去芝加哥大学的职务赴哥伦比亚大学任教，直至1930年退休。1930—1939年，退休后的杜威依旧作为哥伦比亚大学的名誉教授，笔耕不辍，直至1952年逝世。

杜威的小学教育理论与他的实用主义哲学和机能主义心理学密不可分。在实用主义哲学上，杜威反对传统哲学普遍存在的二元对立，比如身与心、主观与客观的对立等。他以"经验"作为核心概念，强调主体与客体、物质与精神的统一。而且，与以往经验论不同，杜威以生物进化论中个体的"生长"为线索，强调经验是有机体与环境的交互作用，强调经验的连续性与互动性，并将经验与理性结合，将其用于学校教育的理论与实践中。

在心理学方面，杜威认为心理活动是一个连续的整体，心理活动的实质是有机体采取一定的行动来适应环境并满足自己的需要。与此相关，杜威重视心理本能，认为儿童的能力、兴趣、需要和习惯都建立在他们的原始本能之上，儿童心理活动的实质就是其本能的发展过程。教育的任务就在于发现并满足儿童的本能，为儿童的生长提供环境和条件，使其不断地发展和完善。

二、杜威的儿童观

基于实用主义经验论和机能心理学，杜威形成了他的儿童观。具体而言，杜威的儿童观可以概括为三点。

第一，应该重视儿童的本能。杜威继承了机能主义心理学的观点，把人的情绪、习惯、冲动等生物性本能作为心理的基本内容，认为儿童心理活动的实质在于儿童基于本能的需要，采取一定的行动以适应环境，从而满足自己的需要。儿童天生地潜存着四种本能，即儿童天生有交谈或交流的本能、探究或发现的本能、制作或建造的本能、艺术表现的本能。[①] 教育应该顺应并重视儿童的本能，按照儿童本能生长的不同阶段，提供适当的材料，组织各种活动，为儿童本能的表现和发展创造条件。在这种意义上，杜威反对传统教育长期将儿童置于被动地位，忽视儿童的内在需求和本能，限制儿童的个性发展。他强调教育应关注儿童的主体性，进而提出了他的"儿童中心论"。

第二，儿童具有自我生长和发展的能力。在杜威看来，"生长"是一种与生俱来的能力，是机体与外部环境、内在条件与外在条件交互作用的结果，是一种自然而然地走向完善的过程。儿童具有自我生长和发展的无限可能和潜力。通过与外界环境的互动，儿童不断引起内在的变化和发展，形成一种持续的、良性的自我生长机制，进而走向完善。教育一方面要尊重和保护儿童自我生长和发展的内在需求，另一方面要为儿童的自我生长和发展提供环境与条件。杜威反对那种从外在强加于人的教育，认为教育不是强迫儿童去吸收外面的东西，而是要使儿童"与生俱来"的能力得以生长。

第三，儿童与成人在各方面存在着差异。在杜威看来，儿童与成人在各个方面都存在着差异，尤其是心理方面。儿童心理发展还处于成长但未成熟的阶段，所以需要不断地去与环境和外界互动来增加经验，扩大对世界的认知。教育的过程要依靠儿童自身的活动，让儿童在活动中不断获得新的经验，对原有经验进行改组和改造。杜威提出了"做中学"的教育理论，希望儿童从活动中，从经验中，从行动中学习。他反对从成人的视角，按照成人的标准对儿童进行教育，反对超出儿童现有能力和已有经验的课程与教材，更反对忽视儿童本能、冲动和兴趣的强制学习，认为这些都是与儿童的心理发展相对抗的，毫无乐趣和效果可言。杜威强调的是将儿童的心理、经验和生活结合在一起的"统一性""整全性"。

---

① 杜威：《学校与社会 明日之学校》，赵祥麟、任钟印、吴志宏译，47 页，北京，人民教育出版社，2004。

三、教育的本质

基于对儿童的认知，杜威继而讨论了教育的本质问题，提出了三个命题，即"教育即生活""教育即生长""教育即经验的不断改组和改造"。

（一）教育即生活

杜威认为，教育不是将来生活的预备，教育就是生活的过程。[①]

首先，教育不能脱离儿童的生活经验而独立存在。这一观点是针对当时美国教育中普遍存在的脱离儿童生活经验和兴趣的问题提出来的。当时美国学校教育专注于"教师在教室里教教材"，而忽视了儿童的个体经验与兴趣，忽视了儿童的直接经验与知识之间的联系，忽视了儿童生活与知识的联系，进而导致了儿童与课程的分离，经验与课程的分离，以及经验与教育的分离。

其次，教育不能脱离社会生活实际。这是针对当时学校与社会脱节的问题而提出的观点。当时美国学校教育未能很好地适应现代科学和工业革命的发展需求，未能与社会保持联系，最终导致了学校与社会的分离，教育与社会的分离。在杜威看来，这些教育中普遍存在的分离问题必须得到纠正，应该将教育与儿童的生活经验和社会生活实际紧密地联系起来。他明确指出，"教育过程有两个方面：一个是心理学的，一个是社会学的。它们是平列并重的，哪一方面也不能偏废"[②]。在心理学层面，教育必须从儿童的心理需求出发，关注儿童的本能，利用儿童的生活经验和兴趣去开展和实施教育，满足儿童的心理需求。在这种意义上，教育基于儿童的生活，在儿童的生活之中，并且满足儿童的生活，教育本身就作为一种生活而存在。在社会学层面，学校教育应该关注与社会的联系，并保持与社会的积极沟通与交往。在与社会增强联系的同时，学校也应该在内部形成有效的沟通与交往机制，发挥其作为一种雏形社会的共同体功能。在这种意义上，教育既源于社会生活实际，沟通学校与社会，又保持自己作为社会机构的同一性，教育本身就是一种生活。

最后，教育需要改进生活，促进生活的民主化和科学化。这一点是在前两点的基础上讨论的。在杜威看来，教育与儿童的生活经验和社会生活实际进行联系，并不意味着教育要被动地适应生活，相反，教育既要积极地与生活联系，又要促进生活的改进和完善。通过科学的认识和方法，教育可以作为社会进步和改革的助推器，推动社会生活的民主化，进而使民主成为现代人的一种生活方式。在这里，杜威的"教育即生活"具有丰富的、立体的、同一的内涵。

（二）教育即生长

杜威"教育即生长"的观点同样是针对美国当时的教育时弊提出来的。杜威批评

---

① 杜威：《学校与社会 明日之学校》，赵祥麟、任钟印、吴志宏译，6页，北京，人民教育出版社，2004。

② 杜威：《学校与社会 明日之学校》，赵祥麟、任钟印、吴志宏译，3页，北京，人民教育出版社，2004。

当时学校教育忽视儿童的本性需求和心理特点，将外在动机强加于儿童，以外在的标准去要求儿童，让儿童为遥不可及的未来生活做准备，这些都是对儿童自然生长倾向的阻碍和破坏。

在他看来，儿童的生长就像达尔文生物学意义上的"生长"一样，是机体与外部环境、内在条件与外在条件交互作用的结果。个体具有生长的无限潜能和可能，且这种生长是多维的、丰富的，个体在生长中不断发展和完善。"教育就是各种自然倾向和能力的正常生长"①，杜威认为教育应该关注到儿童生长的这种特质。一方面，摒弃一切压抑或阻碍儿童内部自然生长的因素，为儿童的自然生长提供环境和创造条件；另一方面，教育不应该就此放任儿童、纵容儿童，而应该尊重生长和发展的内在机制，帮助儿童拓展见识和知识，发展品德和能力。经过这样的生长，个体最终又反过来促进社会和生活的改良与进步，实现了社会和生活的"生长"。在这种意义上，生长就是多维的、丰富的，儿童接受教育的过程就是儿童生长的过程。

（三）教育即经验的不断改组和改造

基于达尔文生物进化论和实用主义哲学，杜威形成了以"经验"为核心的新的实用主义哲学和行动理论。

区别于以往哲学将"经验"作为认知的浅表层次的感觉印象，杜威认为经验是机体与环境相互作用的过程，它是一种实验的智慧，是一种互动或交互作用，是一种行动。在实验、交互和行动中，机体不仅受环境影响，也对环境施加影响。在这里，经验就成为机体生长的载体，在经验过程中，机体不仅获得知识，而且形成能力，养成道德。在这种意义上，杜威说，"生长的理想归结为这样的观点，即教育是经验的继续不断的改组和改造"，"教育就是经验的改造或改组。这种改造或改组，既能增加经验的意义，又能提高指导后来经验进程的能力"②。言下之意：教育的过程就是个人经验的不断改组和改造的过程；通过新的经验与原有经验的交互和影响，达到对已有经验的改组和改造，进而增加了经验的意义；同时，一切教育都存在于经验中，通过经验的改组和改造，有利于后续经验的产生和改进，进而适应和改造环境。这样，从经验出发，就形成了教育试验和改良的良性循环。

"教育即生活""教育即生长""教育即经验的不断改组和改造"作为杜威对教育本质的认识，是基于对旧教育的抨击和批判提出的，从本质上来讲它们是一体三面的，即生活的过程、生长的过程以及经验的改组和改造过程本质上是一个过程，旨在将儿童、生活、生长、经验、教育、学校、社会等要素统一起来，而不是分离和割裂。正如杜威自己所言，"我们的最后结论是，生活就是发展；不断发展，不断生长，就是生活"③。

---

① 杜威：《学校与社会 明日之学校》，赵祥麟、任钟印、吴志宏译，217 页，北京，人民教育出版社，2004。
② 杜威：《民主主义与教育》，王承绪译，86～87 页，北京，人民教育出版社，1990。
③ 杜威：《民主主义与教育》，王承绪译，58 页，北京，人民教育出版社，1990。

四、初等教育的目的

关于教育的目的，杜威曾多次表达过相关观点，认为"教育无目的"。这一观点的多种表达包括："因为生长是生活的特征，所以教育就是不断生长；在它自身以外，没有别的目的。"[①]"我们要提醒自己，教育本身并无目的。只是人，即家长和教师等才有目的；教育这个抽象概念并无目的。"[②]"教育的过程，在它自身以外没有目的；它就是它自己的目的。"[③]

事实上，杜威的"教育无目的"强调的是教育没有外在的、专制的、强加的目的。在非民主社会中，教育目的是从外在强加于教育过程的，"是固定的，呆板的；这种目的不能在特定情境下激发智慧，不过是从外面发出的做这样那样事情的命令"[④]。杜威认为，良好的教育目的应具备几个基本特征：第一，必须根据受教育者的特定个人的固有活动和需要（包括本能和获得的习惯）；第二，必须能转化为与受教育者的活动进行合作的方法；第三，必须警惕所谓一般的和终结的目的。基于这几点，其实杜威曾在多处阐释和论证他的教育目的论。具体而言，杜威认为教育应该达成以下两个目的。

其一，教育应该促进民主的生活方式的实现。杜威认为教育是促进社会改良与进步的基本方法，是民主的工具，教育是为了实现民主的生活方式。虽然强调教育过程内在的目的，但这并不意味着否定教育的社会性。事实上，理想社会中的教育总是试图通过引导儿童的生活、生长和经验的改造与改组，达成民主社会的期望。杜威进而提到了民主社会中人应具备的基本素质：第一，具有良好的公民素质，具有民主理想和参与民主政治生活的能力；第二，掌握科学思维的方法，具有解决实际问题的能力，能适应迅速变化的社会；第三，具有良好的道德品质，有合作意识，能处理好个人与社会的关系，有服务社会的精神；第四，具有一定的职业素养，能通过从事某种职业发展个人才能并为社会尽力。[⑤]

其二，教育应该促进民主社会的改良与进步。在"教育即生活"的命题的基础上，杜威进一步提出"学校即社会"的观点。在他看来，学校主要是一种社会组织。[⑥] 作为一个雏形社会，学校应该成为一种经过选择的、净化的、理想的社会生活[⑦]，成为一个合乎儿童需要，同时与社会保持交往和沟通的雏形社会。在《我的教育信条》中，杜威明确指出了教育应该促进民主社会改良与进步的观点，"我认为教育是社会

---

① 杜威：《民主主义与教育》，王承绪译，61～62 页，北京，人民教育出版社，1990。
② 杜威：《民主主义与教育》，王承绪译，118 页，北京，人民教育出版社，1990。
③ 杜威：《民主主义与教育》，王承绪译，58 页，北京，人民教育出版社，1990。
④ 杜威：《民主主义与教育》，王承绪译，122 页，北京，人民教育出版社，1990。
⑤ 吴式颖、李明德：《外国教育史教程》3 版，339 页，北京，人民教育出版社，2015。
⑥ 杜威：《学校与社会 明日之学校》，赵祥麟、任钟印、吴志宏译，5 页，北京，人民教育出版社，2004。
⑦ 吴式颖、李明德：《外国教育史教程》3 版，334～335 页，北京，人民教育出版社，2015。

进步和社会改革的基本方法"，"教师不是简单地从事于训练一个人，而是从事于适当的社会生活的形成。我认为每个教师应当认识到他的职业的尊严；他是社会的公仆，专门从事于维持正常的社会秩序并谋求正确的社会生长"①。

在杜威这里，培养个人的民主和自由的生活方式与促进民主社会的改良与进步是不矛盾的，二者相互促进，相辅相成。对民主和自由个体的培养有利于民主社会的改良与进步，反过来，民主社会的不断改良与进步为个体的民主和自由发展提供了环境。

五、初等教育的内容与方法

（一）"做中学"

杜威从经验论和心理学出发，提出了"做中学"的教学理论。他认为，"人们最初的知识，最根深蒂固地保持的知识，是关于怎样做的知识"②。儿童不是通过阅读书本或倾听关于火或食物性质的说明，而是自己做这些事情来获得知识的。采用与儿童获得最初经验尽可能相类似的方法来扩大儿童的经验，可以提高教学的效率。反之，如果成人对于儿童不停地活动感到不耐烦，并力图使其安静下来，那么他们就不仅干扰了儿童的快乐和健康，而且把儿童寻求真正知识的主要途径切断了。

杜威认为，儿童"做"的内容以经验性、活动性的主动作业为主。这种主动作业的范围很广，包括烹饪、缝纫、木工、纺织、印刷、园艺等。它既满足儿童的心理本能和需要，又与社会紧密联系，使儿童对事物的认知具有某种统一性和完整性。儿童在"做"中学习，在"做"中生长，在"做"中改造和改组经验。

杜威的"做中学"理论在芝加哥大学附属初等学校得到了具体实施。在芝加哥大学附属初等学校，儿童被划分为三个阶段，通过主动作业、社会生活背景知识和理智性工具知识三类课程践行杜威的课程与教学理论。

（二）课程与教材

杜威对传统课程与教材进行了批判，认为传统课程是由前人所积累起来的系统的间接经验构成的，是一种符号和文字构成的系统，它们代表了成人的标准，超出了儿童的已有经验和生活范围。而且，这些课程只适合人的理智方面，适合研究、积累知识和掌握学术，却不适合生活、生产、制造，最终导致它们只能被作为一种纯粹感觉刺激对儿童起作用，而无法在儿童的生活、生长与经验的改组和改造中产生影响。在传统课程的教学中，儿童作为被动的接纳者，很少有主动活动和探究的机会，加上课程与教材内容缺乏统一性和整体性，缺乏与儿童生活经验和社会生活的联系，儿童最终沦为间接经验的吸收者，而非知识经验的生成者、体验者。

---

① 杜威：《学校与社会 明日之学校》，赵祥麟，任钟印，吴志宏译，13、15页，北京，人民教育出版社，2004。

② 杜威：《民主主义与教育》，王承绪译，201页，北京，人民教育出版社，1990。

　　针对以上情况，杜威提出学校课程的设置应该以儿童的社会活动为中心，学校课程相互联系的真正中心不是科学，不是文学，不是历史，不是地理，而是儿童本身的社会活动，应使代表社会活动的类型和基本形态的活动在课程中占有重要地位。应该将木工、金工、缝纫、烹饪等引进学校，它们不是作为文学、历史、地理课程之外的一种娱乐或消遣，或者作为次要技能而存在的。杜威认为它们恰恰可以将儿童引向更正式的课程，在激发儿童兴趣的同时将教育与生活、学校与社会、经验与课程、儿童与课程进行联结。在杜威看来，它们是一种媒介，可以作为儿童生活、生长与经验改组和改造的直接源泉。杜威的课程理论在他所创办的杜威学校中得到了实践。学校主要设置三类课程，分别是主动作业、社会生活背景知识、理智性工具知识。其中，主动作业包括木工、烹饪、纺织、缝纫、编织等，社会生活背景知识包括历史、地理、文学，理智性工具知识主要指的是传统课程读、写、算。由此可以发现，杜威并不是否定传统课程和知识本身，他反对的是传统课程与知识的组织和教学方式。在杜威这里，通过"做中学"的主动作业，联系社会生活背景知识，将儿童引向理性知识，才是教授知识最恰当的途径。

　　关于教材的组织，杜威指出传统教材主要是间接的知识、别人的知识，往往仅属于字面上的知识。[1] 这里，杜威并不反对间接知识、系统知识，他承认它们的重要性，但他反对超越儿童已有经验的、僵化的知识，认为这种知识只是纯粹言词，即纯粹感觉刺激，没有什么意义。这种知识的作用，不过是唤起机械的反应，让人只能运用发音器官重复别人的话，或用手写字或做算术。[2] 另外，杜威非常反对分门别类的教材和课程对儿童的完整世界的肢解和割裂，他认为这会使儿童对世界的认知失去整全性，最终流于片面或形式主义。

　　在教材的组织方面，杜威建议由供给现在社会生活内容的种种意义构成，对人类已有的经验进行"特别的选择、表述和组织，使它能适当地传授给新的一代"，"把教材组织到作为发展中的社会成员的学生的活动中去"。[3]言下之意是，在组织教材时应该一方面顾及儿童经验与生活的整全性，另一方面注意与当下的社会生活保持联系。除此之外，杜威意识到教材的组织应该兼顾逻辑和心理两个层面，即使教材心理化。一方面，将逻辑性的、系统化的、属于间接经验的书本知识直接经验化，使之顺应儿童的生活与经验；另一方面，将儿童的直接经验加以组织、抽象，使之系统化，具有逻辑性。但关于具体执行和落实，杜威其实是悲观的，他认为"要解决这个问题是非常困难的，我们并没有解决好；这个问题到现在还没有解决，而且永远不可能彻底解决"[4]。

---

①　杜威：《民主主义与教育》，王承绪译，205 页，北京，人民教育出版社，1990。
②　杜威：《民主主义与教育》，王承绪译，205 页，北京，人民教育出版社，1990。
③　杜威：《民主主义与教育》，王承绪译，210 页，北京，人民教育出版社，1990。
④　赵祥麟、王承绪编译：《杜威教育论著选》，323 页，上海，华东师范大学出版社，1981。

(三)教学五步法

前文讲到杜威推崇"做中学"的教学方法，这在本质上其实是一种在经验的情境中思维的方法，是一种探究式的教学。杜威坚定地认为，好的教学必须唤起思维，"思维就是明智的学习方法，这种学习要使用心智，也使心智获得酬报。我们说思维的方法，这话固然不错，但是关于方法重要的是要牢记，思维也就是方法，就是在思维的过程中明智的经验的方法"①。简言之，"思维就是有教育意义的经验的方法"②。杜威提倡探究式思维与教学，即对某个经验情境中的问题进行反复的、严肃的、持续不断的思考，力求解决困难、排除疑虑，解答问题。

在杜威看来，教学法的要素与这种反省思维的要素是相同的，也就是说，教学与思维的方法是相通的，杜威进而提出了思维五步法，也就是教学五步法：第一，学生要有一个真实的经验的情境——要有一个对活动本身感兴趣的连续的活动；第二，在这个情境内部产生一个真实的问题，作为思维的刺激物；第三，他要占有知识资料，从事必要的观察，对付这个问题；第四，他必须负责有条不紊地展开他所想出的解决问题的方法；第五，他要有机会通过应用检验他的观念，使这些观念意义明确，并且让他自己发现它们是否有效。③

在这里，思维起于问题情境，而经验性、活动性的课程为儿童提供了这种问题情境的条件，进而引发了儿童的探究思维，通过"做中学"的课程，儿童的经验得以改组和改造。在这种意义上，杜威的教育本质观、目的论、课程观、教学观得以统一起来。

六、初等教育的实践——芝加哥大学附属初等学校

1894 年，杜威应邀担任芝加哥大学哲学、心理学和教育学系系主任。此时杜威的哲学、心理学和伦理学思想已初步形成，为了在实际中检验其思想，杜威说服芝加哥大学董事会创办了芝加哥大学附属初等学校，也称为"杜威学校"。该学校成为杜威践行初等教育思想的"试验场"，在 8 年(1896—1904 年)的创办生涯中，杜威按照自己的教育理念设计课程、教材、教具、教学方法，践行他的教育理论，验证他的哲学和心理学理论。

在创办之初，杜威就提出了四个需要检验的假设：第一，如何使儿童的家庭生活与学校教育更密切地联系在一起；第二，如何使儿童在学校中学到的知识与其经验联系起来，并产生积极的影响；第三，如何将其他课程和手工职业作为基础，激发儿童学习读、写、算和手工技能的动机与兴趣；第四，如何保持注意力。④

---

① 杜威：《民主主义与教育》，王承绪译，167～168 页，北京，人民教育出版社，1990。
② 杜威：《民主主义与教育》，王承绪译，179 页，北京，人民教育出版社，1990。
③ 杜威：《民主主义与教育》，王承绪译，179 页，北京，人民教育出版社，1990。
④ Mayhew K. C. and Edwards A. C., *The Dewey School：the Laboratory School of the University of Chicago*，1896—1903，New York，Appleton—Century，1936，p. 3.

基于对有机体生长及儿童心理发展的认知，杜威将初等学校分为三个阶段：第一阶段属于游戏阶段，主要从儿童已有的经验出发，不断增强作业的复杂性，培养其责任心等；第二阶段应注意在活动中培养学生读、写、算和操作等能力，以促进他们获得关于纪律的知识和工作技能；第三阶段应侧重培养学生思考问题、寻找解决办法的能力，并意识到概括总结的重要性和必要性。[①] 具体在实践过程中，杜威将这三个阶段又细分为 11 个组，并针对不同的组开展不同的但连续的主题学习（见表 10-4）。

表 10-4　儿童生长阶段、学习主题及主要作业活动[②]

生长阶段	组别	学习主题	主要作业活动
第一阶段	第一组和第二组（4～5岁）	家庭性作业	认识玩耍，观察鸟儿、昆虫，洗熨衣服，打扫
	第三组（6岁）	服务家庭的社会性工作	研究食物、烹饪、植物、木工、石油、动物、地形、气候、数字符号、量度单位、多米诺骨牌游戏、阅读、戏剧表演（农民和矿工表演）等
过渡阶段	第四组（7岁）	发明性发展	戏剧职业、纺织、木工、烹饪、艺术、技术、原始生活的学习（如生活和制陶）、讲故事等
	第五组（8岁）	探险性发展	腓尼基人的贸易活动和造船活动、探究地中海盆地、对世界的探究等
第二阶段	第六组（9岁）	当地历史	芝加哥城市的发展、撰写故事、阅读、纺织、动植物、部分殖民地生活等
	第七组（10岁）	殖民地历史和美国革命	殖民地建筑、寝具、地毯、装饰、阅读、写作、食物、衣物、住所、地质科学等
过渡阶段	第八组（11岁）	殖民者的欧洲背景	历史、英语、外国语、文学、科学等
	第九组（12岁）	专门活动实验	学校集会、读报、俱乐部活动、历史、手工技能、交流、艺术表达、数学、石灰岩等
第三阶段和中等教育的开始	第十组（13岁）	专门活动实验	俱乐部社会组织、摄影、读、写、算等
	第十一组（14～15岁）	专门活动实验	普通科学（生物学和地文学）、几何、科学论文

杜威指出，虽然对儿童进行了阶段划分，但在实际的课程与教学中，儿童并不会注意到不同阶段之间的过渡与变化。在具体实践中，该学校是非常关注不同阶段

① Mayhew K. C. and Edwards A. C. , *The Dewey School：the Laboratory School of the University of Chicago*，1896—1903，New York，Appleton－Century，1936，pp. 53-54.

② Mayhew K. C. and Edwards A. C. , *The Dewey School：the Laboratory School of the University of Chicago*，1896—1903，New York，Appleton－Century，1936，pp. 55-249.

的连续性与过渡的，从他将学校中儿童的生长分为三个阶段 11 个组，前后两个阶段之间都有过渡阶段就可以看到这一点。

前文提到，该学校的课程主要分为三类：主动作业、社会生活背景知识和理智性工具知识。在实践中，一般从主动作业开始，儿童通过活动不断增长和改进经验，掌握科学方法，进而接触历史、文化、地理等社会背景知识，并学习使用读、写、算等工具性知识。具体而言，主动作业课程的意义不在于作业本身，而在于通过作业使儿童了解校外的社会生产和生活活动。同时，通过作业激发儿童了解社会生活背景知识，运用读、写、算知识解决具体的情境问题。

以烹饪课程为例，可以具体了解该学校是如何通过"做中学"实施课程教学的。在芝加哥大学附属初等学校，儿童自幼儿园阶段就开始开展烹饪活动。从幼儿园至二年级，两位烹饪教师设计烹饪经验，将明确的教育目标与实现手段结合，以满足儿童的需求。儿童一起准备、称量、搅拌，从而培养在整个团队中的责任感。之后三至五年级，会更注重技术和思考层面。鉴于这个阶段儿童可以同时从事几项工作，教师会在课堂中引入简单的实验，使学生学习一些基本原理。比如，关于鸡蛋蛋白质的实验可以使学生更科学地理解热量和热传递，在社会实践中继续观察和探究。到了六至八年级，烹饪课变得更复杂，学生要准备和烹饪食物。比如，烹饪鸡蛋、肉和鱼，随后检查牛奶、蔬菜羹，最后和面和做面团。教师主要是通过提问和复习原先的作业的方式来指导和提供帮助。之后，烹饪课又转向与生理学、卫生与营养学的联系。[①]

继续以烹饪课中 6～8 岁不同年龄儿童的具体作业活动为例，生动呈现芝加哥大学附属初等学校课程实施的细节。幼儿园阶段儿童获得的食材以谷物和水果为主，以识别和了解食材的名称、颜色、味道、作用、生长环境等为主，同时注意儿童之间相互帮助和协调精神的培育。6 岁儿童获得的食材依然是谷物和水果，但这一阶段以尝试制作食物、实验不同的制作方法、比较差异及其原因为主，更关注儿童的态度及表达方式。7 岁儿童获得的食材主要是水果和蔬菜，在烹饪和称重中接触到数字、营养、纤维、水分等，这一阶段更关注儿童的探究精神，以及寻找和商讨解决问题的方案。[②]

基于以上，可以看到，芝加哥大学附属初等学校中的三类课程在某种程度上就将心理的和社会的因素协调起来，使儿童通过实现社会目的的经验和活动，完成自我的生长与生活。

杜威的教育本质论、教育目的论、课程与教学论思想形成了统一的教育理论体系，论证精微，逻辑性强，是世界教育史上重要的教育思想。他的教育理论旨在实

---

① Mayhew K. C. and Edwards A. C. , *The Dewey School：the Laboratory School of the University of Chicago*，1896—1903，New York，Appleton－Century，1936，pp. 299-305.

② 高玲：《教育的实验室：杜威学校》，载《教育科学研究》，2016(3)。

现个人与社会的统一，知识与行动的统一。更难能可贵的是，杜威还通过创办实验学校来检验和实践自己的思想和理论。也正是在实验学校，我们从更微观的视角看到了杜威的小学教育思想的落地，看到了他如何将"教育即生活""教育即生长""教育即经验的不断改组和改造"贯穿于学校工作的各个层面，如何践行"教育在它自身以外没有其他目的"，以及如何组织材料，通过"做中学"来实施课程和教学。在这种意义上，芝加哥大学附属初等学校是将教育理论与实践进行结合的典范。

第三节　蒙台梭利的小学教育思想

玛丽娅·蒙台梭利（Maria Montessori，1870—1952）是教育史上著名的幼儿教育思想家和改革家，意大利第一位医学女博士，蒙台梭利教育法的创始人。1907年，蒙台梭利在意大利创办"儿童之家"，将独特的幼儿教育理论和方法用于儿童的保育与教育，引起了社会各界的广泛关注，前来拜访和学习者络绎不绝。之后，蒙台梭利教育法在世界范围内产生了影响，她关于儿童教育的方法被称为"蒙台梭利教育法"，促进了现代幼儿教育理论与实践的发展。《高级蒙台梭利方法》主要介绍蒙台梭利如何将幼儿教育方法用于小学教育阶段。从该书中，可以看到蒙台梭利的小学教育思想和实践方法。

一、蒙台梭利小学教育思想的基础

1870 年 8 月 31 日，蒙台梭利出生于意大利安科纳地区的基亚拉瓦莱小镇。父亲亚历山德鲁·蒙台梭利是贵族后裔和军人，为人较为保守，母亲雷尼尔·斯托帕尼是虔诚的天主教徒，心地善良，给予了蒙台梭利最大的鼓励和支持。

1875 年，举家迁居罗马。1876 年，蒙台梭利进入公立小学接受初等教育。1883 年，进入米开朗基罗博瓦蒂工业学校。1886 年，蒙台梭利进入高等技术学院学习现代语言和自然科学，其间对数学尤其感兴趣。在即将从高等技术学院毕业时，蒙台梭利又对生物学产生了浓厚兴趣，继而萌发了学医的想法。1893 年，蒙台梭利进入罗马大学学习医学，成为意大利历史上第一位学习医学的女学生。在此期间，蒙台梭利有机会进入儿童医院，有了治疗幼儿疾病的临床经验。1896 年，蒙台梭利关于精神病治疗的毕业论文获得通过，成为罗马大学和意大利历史上第一位医学女博士。

从罗马大学毕业后，蒙台梭利留在罗马大学附属精神病诊所担任助理医生，同时在妇女和儿童医院工作，诊断和治疗身心缺陷儿童。由于工作环境的关系，蒙台梭利开始对身心缺陷儿童的心理和神经问题进行研究。为了更好地开展工作，她阅读了大量的医学著作，其中包括法国精神病医生塞甘和医学家伊塔德的。除此之外，蒙台梭利还关注到儿童的教育问题，并于 1897—1898 年专门旁听了教育学系列课程，阅读了包括夸美纽斯、洛克、卢梭、裴斯泰洛齐、福禄培尔等的教育著作。[①]
她从中汲取了众多营养，并逐渐意识到如果能对低能儿童施以合适的教育，就能促
进他们的心智得到更好的发展。为此，蒙台梭利亲自前往巴黎和伦敦参观和访问低
能儿童教育机构。在此期间，她从人类学方面关注儿童与社会犯罪，以及儿童习惯
的问题。

1898 年，蒙台梭利在意大利都灵举行的教育会议上发表演说，强调低能儿童不
应该被排斥在社会之外，他们应该与正常儿童一样享受平等的受教育机会。同年，
她的演讲文《社会的不幸与科学上的新发现》发表，在社会上引起了巨大反响，引发
了全社会对于智力缺陷儿童教育问题的关注。之后蒙台梭利在意大利各个城市做巡
回演讲，宣传她的思想。这些举动直接促成了 1900 年罗马国立启智学校的建立，该
学校专注于对智力缺陷儿童开展教育实验。蒙台梭利任校长，在这里践行她对于智
力缺陷儿童的教育思想。

在主持启智学校工作期间，蒙台梭利不仅采用多种方法对儿童进行观察、教学、
实验，还培养了一批有志于从事智力缺陷儿童教育的教师。通过实验，低能儿童不
但学会了读和写，还成功通过了正常儿童的测试。这给蒙台梭利很大的信心，使她
更加坚信儿童心智上的缺陷是教育问题而非医学问题。同时，蒙台梭利深信，如果
将在启智学校中的方法用于正常儿童肯定会产生更好的效果。

1901 年，蒙台梭利离开启智学校，开始探索将特殊教育方法用于正常儿童的可
行性。为此，她重新回到罗马大学学习哲学、教育学、实验心理学，并开展教育人
类学研究。1904 年，经由罗马大学塞吉教授的推荐，蒙台梭利在罗马大学教育学院
讲授教育人类学课程，直到 1908 年。[②]

1906 年，"罗马优良建筑协会"计划改善罗马圣洛伦佐贫民区，一方面改造贫民
的居住环境，另一方面解决贫民子弟的教育问题。考虑到可以在这里实施正常儿童
的教育，蒙台梭利便欣然应允前往负责学校的各项工作。1907 年 1 月 6 日，这所新
型的幼儿学校在罗马圣洛伦佐区玛希大街 58 号正式成立，招收 3～6 岁儿童。这所
幼儿学校被称为"儿童之家"，含有儿童的家庭之意。因为设在贫民公寓大楼中，因
而也有人称之为"公寓中的学校"或"楼内学校"。[③]

"儿童之家"摆放着与儿童身高相适应的小型桌椅等家具，以及儿童可以方便开
门的小柜子，柜子内放着儿童可以随意使用的各种教具。蒙台梭利还为"儿童之家"
编写了一套教材，设计了专门的教具和教学方法，创立了蒙台梭利教育体系。除了

① 蒙台梭利：《童年的秘密》，马荣根译，蒙台梭利与她的儿童教育观 3 页，北京，人民教育出版社，
2004。
② 蒙台梭利：《童年的秘密》，马荣根译，蒙台梭利与她的儿童教育观 5 页，北京，人民教育出版社，
2004。
③ 蒙台梭利：《蒙台梭利幼儿教育科学方法 》，任代文译，蒙台梭利的教育基本理论 6 页，北京，人民
教育出版社，1993。

指导、设计和组织一切教育和训练外，蒙台梭利还在"儿童之家"培训了一批教师，并且制定了简单而又切实可行的规章制度，同时她还对家长的家庭教育职责、权利和义务做了规定。[1][2]

蒙台梭利在"儿童之家"的教育实验取得了巨大成功，使得来访者络绎不绝。许多教育家、心理学家、社会学家、教师等纷纷前往罗马参观、学习和研究"儿童之家"的教育实验。1907年4月7日第二所"儿童之家"在罗马开办起来，之后1908年11月第三所"儿童之家"在罗马开办起来。除了罗马之外，1908年和1909年先后在米兰开办起两所"儿童之家"。1909年，蒙台梭利应邀在罗马举办国际教师讲习班，全面阐述"儿童之家"的教育理论与方法。之后据此写成了《儿童之家的科学教育方法》一书，并于同年出版。该书后来经过近两年的实践验证和补充完善，于1912年由蒙台梭利的美国学生安妮·乔治译为英文，书名简化为《蒙台梭利方法》在美国出版。很快，该书又被译为二十多种文字在世界各国广为流传。[3] 之后，一场世界范围内的蒙台梭利运动在一些国家和地区开展起来。

1911年，蒙台梭利离开"儿童之家"后继续研究儿童的教育问题。1913—1915年，蒙台梭利学校已经遍布世界各地，蒙台梭利协会也在各地建立起来。蒙台梭利曾到美国、英国、法国、德国、荷兰、西班牙、奥地利、锡兰（今斯里兰卡）、印度、巴基斯坦等国参观、考察，对当地的蒙台梭利学校进行指导，并参与当地蒙台梭利教育协会的相关活动，宣传、推广、验证、充实和发展她的教育思想和教学方法。她还在一些国家，比如美国、意大利、英国等亲自开设专门的国际训练课程，为当地的蒙台梭利学校培养教师。蒙台梭利的学员中，有海伦·帕克赫斯特（美国蒙台梭利教师培训学校的主持人，道尔顿制的创立者）、克劳德·克莱门（英国蒙台梭利运动的发起者）等。1929年8月，国际蒙台梭利协会在荷兰成立，并在一些国家成立了分会，蒙台梭利亲自担任协会主席。[4]

当意大利被法西斯政权统治时，蒙台梭利学校因宣传的自由教育思想与当局的独裁专制背道而驰而被下令全部关闭。蒙台梭利本人不得不离开意大利迁居西班牙，之后又辗转至荷兰定居。第二次世界大战结束后，1947年，蒙台梭利接受意大利政府邀请回到祖国，深受祖国人民的爱戴。不久，她又返回荷兰旧居继续从事写作和研究。直到去世前的几年，蒙台梭利仍继续坚持到各国巡回演讲，指导教师培训班，主持国际蒙台梭利会议。1950年，80岁高龄的蒙台梭利出席了联合国教科文组织大

① 蒙台梭利：《童年的秘密》，马荣根译，蒙台梭利与她的儿童教育观6页，北京，人民教育出版社，2004。

② 蒙台梭利：《蒙台梭利幼儿教育科学方法》，任代文译，蒙台梭利的教育基本理论6页，北京，人民教育出版社，1993。

③ 蒙台梭利：《蒙台梭利幼儿教育科学方法》，任代文译，蒙台梭利的教育基本理论8页，北京，人民教育出版社，1993。

④ 蒙台梭利：《童年的秘密》，马荣根译，蒙台梭利与她的儿童教育观7页，北京，人民教育出版社，2004。

会并受到热烈欢迎。意大利、荷兰、法国、英国等国政府或研究院曾授予她勋章和荣誉学位。

1952年5月6日，蒙台梭利于荷兰去世，安葬于诺维克的一个天主教公墓，终年82岁。她的一生专注于从事儿童研究与教育工作，建立了自己独特的教育理论和实践方法，同时致力于将自己的儿童教育理论与方法推广至全世界。在这种意义上，她其实堪称一位世界教育家。

蒙台梭利一生著述颇丰，就其内容大致可分为以下几类：《童年的秘密》《儿童的发现》《有吸引力的心理》主要探讨从出生到3岁儿童的心理及教育；《蒙台梭利方法》《蒙台梭利手册》《家庭中的儿童》主要探讨3～7岁儿童的教育与家庭指导；《高级蒙台梭利方法》主要探讨7～13岁儿童及青春期教育，该书分为两卷，分别是《教育中的自发活动》和《蒙台梭利初等教具》；《教育人类学》《新世界的教育》《教育的重建》《开发人类的潜能》《和平教育》等则讨论与儿童教育相关的其他教育问题。[①]

二、蒙台梭利的儿童观

蒙台梭利的儿童观在一定程度上受到卢梭、裴斯泰洛齐、福禄培尔等有关自然教育和自由教育的影响，之后经过她的实际观察和实验，以及对生物学、人类学、心理学、生理学等的研究逐渐形成了独特的儿童理论体系。

从儿童期的重要性来讲，蒙台梭利认为："儿童并不是一个只可以从外表观察的陌生人。更确切地说，童年构成了人生中最重要的一部分，因为一个人是在他的早期就形成的。"[②]言下之意，儿童时期是人生发展的最重要时期，具有相对的独立性和特殊性，为后续发展奠定基础。在她看来，儿童不是成人灌注的容器，也不是可以任意塑造的泥和蜡，成人应该认真研究、观察儿童，了解儿童的内心世界，在儿童自由与自发的活动中帮助儿童成长和发展。

在儿童的生理与心理发展方面，蒙台梭利认为，儿童的发展是生理和心理共同作用的结果。在生理方面，存在着某种与生俱来的"内在生命力"或"内在潜力"使儿童处在不断生长和发展中，儿童在不断发展的过程中内在潜力逐渐呈现出来，这种内在潜力是一种本能的自发冲动，它赋予儿童积极的生命力，为处于生命初创时期的儿童提供某种指导和保护。之后，通过工作或活动本能，儿童不断地建构、创造和完善自己，形成自己的人格。

在心理方面，儿童心理发展既遵循一定的顺序和进程，又具有某些隐藏的特点。一方面，儿童是一个"精神（心理）的胚胎"，他的精神深深地隐藏着，不立即表现出来，而是经过环境的刺激，对外部世界进行适应、吸收，逐渐表现出独特的心理活

---

① 蒙台梭利：《蒙台梭利幼儿教育科学方法》，任代文译，蒙台梭利的教育基本理论11页，北京，人民教育出版社，1993。

② 蒙台梭利：《童年的秘密》，马荣根译，21页，北京，人民教育出版社，2004。

动，呈现出特有的个性。蒙台梭利称之为"有吸引力的心理"。另一方面，儿童心理的发展存在各种"敏感期"，包括秩序的敏感期、细节的敏感期、行走的敏感期、手的敏感期、语言的敏感期等。通过各种敏感期，"儿童以一种特有的强烈程度接触外部世界。在这时期，他们容易地学会每样事情；对一切都充满了活力和激情"[①]，同时，"儿童不同的内在敏感性使他能从复杂的环境中选择对自己生长适宜的和必不可少的东西。……使儿童对某些东西敏感，而对其他的东西无动于衷"[②]。儿童通过内在生命力驱使或生理和心理的需要产生自发性活动，进而不断与环境交互作用获得和积累经验，使生理和心理不断发展。儿童事实上成为个体与环境交互的产物。

同时，蒙台梭利将儿童的心理发展看作连续性和阶段性的统一，在不同的发展阶段，儿童有着不同的心理表现。她将儿童发展分为三个阶段：0～6岁为幼儿期、6～12岁为儿童期，12～18岁为青春期。其中，幼儿期又可以分为0～3岁心理胚胎期和3～6岁个性形成期；儿童期又可以为分6～9岁和9～12岁两个阶段，前一阶段的儿童已可以运用所掌握的知识和技能发展生活文化和能力，后一阶段的儿童已经准备好以开放的心灵吸收世界上的各种知识和环境中的一切事物。同时，儿童心理发展也具有连续性。这种连续性不仅指一个阶段内儿童的发展和成长是连续的，而且指两个相邻阶段之间质的变化是连续的，并无明显的分界，而且这种连续性贯穿在儿童发展的始终。前一阶段的发展是后一阶段的基础，后一阶段的发展是之前各个阶段发展的累积和延续。

在蒙台梭利看来，儿童的发展主要有两种方式，一是"游戏"，二是"工作"。两种活动形式虽然相对独立，但后者包含了前者。蒙台梭利将儿童日常的玩耍和使用普通玩具的活动称为"游戏"，而把儿童在"有准备的环境"中自发地选择和操作活动材料并经由专注于活动而有所发现和发展的活动称为"工作"。二者的不同在于，"游戏"是在有或无准备的环境中进行的，而"工作"是有准备的、有导师指导的活动。在这种意义上，蒙台梭利认为儿童心理发展是通过"工作"而不是通过"游戏"实现的。

总体来看，蒙台梭利的儿童观既不是遗传决定论，也不是环境决定论。她认为儿童的发展是个体与环境交互作用的结果，是儿童生理与心理发展的需要。这对当时的儿童研究来讲，是具有科学的指导意义的。但是，她将儿童的发展潜力和生物本能认定是宗教产生作用的结果，认为"存在一种神秘的力量，它给新生儿孤弱的躯体一种活力，使他能够生长，教他说话，进而使他完美，那么我们可以把儿童心理的和生理的发展说成是一种'实体化'"[③]。这又使她的儿童观带有宗教神秘主义色彩。

---

① 蒙台梭利：《童年的秘密》，马荣根译，52页，北京，人民教育出版社，2004。
② 蒙台梭利：《童年的秘密》，马荣根译，54页，北京，人民教育出版社，2004。
③ 蒙台梭利：《童年的秘密》，马荣根译，44页，北京，人民教育出版社，2004。

三、教育的目的及原则

在《科学的幼儿教育方法》中，蒙台梭利提出了教育目的的双重性。她指出，教育有生物学的和社会学的双重目的。从生物学方面来讲，教育希望帮助个体得到自然发展；从社会学方面来讲，教育希望使个体为环境做好准备。① 言下之意是，一方面，教育旨在帮助儿童自然地成长和完善。教育的任务就是要激发和促进儿童的"内在潜力"，让儿童获得身体、思想、意志的独立，达到智力、心理、人格、精神的完善。另一方面，教育从根本上讲，就是为儿童的自然成长和完善提供环境。蒙台梭利希望儿童在有准备的环境中，为更好地适应未来生活积累最直接的经验，所以她说教育不是为上学做准备，而是为未来生活做准备，教育要对使个体适应环境给予更多的关注。②

为了使儿童的生理和心理得到适当的发展，蒙台梭利认为儿童的教育应该从诞生之时就开始。通过教育，可以保护和培育儿童，帮助他们的自然本性获得发展。据此，蒙台梭利提出了幼儿教育的五大原则。

(一)自由原则

哈佛大学教授霍姆斯认为："蒙台梭利理论体系的精华是她对下面这个真理的有力论断(或再论断)：除非在自由的气氛中，儿童既不可能发展自己，也不可能受到有益的研究!"③简言之，蒙台梭利的教育理论和方法是建立在较少(或尽量减少)干预儿童主动(或自发性)活动的基础上的。

在蒙台梭利看来，自然在赋予儿童生命的同时也赋予了儿童自由。儿童的内在冲动就是通过自由活动表现出来的，他们可以根据自己的心理需要和倾向自由地选择工作材料，自由地选择自己喜爱的工作，自由地决定工作时间，自由地进行人际交往。自由的环境不仅可以使儿童工作更专心，而且可以增强儿童的信心，同时可以帮助儿童建立自我纪律与自我控制。在某种意义上，自由是儿童发展的根基。因此，教育过程中应该给予儿童自由，允许儿童自由选择，并为儿童的自由选择提供环境。正如蒙台梭利所言，"我们的教育体系的最根本的特征是对环境的强调"④。教育应该为儿童提供一个自由的、有秩序的、愉快的、有生机的环境，让儿童在其中自由地发展与成长。但与此同时，给予儿童充分的自由并不意味着儿童可以为所欲为。蒙台梭利认为，自由与秩序、自由与纪律是紧密联系在一起的。

(二)秩序原则

自然赐予儿童对秩序的敏感，因而教育过程中应该关注秩序的重要性。教学的

---

① 蒙台梭利：《科学的幼儿教育方法》，单中惠译，179页，济南，山东教育出版社，2018。
② 蒙台梭利：《科学的幼儿教育方法》，单中惠译，180页，济南，山东教育出版社，2018。
③ 蒙台梭利：《蒙台梭利幼儿教育科学方法》，任代文译，蒙台梭利的教育基本理论12页，北京，人民教育出版社，1993。
④ 蒙台梭利：《童年的秘密》，马荣根译，116页，北京，人民教育出版社，2004。

安排必须是可以预料的，教具必须有秩序地设计、组织和摆放，教师对儿童的行为指导必须明确且准确。在蒙台梭利那里，有秩序的教育是达成自由和纪律目标的基础。在蒙台梭利教育中，教师的工作就是为儿童准备环境，具体而言有三：一是确保儿童有自由活动的机会；二是为儿童提供适合的、有秩序的教具；三是为儿童提供帮助，引导教具操作和活动开展。

秩序与自由并不矛盾，秩序是纪律的一种，纪律只有通过自由才能获得，因而秩序也经由自由而获得。纪律在教育中更多是内发的、自主的，当然前提在于教育为其提供有秩序的自由环境。"强制的学习导致了恐惧、厌倦和精力的耗竭。他们变得毫无信心，忧郁代替了自然的欢乐"①，在蒙台梭利那里，纪律是积极的、主动的、内在的、持久的，而非静止的、被动的、强迫的和屈服的。试图通过说教、惩戒等方式达到良好的纪律是徒劳无益的，真正的纪律来自工作，来自儿童在热衷于某项工作的特定时刻，他们高度的专注、耐心、坚持、自主性和创造精神等，这些都是纪律的体现。"我们并不认为当一个像哑巴一样默不作声，或像瘫痪病人那样不能活动时才是守纪律的。他只不过是一个失去了个性的人，而不是一个守纪律的人。"②有独立自主的精神的人，无论何时何地当他意识到需要遵从某些生活准则的时候，他能够节制自己的行为。在这种意义上，纪律就意味着自由，纪律必须建立在自由的基础上。

(三)独立原则

蒙台梭利发现，儿童一般会拒绝成人帮助，而喜欢自己探索，所以成人应该尽可能少地帮助儿童做事，而让儿童自己独立来完成。尤其是关于日常生活教育方面，蒙台梭利建议从贴近儿童生活的事情入手，在工作中让儿童先学会脱衣服、扣扣子、系带子、拧瓶盖、拧螺丝钉，之后独立做这些事。独立是自由的条件，在蒙台梭利看来，儿童越早独立，就越早迈向自由。蒙台梭利的培养目标是：运用科学的方法，促进"人类的潜能"的发展，使他们能够独立思考、独立判断和独立工作。③

(四)专心原则

专心是儿童对工作表现出来的一种情感、态度和意志。由于儿童的工作是他基于自身的浓厚兴趣的，是他自由选择的，因而他对工作极其投入或专心。蒙台梭利描述过一个 3 岁女孩专心工作的程度。当这个 3 岁女孩动手操作她的工作材料时，蒙台梭利让其他小朋友在她周围唱歌、走动，但女孩并未受到干扰，继续她的工作。后来蒙台梭利将女孩连同她的座椅一起搬到桌子上，当她被抬起的时候，她的手仍然紧紧抓着工作材料并将其放在膝盖上，待被放到桌子上后，女孩继续专心地工作。据此，蒙台梭利认为，当儿童按照自己的意愿自由选择喜欢的工作时，就会非常专

---

① 蒙台梭利：《童年的秘密》，马荣根译，205 页，北京，人民教育出版社，2004。
② 蒙台梭利：《蒙台梭利幼儿教育科学方法》，任代文译，107 页，北京，人民教育出版社，1993。
③ 蒙台梭利：《蒙台梭利幼儿教育科学方法》，任代文译，蒙台梭利的教育基本理论 12 页，北京，人民教育出版社，1993。

心，因而教育应该抓住儿童专心的特质，给儿童提供自由的环境和条件，让儿童专心和自控，之后不断练习和重复。

（五）重复练习原则

经过长期的观察和研究，蒙台梭利发现，当儿童处在各种能力发展的敏感期时，会对当下能够满足其内心需要的工作投入巨大的耐心、毅力、专注力，而且喜欢反复练习，不断地重复工作，直至完成其内在需求的工作周期。据此，蒙台梭利认为，在教育过程中，应该抓住儿童能力发展的各种敏感期，支持而非强迫儿童重复工作和练习，并为这种重复练习提供环境。

四、教学的内容及方法

蒙台梭利的教学观可以从她为儿童所设计的教学内容、教具、教学法，以及对教育环境的要求等方面体现出来。

（一）教学内容

蒙台梭利认为，儿童的教育要在自由和工作中来完成。通过自由活动，儿童的内在冲动自然地表现出来，他能根据自己的喜好选择材料进行活动。她认为，科学教育学的基本原理将是儿童的自由，允许个体的发展和儿童天性的自由表现。通过工作，儿童的心理需求得到满足，身心得以协调，注意力得以投入，而且获得了独立发展的能力。在蒙台梭利看来，五大领域的教育内容有利于儿童自由的实现和工作的开展。

第一，感官教育。具体包括视觉、听觉、触觉、味觉、嗅觉的训练。感官教育的意义在于增强各种感觉器官机能的敏锐性，通过与环境的互动，增加儿童的经验，使儿童在考察、辨别、比较和判断的过程中扩大认知范围，为智力的进一步发展奠定基础。为此，蒙台梭利设计了16套感知觉教具来具体培育儿童的概念认知或感觉。借助为练习儿童视知觉而设计的各种几何图形板、颜色板、圆柱体、长棒等，儿童可以辨别大小、高矮、粗细、长短、形状、颜色等。借助为锻炼儿童听觉而设计的发音盒、音感钟等，儿童可以辨别音高、音色等，初步培养审美和鉴赏能力。借助为练习儿童的触觉而设计的教具，如触觉板、温度筒、质量板、布盒等，儿童可以辨别物体的光滑程度、冷热程度、轻重、大小、薄厚等。为练习儿童味觉而设计的教具有味觉瓶。为练习嗅觉而设计的教具有嗅觉筒。

第二，数学教育。主要是数的概念的建立、数的运算等，具体包括学数前准备、1～10的认识、十进制的计算与记忆、连续数、四则运算、分数等。通过给儿童提供学数、思考、归纳的方法，构建儿童的数学秩序和精确性。具体来讲，蒙台梭利建议从感官教育入手，先养成儿童观察、分析的能力，以及专心和秩序的习性，再使用教具（比如数字板、纺锤棒与纺锤棒箱、串珠、数字卡片等），通过一系列教学活动和方法循序渐进地过渡到抽象符号，让儿童逐渐获得数和量的概念，之后进入四则运算、分数等学习，培养儿童的逻辑思维。

第三，语言教育。包括听觉练习、口语练习、视觉练习、语音练习、文字与阅读等。蒙台梭利认为，语言的学习应该顺应自然发展原则，儿童在语言交往中能够自然地习得母语。语言学习应该主要通过创设适宜的语言环境的方式，逐步培养儿童听说读写的能力和习惯，而非仅仅通过识字课程。

第四，日常生活教育。包括儿童如何照顾自己、照顾环境，如何习得基本动作，如何与他人分享、合作、社交，如何了解并遵守教室常规和秩序，等等。在蒙台梭利看来，日常生活教育应该以实际生活活动为主要内容，通过日常生活的体验获得生活技能。"日常生活的练习是最有效的体操，日常生活的环境足以使各种运动更加熟练。若能以智慧活动、运动肌肉活动做好日常生活中的每一个动作，即使只是进行日常生活的活动，也能达到体操的效果。卷地毯、刷鞋子、洗盆刷碗、铺床叠被、准备饮食、开关抽屉及门窗、清扫卫生、排列椅子、收窗帘、摆放家具……通过力所能及的工作而活动手臂、强筋健骨。"[1]这些日常练习不只是单纯的运动，还是每个人在成年之后必须从事的工作或劳动。儿童发现成人能做的事情自己也能做，从中发现了自己的能力和潜力，逐步建立自信心、独立性、专注力、秩序感，提高生活能力。

第五，科学、文化类教育。主要包括动物、植物、地理、历史、天文、音乐、美术等知识的学习。蒙台梭利认为，科学、文化类教育应该遵循从整体到具体的原则，让儿童首先了解周围的事物，从大的概念开始逐步细化。比如，对植物的认识，让儿童先从认识整株植物开始，然后过渡到根、茎、叶、花、果实等的认知，之后进入植物更细部的认知。以更细部的花的认知为例，首先让儿童在幼儿园或家里养花，参与花的培育，在日常自然状态下获得关于花的各种经验，再有意识地引导儿童观察花，描述花的特征，之后运用嵌板学习花的各个部分——花萼、花冠、花蕊，最后引导儿童不断地巩固和复习所学。

(二)教学环境

以上内容是在自由的环境中，以教具、明确的智力目标，以及儿童的兴趣为基础展开的，儿童在他所选择的感兴趣的工作中全神贯注地投入，自由地活动。蒙台梭利强调要为儿童教育的开展提供有准备的教学环境，具体而言，教学环境的设置包括两个层面：一是有准备的环境；二是教学环境的具体设置。有准备的环境包括物质环境和人文环境：物质环境主要有蒙台梭利教具，各种符合儿童尺寸的室内设施，以及教师自制的各种教学材料；人文环境主要指各种有价值的人类文化遗产。

教学环境的具体设置也是有一定的要求的。首先，环境必须提供符合儿童自由操作要求的各种活动材料，这些材料是真实的、可操作的，并且符合儿童发展节奏和步调的，随着儿童的发展不断更换的。其次，环境应该是一个特殊的、区别于成

---

① 苑海燕：《蒙台梭利教育理论及方法》，47 页，北京，清华大学出版社，2017。

人世界的环境，是可以保护儿童的。蒙台梭利说，这种环境充满着爱的温暖，有着丰富的营养，在这种环境中所有的东西都倾向于欢迎他，而不会对他有伤害。再次，环境应该是可以让儿童自由发展的，应该尽可能减少障碍物，使儿童能在环境中找到发展他自己所必需的工具。最后，环境应该是有秩序的，对儿童有吸引力的，能体现与成人世界的联系，使儿童能在其中安静、舒适地活动和生活，减少生命力的浪费。①

(三)蒙台梭利教具

蒙台梭利根据儿童各阶段生理、心理的发展规律，精心设计了完整的教具，让儿童在操作教具的过程中，获得自然的、有秩序的发展。具体而言，儿童的教具根据教育内容分为以下几类：感官教具、数学教具、语言教具、日常生活教具、科学文化教具。

感官教具，具体包括视觉教具、触觉教具、听觉教具、味觉教具、嗅觉教具。视觉教具主要有粉红塔(认识大小)，棕色梯(认识粗细)，长棒(认识长短)，插座圆柱体(高低、粗细、大小的综合认识)，彩色圆柱体(高低、粗细、大小以及颜色的综合认识)，色板(认识颜色的种类、色调的明暗、颜色搭配)，几何拼图橱(平面几何图形的认识)，几何学立体组(立体几何图形的认识)，几何图形镶嵌板(几何图形的认识)，三角形盒(三角形的种类及组合的认识)，等等；触觉教具有触觉板(认识物体表面的粗糙与光滑)，温觉板(认识物体表面温度的高与低)，质量板(认识物体的轻与重)，触觉布(认识不同布料的手感)，等等；听觉教具有发音筒(训练听力的强弱与高低)，音感钟(训练韵律和节奏)，乐器(认识管乐器、键盘乐器、打击乐器等不同乐器的音高、音响和音色)，等等；味觉教具主要是味觉瓶，感受酸、甜、苦、辣、咸；嗅觉教具主要是嗅觉筒，材料是日常生活中有味道的食物、调味品等。

数学教具，根据数学教育中不同的教育内容用不同的教具，具体包括学习数量概念的教具、十进位法的教具、基础计算教具、连续数的教具、平方和立方的教具、四则运算的教具、分数的教具、几何教具。学习数量概念的教具主要有数棒(1～10的数名认知)，砂纸数字板(触摸数字 1～10 的感觉)，纺锤棒与纺锤棒箱(认识 1～10 的游戏)，数字筹码(了解奇数与偶数)，彩色串珠棒(连续数的认识，数量名的认知)；学习十进位法的教具主要有数字卡、串珠；基础计算教具有金色串珠棒、黑色串珠棒、灰色串珠棒，引导儿童认识算式、加减法、十进位初步运算等，加强 10 的构成和分解练习；学习连续数的教具主要是赛根板和串珠链，学习百位、十位数与个位数的排列；学习平方与立方的教具主要有彩色串珠链，一千立方体，邮票游戏，大串珠组(包括平方珠链、立方珠链、框架)；学习四则运算的教具主要有加法板、乘法板、除法板、减法板；学习分数与几何的教具主要有几何图形卡片、三角形盒、立体几何组、二项式盒子、三项式盒子。

---

① 苑海燕：《蒙台梭利教育理论及方法》，38 页，北京，清华大学出版社，2017。

语言教具在儿童语言的听、说、应用三个阶段发挥着重要作用。蒙台梭利制作的语言教具主要有砂纸字母板(大写、小写各一套,主要练习儿童的认读、书写,书写方面主要训练用手触摸,为书写做准备)、印刷字母板(认识字母,通过字母与卡片配对的方式认识字母)、活动字母箱(认识并学习字母发音)、双字母砂板(视觉与触觉相结合,学习字母名称及笔顺,为书写做准备)、拼音结构练习(练习音节的整体认读)、金属嵌板(培养书写习惯,直接为书写做准备)。

因为每个国家、民族、地区的独特性,蒙台梭利关于日常生活教育的教具并没有非常固定的模式。一般来讲,日常生活方面的教具大致涉及二指抓、三指抓、植物生长过程、扫地、开锁、穿线等。

科学文化教具主要从动物学、植物学、历史学、地理学、天文学、物理学等方面进行设计。一方面满足儿童的好奇心和求知欲,另一方面让儿童通过掌握相关的学习方法建构世界观。

(四)教学法

蒙台梭利教学法有四个要素,分别是儿童、教师、教具、环境。其中,儿童居于中心地位,通过工作培养儿童的独立性、专注力、秩序感、动手能力、生活能力和读、写、算能力,建立一个以儿童为主,由儿童自我开展的"独立世界"。教师居于协助启导的位置,适时地从旁给予儿童指导和帮助,尊重和满足儿童的需要,协助儿童形成与工作材料的匹配与联系,让儿童集中注意力参与面前的工作,挖掘潜力。

"儿童之家"中充满了各种系统化、科学化的教具,用以培养儿童独立工作的能力和集体中的社会性。除此之外,蒙台梭利格外注重给儿童提供"有准备的物理环境",一般教室中分为日常生活区、感官教学区、语言教学区、数学教学区和文化教学区,并配备专门的教具柜。

在将教育理念应用到实践中时,蒙台梭利使用了一系列新的方法。她根据法国医生塞甘的观点使用了"三阶段教学法"。所谓"三阶段教学法",指的是一种帮助儿童提升概念认知的方法,分为三个阶段。

第一阶段:把感觉与名称联系起来。例如,向儿童展示不同颜色时,先出示颜色,之后告诉儿童这是什么颜色。然后出示另一种颜色,并告诉儿童是什么颜色,让儿童将感觉和名称对应起来。比如,出示红色,并告诉儿童"这是红色"。

第二阶段:识别与名称相对应的物品。例如,将不同颜色的物品放在桌子上,让儿童来回拿取,以使儿童将物品与名称对应起来。比如,对儿童说:"请把红色的物品拿给我。"

第三阶段:记住与物品相对应的名称。例如,举起物品问儿童:"这是什么颜色?"儿童应该回答"红色"。

在这里,蒙台梭利借鉴塞甘的经验,要求使各种颜色在儿童面前停留一段时间,方便儿童做出反应并识记。同时，建议每次不要单独呈现一种颜色，而应一次呈现两种，方便儿童对比记忆。除此之外，在操作中还建议把物品交给儿童，让其充分感知，再进行命名，而且命名之前要有一个停顿，命名的语言要简洁、准确，多加重复，这样儿童才能建立联系。在操作中应注意趣味性，调动儿童的积极性。如果儿童在识别与记忆中出现错误，不要着急纠正，而应回到前一阶段，之后重新练习。通过"三阶段教学法"，儿童基本上能够建立起概念与事物之间的联系，前提是儿童已经掌握了相关教具的特性，并能辨别特性差异，之后才能开展这项练习。一般而言，"三阶段教学法"适用于 3～6 岁儿童。

除了"三阶段教学法"，蒙台梭利的学校还实行一种打破年龄划分的混龄教学。混龄教学的优势在于差异互补、异龄互动、角色互换。在"儿童之家"，3～6 岁的不同年龄的儿童在同一个班学习、生活、游戏，儿童有更多的机会与其他年龄的儿童交往，进而形成一种关心、帮助、合作、分享、交流的氛围，儿童的社会行为和健康积极的个性在这个过程中得以塑造。

五、蒙台梭利教育法在小学阶段的实践与应用

前文提到，蒙台梭利不仅关注 3～6 岁儿童的养育和教育问题，她还试图将在幼儿教育中探索出来的教育理念与方法向上延伸至初等教育，讨论如何使用教具帮助初等学校的儿童学习。在《高级蒙台梭利方法》中，蒙台梭利专门探讨了初等学校阶段的儿童及青春期教育问题。该书分为两卷，第一卷《教育中的自发活动》着重论述在教育中必须珍视和鼓励儿童的自发活动，引导儿童在适当安排的教育环境中独立工作和独立思考，促进儿童思维、想象、情感、意志、道德的发展，培养儿童的独立自主和主动精神。第二卷《蒙台梭利初等教具》阐明应用教具帮助儿童学习语法、阅读、算术、几何、音乐、诗歌、美术（包括绘画）等方法，促进初等学校儿童的多方面和谐发展。下面以算术为例，具体呈现蒙台梭利是如何在"儿童之家"的基础上推进小学阶段的教和学的。

在小学阶段，算术教学主要从算术运算、乘法、除法、多位数算式、练习等几个部分展开。在算术运算部分，儿童已经在"儿童之家"中用最简单的形式学习了四则运算，使用的教具是分段的长短棍，这些长短棍代表了数字 1、2、3、4、5、6、7、8、9、10。通过将长短棍简化为数字概念，儿童轻松地完成了初步的算术运算。比如：$7+3=10$，$2+8=10$，$10-4=6$，等等。到了小学阶段，由于学生数量的增加，要在同一时间段教授更多学生，蒙台梭利建议在保持相同的基本概念的情况下，使用更小、更方便、更丰富的教具。

这种教具由穿在金属线上的珠子组成，珠子分别代表 1、2、3、4、5、6、7、8、9、10。不同的珠子用不同的颜色，10 是橘色，9 是深蓝色，8 是淡紫色，7 是白

色，6 是灰色，5 是浅蓝色，4 是黄色，3 是粉色，2 是绿色，1 是乳白色。[①] 用来穿珠子的白色金属线两端部分是弯曲的，使珠子紧紧地穿在一起防止滑落。

每个盒子里有五串珠子教具供儿童支配。由于教具非常小，所以很容易操作，方便儿童在他的小桌子上使用。蒙台梭利还为小学阶段的儿童准备了方格纸，纸上面有不同颜色，有些是黑色的，有些是红色的，有些是绿色的，有些是蓝色的，有些是粉色的，有些是橘色的。这些颜色有助于保持儿童的注意力，当他用珠子填满红色的纸后，他会想再填一张蓝色的。[②] 蒙台梭利准备了许多 10 颗珠子为一串的整十串珠，方便儿童连续数十，10、20、30、40 等。另外，还准备了一些小卡片，上面写着 10、20、30 等。儿童可以把两串或两串以上的整十串珠放在一起，与卡片上的数字相对应。通过将卡片叠加到 100 或 1000，儿童就可以得到 1917 这样的四位数。[③]

串珠作为蒙台梭利在小学算术教学中的新教具，很快就被确定下来。这比儿童在幼儿园阶段的长短棍练习更复杂，自然而然地引导儿童走向了心算。蒙台梭利发现，渐渐地，儿童不再数珠子，不再按照珠子的数量来计数，而是通过颜色来识别数字：儿童知道深蓝色是 9，黄色是 4，等等。

在此之后，蒙台梭利继续使用珠子教具，将 10 条整十串珠首尾相连，做成了"百珠链"。然后，继续将 10 串"百珠链"组合在一起，形成"千珠链"。先放 1 颗珠子，然后放一条整十的串珠（长约 7 厘米），之后放百颗串珠的链子（长约 70 厘米），最后是千珠链（长约 7 米）。1、10、100 可以放在桌子上供儿童研究，但代表 1000 的千珠链无法放在桌子上，只能放在走廊或隔壁房间。儿童们不得不组成小团体来耐心地将千珠链伸展成一条直线。为了检查千珠链的整个长度范围，儿童必须在整个链条上走来走去。这样，儿童对于量的相对价值的认知逐渐形成。

另外，千珠链之间的灵活连接允许它可以被折叠，所以百珠链可以一个挨着一个，形成一个长矩形，之后就可以放在一张小桌上了。从单颗串珠到十颗，再到百珠链，最后是千珠链，儿童用数字来表达他们通过眼睛看到的数量和比例。刚开始他们可以独立耐心地从 1 数到 100，之后便三三两两地成组聚集在千珠链周围，通过互帮互助毫无畏惧地完成艰巨的数千珠链的任务。他们采取各种方法来完成任务，比如第一天数到 700，就做个记号，第二天接着数。最终，十、百、千的数字概念是通过将这些珠子和链条呈现给儿童，在满足其好奇心并尊重儿童的自由活动中，

---

① 后来由于战争，一些颜色的珠子比较难获得，所以最终经蒙台梭利许可，珠子的颜色做了一些调整。调整后的颜色是：10 是金色，9 是深蓝色，8 是白色，7 是浅绿色，6 是浅蓝色，5 是黄色，4 是粉色，3 是绿色，2 是黄绿色，1 是金色。

② Maria Montessori，*The Advanced Montessori Method*；*The Montessori Elementary Material*，New York，Frederick A. Stokes Company Publishers，1917，pp. 206-207.

③ Maria Montessori，*The Advanced Montessori Method*；*The Montessori Elementary Material*，New York，Frederick A. Stokes Company Publishers，1917，p. 207.

在儿童自发努力下形成的。[1]

之后，蒙台梭利还呈现了其他教具，如串珠计数框来呈现"万"的概念，之后自然过渡到数字符号的学习，儿童能够写下更大、更多位的数字。再比如，通过刻有插口和凹槽的方形纸板教乘法表，利用串珠和算术板教除法，等等。蒙台梭利延续了通过教具开展小学数学教学的方法。

综上，蒙台梭利总结认为，要在小学阶段使儿童学习更复杂的数字概念和关系，需要坚持之前在"儿童之家"的教育理念，把儿童的注意力引导至他们正在处理的材料或教具上。儿童需要不断地、慢慢地锻炼自己的心智，教师则要懂得等待。如果儿童内心的成长和成熟是自然地从内在发生的，那么"直觉的爆炸"就会顺理成章地随之而来。越是给儿童时间和自由，儿童越是关注那些要求他们全神贯注的事情，其结果就越有价值。[2]

蒙台梭利的小学教育思想更多是基于她的幼儿教育理论展开和实践的，总体而言，她要求在初等学校延续手脑结合、身心结合的指导思想，给予儿童自由发展的空间和环境，保护儿童的内在秩序和发展节奏，通过教具的使用继续推进初等学校各门课程的学习。她的理论对当时欧洲甚至世界的幼儿教育产生了广泛影响，在 20 世纪初还传播至我国，对我国学前教育的发展产生了一定影响。但她思想中也存在一些局限性，比如她反对儿童玩玩具，认为玩玩具不如接触真正的伙伴。又如她反对儿童游戏，认为游戏是想象的，儿童只有从事真实的活动才有价值。再如，她的思想缺乏与社会生活的联结等。

第四节　赞科夫的小学教育思想

列·符·赞科夫(1901—1977)是苏联教育学家、心理学家。他通过长达 20 年的教学实验，进行了"教学与发展的关系"的课题研究，建构了他的发展性教学理论。先后发表了多部著作与论文介绍自己的研究结果，其中《教学与发展》《和教师的谈话》《教学论与生活》等在苏联被作为教师必读书目。尤其是 1975 年出版的《教学与发展》一书，作为赞科夫实验研究的全面总结，更是受到苏联甚至全世界的欢迎，先后被美国、日本、德国、中国等多个国家翻译介绍。由于该书所总结的实验主要是在小学中开展，而且将小学的全部教学和教育工作过程都包含在内，因而这部书也可以说是赞科夫小学教育思想与实践的集合。

[1]　Maria Montessori，*The Advanced Montessori Method*：*The Montessori Elementary Material*，New York，Frederick A. Stokes Company Publishers，1917，pp. 208-209.

[2]　Maria Montessori，*The Advanced Montessori Method*：*The Montessori Elementary Material*，New York，Frederick A. Stokes Company Publishers，1917，p. 210.

一、赞科夫与《教学与发展》

赞科夫 1901 年出生于俄国，1917 年从中学毕业后到一所乡村小学执教。之后进入莫斯科大学学习心理学，毕业之后留在该校心理研究所，师从著名的心理学家维果茨基，专门从事心理学和有缺陷儿童的教育研究。1941 年，卫国战争爆发，赞科夫转入神经外科医院，致力于苏军受伤战士语言机能的治疗与恢复工作。

20 世纪 50 年代，赞科夫转到普通教育研究所负责实验教学论研究。1952 年，他开始致力于"教学中的词与直观性的相互作用"的研究，一系列研究成果的出版让他享誉盛名。1956 年，俄罗斯联邦心理学家协会成立，赞科夫作为主要成员参与相关工作。

1957 年，赞科夫将"实验教学论研究实验室"更名为"教学与发展问题实验室"，开始了对小学生教学与发展问题的研究。1962 年，赞科夫将前期研究成果进行总结，发表了论文《论教学的教学论原理》，在对苏联的传统教学提出批判的同时，建立起实验教学论的理论基础。1963 年，又出版《论小学教学》《学生在教学过程中的发展（一二年级）》等著作。1966 年，苏联教育科学院对赞科夫的实验研究进行了调查和审查，肯定了他的实验方向和理论基础。之后，国家教育委员会批准参与教学实验的三年级学生全部跳级升入五年级。1969 年，国家教育委员会又接受赞科夫关于将小学学段从四年缩短为三年的建议，并调整了教学大纲，重新编写并出版教科书。由此，赞科夫的教学实验成果不仅得到了国家认可，而且被广泛应用于教育教学实践。除了进行教学实验之外，赞科夫还意识到教学的提升与发展要依靠教师来完成，因而他非常关注教师教育，并且在 1970 年出版了《和教师的谈话》一书。与此同时，赞科夫在实验过程中，还和同事们编写小学各科教学大纲、制订小学实验教学计划、编写教科书和教师参考书等。

1977 年，赞科夫逝世。苏联教育部和苏联教育科学院等发表悼念文章，认为赞科夫的逝世使苏维埃教育科学和国民教育蒙受了重大损失，特别是着重地指出了赞科夫在创立小学教学新体系方面的贡献。[①]

赞科夫的小学教育思想与实践集中体现在他 1975 年出版的《教学与发展》一书中。具体而言，该书共三编：第一编，第 1～6 章，主要介绍赞科夫通过实验形成的实验教学论体系，是赞科夫关于学龄初期儿童教学与发展问题的研究成果，也称为小学教学的实验体系或新教学体系。其中讨论的主要内容包括研究问题、研究方法、实验教学论体系的原则、教学大纲、阅读、教学法问题等。第二编，第 7～10 章，主要是提出了实验研究的维度与框架，即通过观察活动、思维活动和实际操作活动三个维度来研究儿童的一般发展。第三编，第 11～19 章，主要讨论在实验教学过程中如何以整体性观点安排教学结构、组织教学过程，如何贯彻和运用实验教学论的

---

① 吴振成、徐长瑞：《赞科夫的教学论思想与我国教学改革》，载《外国问题研究》，1982(4)。

原则和方法，结合实例进行讲述。最后，第 20 章，是全书的总结。

总体来看，该书全面总结了他的实验，介绍了实验的指导思想、方法和进程，发展性教学思想，学生达到的一般发展水平及其掌握知识、技能和技巧的情况。

二、小学教学与发展实验

赞科夫对小学教学与发展的关系的实验研究始于对 20 世纪 50 年代中期苏联小学教育现状的不满。当时，赞科夫到苏联的小学去考察，发现学校一直以来都在强调教学要"符合儿童的年龄特征"的观点。这种观点看似没有问题，但实际上意味着小学的教学活动不是"带动"学生发展，而是教学要"跟着"学生的发展走。这种观点带来的结果就是，苏联的小学"不合理地把教材编得太容易，无根据地把教学进度放得很慢，进行多次的单调的复习，这些显然都不能促使学生的迅速发展。理论知识贫乏、肤浅、服从于技巧的训练，这也是一种不利的情况。……儿童的好奇心得不到满足，主要的负担放在记忆上而忽视了思考，儿童没有或者很少表现出对学习的内部诱因。教学活动过程的单一化不能使学生的个性得到表现和发展"[①]。

基于以上情况，赞科夫决定通过教学实验来研究教学与发展究竟是什么关系，能否建立一个新的教学体系对小学进行一次根本性的改革，以及如何安排教学与教育工作才能使教学最大限度地促进学生的发展。赞科夫明确提出了作为实验教学基础的指导思想，即教学要在学生的一般发展上取得尽可能大的效果。[②]

赞科夫的实验从 1957 年开始，共经历了四个阶段。第一阶段(1957—1961)属于实验的摸索阶段。实验在莫斯科一所小学一年级的一个班中进行，另找两个普通班作为对照班。这一阶段的实验结果主要反映在赞科夫 1963 年出版的《论小学教学》中，赞科夫初步提出了他的小学教学新体系设想。第二阶段(1961—1965)是实验发展阶段。这一阶段实验班增加至 371 个，而且实验扩展到了莫斯科以外的城市。他编写了俄语、数学、劳动、唱歌等科目的教学大纲初步方案，确定了自然和地理学科的教学内容，并于 1964 年提议将小学学制由四年缩短为三年。这意味着这一阶段的实验已经在教学结构和内容方面取得了新的进展。第三阶段(1965—1969)是实验的推广扩大阶段。这一阶段实验班继续增加，最多时达到 1281 个，分布在俄罗斯和其他 8 个加盟国的多个地方。第四阶段(1969—1977)是实验的总结阶段。这一阶段赞科夫对实验进行了全面总结，并于 1975 年出版《教学与发展》。

三、小学发展性教学理论

赞科夫对苏联小学教学中存在的问题进行了思考和实验，形成了他的发展性教学理论。这一理论专注于对教学与发展关系问题进行研究，并研究如何安排教育教

---

① 赞科夫：《教学与发展》3 版，杜殿坤等译，19～20 页，北京，人民教育出版社，2008。

② 赞科夫：《教学与发展》3 版，杜殿坤等译，20 页，北京，人民教育出版社，2008

学工作才能使教学最大限度地促进学生的发展的问题。关于这一问题的研究，在赞科夫之前，苏联心理学家维果茨基已经进行了一定的研究并得出了相关结论。维果茨基认为，只有当教学走在学生发展前面的时候才是好的教学，进而提出了"最近发展区"的概念。赞科夫在维果茨基的基础上通过实验进一步推进了教学与发展之间的关系研究，认为教学要使学生的一般发展取得尽可能大的效果。他将这种着眼于学生一般发展的教学论新体系称为发展性教学。

(一)论一般发展

既然要在学生的一般发展上取得尽可能大的效果，那么究竟什么是一般发展呢？赞科夫认为，一般发展具有以下几层含义：第一，它是指儿童心理的一般发展，是所有方面(包括情感、意志、道德品质、观察力、思维、记忆、言语)的发展。一般发展和单方面的、片面的发展相对立。第二，一般发展不同于特殊发展，前者是在学习任何学科、任何情境中都会表现出来的才能的发展，后者则是只在学习某门学科或领域中才表现出的才能的发展。二者既相互区别又相互联系，一般发展是特殊发展的牢固基础并在特殊发展中表现出来，而特殊发展可以促进一般发展。第三，一般发展也不同于全面发展，一般发展是发展的心理学和教育学方面，而全面发展主要是发展的社会和教育方面。第四，一般发展也有别于智力发展，一般发展不仅发展学生的智力，而且发展学生的情感、意志、性格、集体主义思想。第五，一般发展还包括身体发展和心理发展，但在赞科夫的实验中主要关注的是教学与儿童心理一般发展的关系。[①]

赞科夫一般发展概念的提出主要基于苏联教育学和心理学，以及马克思列宁主义哲学。当时普遍流行的观点认为，儿童的心理发展受到教育的制约，教育在学龄初期儿童的心理发展中起主导甚至决定作用。但赞科夫指出，儿童发展的源泉在于内部因素，这并不是降低外部因素的作用，更不是否定外部因素的影响，而是外因要通过内因才能起作用。教学只是发展的外部条件，并不是内在源泉，教学和发展之间存在着复杂的依存关系。一方面，教学的结构是"因"，学生的发展进程是"果"。另一方面，发展过程的特点，除了外部的决定性影响外，还有内部的制约性。对立面的统一和斗争是内部制约性的基础。[②]

(二)发展的三个主要方面

赞科夫主张按照三条线索来研究儿童的发展，即观察活动、思维活动和实际操作。关于观察活动，赞科夫认为它对发展儿童的智力有重要意义。如果儿童有较强的观察力，他就会通过各种途径获得知识。相反，如果儿童观察力不佳，即使他"瞪大眼睛"去看，所能学到的知识也很有限。在教学过程和日常生活中，教师和家长应当引导儿童仔细观察各种事物，启发他从一件事物上"看到"更多的东西，那么，培

---

① 吴式颖、任钟印：《外国教育思想通史(第十卷)》，477～478页，长沙，湖南教育出版社，2000。

② 赞科夫：《教学与发展》3版，杜殿坤等译，357页，北京，人民教育出版社，2008。

养观察力也就启发了儿童的求知欲。① 赞科夫根据长期研究得出结论，"差生"的普遍特点之一就是观察能力弱，进而导致了缺乏求知欲。

关于思维活动，赞科夫认为应该在各科教学中始终注意发展儿童的逻辑思维，培养思维的灵活性和创造性。不仅要培养儿童分析和综合、抽象和概括的能力，而且要使儿童在研究某一事物时既能坚持从一个角度看问题，又能在必要时改变看问题的角度或者同时从好几个角度看问题。但同时也要意识到，培养思维能力是一项复杂的、多方面的任务，各科目都要利用一切可能来发展儿童的思维能力。②

关于实际操作，赞科夫认为实际操作指的是能够做出东西来，并且养成一系列有关的智力和意志品质。在他看来，现代社会需要手脑并用的人，即使脑力劳动者也需要实际操作。学校培养的人既要善于动脑，也要善于动手。因此，实际操作能力是儿童发展的重要因素。在学校里，传统的小学劳动教学在内容和方法上都太原始了。那样的教育仅让儿童做一点纸工、布工，参加一些自我服务劳动和农业劳动，只要求学一些手工技巧，而且是教师指点一步，学生照做一步，毫无创造性和独立性可言，因而劳动课对学生发展起的作用很小。赞科夫建议更新小学劳动教学大纲，从一年级起就让学生用纸做"降落伞"，用蛋壳和绒布做"小鱼"，从二年级起就做航模和各种器械模型。在教学方法上，既要求掌握基本的手工操作技巧，又要说明有关的物理、机械原理，并有意识地模拟实际生产中技术革新的各个环节。③ 在赞科夫看来，劳动课有它独特的价值，通过劳动课学生既能掌握操作技能，又能发展思维和创造力，养成必要的意志品质和集体主义精神。

四、小学实验教学原则

赞科夫在吸纳维果茨基关于教学与发展的关系及最近发展区理论的基础上，提出了用整体性观点安排教学结构、组织教学过程的五条基本原则。

(一)以高难度进行教学的原则

赞科夫认为，这一原则在实验教学体系中起决定性作用。"难度"在这里指的是"克服障碍"和"学生的努力"。这一原则是与传统教学中的量力性原则相对立的，量力性原则为教学规定了一个界限，要求教学跟在学生发展的后面跑。赞科夫对这一原则表示抗议，认为应该遵循一个相反的原则，就是把教学建立在高水平的难度上，同时注意掌握难度的分寸。这里有两层含义：一是在教学内容上要做出更新，用现代科技知识取代原始教材，增加系统的理论知识的分量。二是在教学方法上要尽量使学生过紧张的精神生活，通过努力克服精神障碍促进一般发展，学会独立思考和推理，独立探求问题的答案。但要意识到，高难度并不意味着难度越高越好，而是

① 杜殿坤：《列·符·赞科夫的教学论思想》，载《外国教育资料》，1978(6)。
② 杜殿坤：《列·符·赞科夫的教学论思想》，载《外国教育资料》，1978(6)。
③ 杜殿坤：《列·符·赞科夫的教学论思想》，载《外国教育资料》，1978(6)。

要选择学生能理解的材料。如果学生不能理解所提供的材料，就会不自觉地走上死记硬背的道路，那么就会使这个原则走向它的反方向。这一原则的用意更多地在于使儿童发挥精神力量，并引导儿童思考与探究。就是说，教学应该创造最近发展区，引导儿童通过努力思考在智力上得到发展。

(二)以高速度进行教学的原则

这一原则主要是针对传统教学中"多次单调的重复""让学生反复咀嚼已知的东西"，以及小学教学中烦琐哲学、形式主义普遍存在的情况提出的。赞科夫认为，小学教学的性质和任务应当是使儿童初步认识周围世界，满足他们的求知欲，扩大他们的知识面，而非翻来覆去讲同一个材料。长久下去这种情况最终会导致学生不动脑筋，精神消沉，阻碍发展。基于此，赞科夫提出高速度原则，指出教学"不断地前进，不断地以丰富多彩的内容丰富儿童的智慧，使他们更深刻地理解所获得的知识，把这些知识纳入一个广泛的体系"①。言下之意，通过高速度原则，以知识的广度来达到知识的深度，通过增加广度让儿童去观察，去思考，去增长见识，以丰富和充实头脑。

(三)理论知识起主导作用的原则

这一原则是针对传统教学论把直观性原则放在首位，并据此提出"由近及远""由易到难""由具体到抽象"的教学规则，以及传统教学低估儿童的思维能力，极度缺乏理论知识的问题提出的。通过实验，赞科夫指出一年级学生就能掌握许多抽象概念，理解某些事物的内在联系，但传统教学体系仍把他们的认识限制在用手摸、用眼看的水平，显然是不合理的，应该让理论知识起主导作用。但这并不意味着反对学龄初期儿童的直观教学，它主要是建议在学生一般发展的基础上，尽可能深入地领会相关概念和规律。

(四)使学生理解学习过程的原则

这一原则针对传统教学论中的自觉性原则提出。自觉性原则强调使学生理解教材，并将学到的知识用于实践。它要求学生注意的对象是知识、技能，着眼于学习活动的外部。赞科夫的"使学生理解学习过程的原则"强调学生的注意对象是学习过程本身，着眼于学习活动的内部机制，意在教会学生如何学习，提升学生的思维能力。

(五)使全班学生(包括最差的学生)都得到一般发展的原则

针对赞科夫提出的高难度、高速度原则，有人质疑，认为这样很容易把一批学生落下，结果是只培养了几个拔尖的学生。赞科夫针对此提出了"使全班学生(包括最差的学生)都得到一般发展的原则"。传统教学将补课和布置大量作业作为克服学生落后的必要手段，并不能真正地为学生的发展服务。赞科夫提出，让优、中、差三类学生都以自己现有水平为起点，按照自己最大的可能性得到理想的一般发展。

---

① 转引自杜殿坤：《列·符·赞科夫的教学论思想》，载《外国教育资料》，1978(6)。

这就要求教师目标明确地开展工作，发现和培养每个学生的个人爱好和能力，将相同或不同的教学内容建立在每个学生不同的最近发展区上。在这里，赞科夫强调教师要尤其关注差生，在他们的发展上下功夫。

在赞科夫来看，以上五条教学原则构成了教学方法的统一体系，它们决定了教学大纲的内容和结构，决定了教学法的典型属性，应该"使这些原则能够成为所有学科教学的核心"[①]。

赞科夫针对苏联传统教学的弊端，将实验的方法引入小学教学改革中，经过长期的、大范围的实验，提出了使所有学生都获得一般发展的最大效果的发展性学习理论，创立了全新的小学教学论体系。他提出的五条教学原则对于改革苏联的传统教学理念与方法，改进小学教育结构和学制具有重要的理论和实践价值。在这些原则提出后，苏联一度将小学学制由四年缩短为三年，同时积极修订教学大纲、编写教科书，等等。在这种意义上，赞科夫是苏联现代小学教育史上具有里程碑意义的教育思想与实践家。

本章小结

本章介绍的四位教育思想家代表了现代小学教育史中最具代表性的四个国家的小学教育思想。凯兴斯泰纳作为德国职业教育的先驱，通过公民教育和劳作学校理论将国民学校改造为劳作学校，推进了德国初等教育和职业教育的发展。杜威作为美国教育史上具有现代教育精神的教育家，提出了"教育即生活""教育即生长""教育即经验的不断改组和改造"的教育本质观，以及"做中学"的课程与教学观，并在芝加哥大学附属初等学校中将儿童、经验、兴趣、社会、学校、课程、教材等要素紧密地结合在一起，形成了独具特色的小学教育理论和实践体系。蒙台梭利作为意大利幼儿教育家，在儿童心理发展理论的指导下，通过长期的教育实践提出了幼儿教育的原则、内容及方法，发明了幼儿教具，并将其向上延伸至初等学校，证明了她的教育理论与实践的科学性。赞科夫作为苏联教育史上具有改革者气魄的教育家，同样在现代教育史上具有重要的影响。他通过长期、大范围的教育实验提出的教育性教学理论以及改进教学的五大原则旨在使小学阶段的所有学生获得一般发展的最大效果，最终对苏联的小学教育结构、学制体系，以及教学观念和方法的改革提供了理论和实践基础。即使时代不同，国别有异，但总结发现，四位思想家具有一些共通性：首先，四人都是在批判旧教育或旧学校的基础上提出各自的小学教育思想与理论的，他们的小学教育思想都源于对旧教育的不满，甚至是决裂。其次，四人都通过教育实验来检验或验证自己的小学教育或教学思想。凯兴斯泰纳通过劳作学校，

---

① 赞科夫：《教学与发展》3 版，杜殿坤等译，《教育与发展》是论述发展性教学的专著 5 页，北京，人民教育出版社，2008。

杜威通过芝加哥大学附属初等学校，蒙台梭利通过初等学校，赞科夫通过教学实验来探寻现代教育教学的新法则，做到了教育理论与实践的结合。最后，四人都在自己的时代引领了自己国家的现代教育与教学革新运动，并在世界范围内产生了影响。进而，我们可以尝试对现代小学教育发展的特征进行总结，即现代小学教育的发展一定是勇于革新、勇于创新的，一定是紧紧围绕着学生的发展与成长展开的，一定是将理论与实践紧密结合的，一定是基于历史与现实，并指向未来的。

复习与思考

1. 凯兴斯泰纳公民教育理论中国家的任务和国民学校的任务分别是什么？

2. 凯兴斯泰纳提出公民教育的方法有哪些？

3. 劳作学校理论的主要内容是什么？

4. 杜威的儿童观是什么？

5. 杜威的小学教育思想是如何在芝加哥大学附属初等学校得到实践的？

6. 蒙台梭利提出的幼儿教育的目的及原则有哪些？

7. 蒙台梭利的幼儿教育思想与实践是如何在小学阶段得到实施的？

8. 赞科夫的教学与发展实验经历了哪几个阶段？

9. 赞科夫的教学理论中，一般发展指的是什么，发展的三个主要方面是什么？

10. 赞科夫提出的小学实验教学原则有哪些？